TURCOLOGICA

Herausgegeben von Lars Johanson

Band 26

1995

Harrassowitz Verlag · Wiesbaden

Laut- und Wortgeschichte der Türksprachen

Beiträge des Internationalen
Symposiums
Berlin, 7. bis 10. Juli 1992

Herausgegeben von
Barbara Kellner-Heinkele
und
Marek Stachowski

1995

Harrassowitz Verlag · Wiesbaden

Gedruckt mit Unterstützung der Freien Universität Berlin.

Die Deutsche Bibliothek – CIP-Einheitsaufnahme

Laut- und Wortgeschichte der Türksprachen : Beiträge des
internationalen Symposiums, Berlin, 7. bis 10. Juli 1992 / hrsg.
von Barbara Kellner-Heinkele und Marek Stachowski. –
Wiesbaden : Harrassowitz, 1995
   (Turcologica ; Bd. 26)
   ISBN 978-3-447-03738-9
NE: Kellner-Heinkele, Barbara [Hrsg.]; GT

Druck und Verarbeitung: BOD, Hamburg
Printed in Germany

ISSN 0177-4743
ISBN 978-3-447-03738-9

Otto Harrassowitz GmbH & Co. KG
Kreuzberger Ring 7c-d, D-65205 Wiesbaden,
produktsicherheit.verlag@harrassowitz.de

INHALT

Vorwort VII

Aleksandr E. Anikin (Novosibirsk/Moskva)
Zu russisch-jakutischen und russisch-tungusischen Wechselbeziehungen 1

Árpád Berta (Szeged)
Yälmä und bïña 9

Anna Dybo (Moskva)
Die Namen des Zeigefingers in den Türk- und den altaischen Sprachen 17

Barbara Flemming (Leiden)
Notes on the {IsAr} future and its modal functions 43

Jost Gippert (Bamberg/Frankfurt am Main)
Das Projekt eines Thesaurus des Türkischen. Computergestützte Untersuchungen zum türkischen Lexikon 59

Eugene Helimski (Moskva)
Samoyedic Loans in Turkic: Check-List of Etymologies 75

Lars Johanson (Mainz)
Wie entsteht ein türkisches Wort? 97

Claus Schönig (Main/Istanbul)
Analogie als sprachbildende Kraft in den Türksprachen 123

Aleksandr M. Shcherbak (St. Peterburg)
Notes on the Inscription at Ulaangom 145

Aleksandr M. Shcherbak (St. Peterburg)
Some Conclusions Obtained as a Result of the Description of Uninflected
Words in Turkic 151

Stanisław Stachowski (Kraków)
Osmanisch-türkische und tatarische Lehnwörter im Polnischen und ihre
Bedeutung für die türkische Wortgeschichte 155

Talat Tekin (Ankara)
Relics of Altaic Stem-Final Vowels in Turkic 173

Edward Tryjarski (Warszawa)
Has a Key Been Found to Decipher the Eurasian Script of the Runic
Type? 189

Peter Zieme (Berlin)
Die alttürkischen Planetennamen 199

VORWORT

Vom 7. – 10. Juli 1992 veranstaltete das 1991 gegründete Institut für Turkologie der Freien Universität Berlin ein internationales Symposium zum Thema "Laut- und Wortgeschichte der Türksprachen". Der Leitgedanke war von Anfang an, den nicht allzu großen Kreis der an der Laut- und Wortgeschichte der Türksprachen interessierten, durch ihre Arbeiten international anerkannten Spezialisten zusammenzuführen und dadurch eine vielseitige und unmittelbare Diskussion zu ermöglichen. Hauptziel des Treffens war, möglichst viele Aspekte der historischen Lautlehre und Lexikologie der Türksprachen vorzustellen und zu diskutieren. In ihrer thematischen und methodischen Vielfalt erlaubten die während des Symposiums gehaltenen Referate dann auch tatsächlich einen Einblick in die verschiedenen Türksprachen und die unterschiedlichen Etappen ihrer Geschichte und führten zu dem erhofften fruchtbaren wissenschaftlichen Austausch.

Der vorliegende Band macht die Mehrzahl der Symposiumsbeiträge in teilweise leicht veränderter oder erweiterter Form zugänglich und dokumentiert gewissermaßen den gegenwärtigen Stand und die Richtungen der sprachgeschichtlichen Forschung in der Turkologie.

Die Herausgeber möchten an dieser Stelle ihren wärmsten Dank für die großzügige Förderung des Symposiums durch die Deutsche Forschungsgemeinschaft zum Ausdruck bringen. Unser Dank gilt auch der Freien Universität Berlin, die in vielerlei Weise diese Zusammenkunft von Turkologen aus ganz Europa unterstützte und nun durch einen Druckkostenzuschuß die Veröffentlichung der Symposiumsbeiträge ermöglichte.

Der Herstellung der Druckvorlage widmete sich insbesondere Frau Kathrin Möller, Institut für Turkologie der Freien Universität, der wir für ihre gleichbleibende Sorgfalt und ihr Engagement herzlich danken möchten. Unser Dank richtet sich auch an Herrn Rainer Weihs (Berlin), der uns in allen technischen Fragen mit Rat und Hilfe zur Seite stand.

Herrn Professor Lars Johanson danken wir für die Aufnahme des Sammelbandes in die Reihe der "Turcologica". Dem Verlag Harrassowitz (Wiesbaden), vor allem in der Person von Herrn Michael Langfeld, sind wir für die ausgezeichnete verlegerische Betreuung sehr verbunden.

Barbara Kellner-Heinkele   Marek Stachowski

Aleksandr E. Anikin

ZU RUSSISCH-JAKUTISCHEN UND RUSSISCH-TUNGUSISCHEN WECHSELBEZIEHUNGEN[1]

Vorbemerkungen

In der hier vorliegenden Studie sollen einige jakutische und tungusische Lehnwörter im Vokabular der russischen Alteingesessenen in Sibirien sowie russische Lehnwörter im Jakutischen und Tungusischen diskutiert werden, die die frühesten, schon in den ersten Jahrzehnten des 17. Jahrhunderts, d.h. zu Begi nn der russischen Eroberung Sibiriens angeknüpften Sprachkontakte widerspiegeln und in gewissem Sinne eine Fortsetzung und Ergänzung der schon vor der Ankunft der ersten Russen in Sibirien bestehenden und besonders das Jakutische und das Tungusische[2] betreffenden Wechselbeziehungen sind. Über Tungusen hörten die Russen zum ersten Mal von Samojeden Ende des 16. Jahrhunderts, und auch das Ethnonym *tungús* 'Tunguse' (jak. *toŋus* ~ *tuŋus* < Russ.) stammt aus dem Nenzischen.[3] Über Jakuten hörten sie offenbar in den 20er Jahren des 17. Jahrhunderts von Ewenken, was auch durch die bekannte russische Bezeichnung *якольский* ~ *якульский* 'jakutisch' < ewk. *jākōl* 'Jakuten', Pl. < dial. (Podkamennaja Tunguska u.a.) *jākō* 'Jakute' (TMS I 338) bestätigt wird. Dieses aus vielen sibirischen Sprachen bekannte Ethnonym steckt auch in der jakutischen Selbstbenennung *saxa* und somit auch in russ. *якýт*, das – der *opinio communis* folgend – eine hybride Bildung ist und das tü.-mo. Plural-*t* (Vasmer IV 553)[4] aufweist, ein Suffix also, das heute, um das übliche -*lar* erweitert, am häufigsten in Nordjakutien[5] vorkommt.

Die älteste Schicht der jakutischen und tungusischen Lehnwörter im Russischen bilden größtenteils Ethno-, Topo- und Hydronyme sowie (allerdings weit weniger zahlreich vorkommende) Termini aus sozialstrukturellem Bereich (wie z.B. *шаман* oder *бокан*) und einige andere. Während sich stabile russische Bevölkerungsgruppen in Sibirien herausbildeten und dann dem neuen Milieu anpaßten

---

[1] Der Verfasser möchte an dieser Stelle all seinen Freunden, die sich an der Diskussion über die hier behandelten Fragen beteiligt haben, seinen herzlichen Dank aussprechen.

[2] S. insbesondere Романова, А. В / Мыреева, А. Н. / Барашков, П. П.: *Взаимовлияние эвенкийского и якутского языков*, Leningrad 1975.

[3] Helimski, E. / Janhunen, J.: Once more on the ethnonym "Tungus". – *Specimina Sibirica* III [= Gedenkschrift für Irén N. Sebestyén (1890 – 1978)], Quinqueecclesiae 1990: 69 – 72.

[4] Щербак, А. М.: *Очерки по сравнительной морфологии тюркских языков (Имя)*, Leningrad 1977: 87 – 88.

[5] Барашков, П.П.: *Фонетические особенности говоров якутского языка*, Jakutsk 1986: 5 – 8.

(dies in erster Linie an den Flüssen Jana, Indigirka, Kolyma sowie am Bajkal-See), wurden immer mehr Wörter entlehnt, die die Wildjagd und den Fischfang, die spezifischen Realien des Taiga- und Tundralebens, den Transport, die regionalklimatischen Phänomene u.ä. betrafen, wobei es für diese Periode charakteristisch ist, daß nun auch Rückwanderer vorzukommen beginnen, d.i. in unserem Fall Wörter, welche zuerst aus dem Russischen in die Sprachen der Eingeborenen und dann zurück ins Russische entlehnt wurden. Die Zahl aller bisher ermittelten jakutischen und tungusischen Lehnappellativa des Russischen beträgt ungefähr 500 Lexeme. Das Gros dieser Wörter hat einen ziemlich engen Anwendungsbereich, und nur wenige konnten sich in der russischen Literatursprache durchsetzen (hierzu gehören z.B. *кéта́, у́нты, шама́н, торбаса́*). Da es unmöglich wäre, hier eine detailliertere synthetische Darstellung all dieser Lehnwörter sowie die des reichhaltigen russischen Lehnguts im Jakutischen[6] und in den tungusischen Sprachen zu bieten, fühlt sich der Verfasser veranlaßt, die Interessierten auf seine kleine Monographie *Тунгусоманьчжурские заимствования в русских говорах Сибири*[7] zu verweisen, die einen Teil eines größeren Forschungsprojekts bildet, des *Этимологический словарь русских говоров Сибири. Заимствованный фонд (Заимствования из уральских, алтайских и палеоазиатских языков)* [= *Etymologisches Wörterbuch der russischen Dialekte Sibiriens. Entlehnter Wortschatz (Lehnwörter aus den uralischen, altaischen und paläoasiatischen Sprachen)*].

Das Ziel dieser Studie ist es, an Hand von verschiedenen Beispielen zu zeigen, daß die Erforschung der russisch-jakutischen und russisch-tungusischen Wechselbeziehungen im lexikalischen Bereich noch immer eine wesentliche Erkenntnisquelle sowohl für die Etymologisierung des russischen Dialektalwortschatzes als auch für die des jakutischen und tungusischen Lehnguts ist. Im Folgenden werden drei Frage kreise dargestellt: (I) Russischer Dialektalwortschatz; (II) Jakutische und tungusische Wörter, deren russische Herkunft in der früheren Fachliteratur nicht erkannt worden zu sein scheint; (III) Die Fälle, in denen die richtige Etymologisierung der russischen Dialektalwörter neue, zusätzliche Erkenntnisse über die Geographie, phonetische Varianten und den Bedeutungswandel der einzelnen Wörter gewinnen läßt.

* *

*

---

[6] Слепцов, П. А.: *Русские лексические заимствования в якутском языке (Дореволюционный период)*, Jakutsk 1964.

[7] Аникин, А. Е.: *Тунгусо-маньчжурские заимствования в русских говорах Сибири*, Novosibirsk 1990.

I.1 Das im Vasmerschen Wörterbuch fehlende russ. (Kamtschatka) *нéрка ~ нярка* 'eine Lachsart, Oncorhynchus nerka' (SRNG 21: 334)[8] wurde < lam. *ńārka*, Name einer roten Lachsart (TMS I 635) entlehnt, das seinerseits – der Deutung von E. Helimski gemäß – aus samoj. **ńarkə* 'rot' (< **ńar-* [Rekonstruktion J. Janhunens]) stammt, einem Wort, das sich in ngan. *ńorə* 'eine Lachsart' (russ. 'кумжа, род лосося') wiederfindet, und von dem ilimp. *ńōrā* id. (TMS I 348) herzuleiten ist, wobei das ilimp. Wort wiederum von den Jakuten nach ihrer Ankunft an dem Jesej-See und Tajmyr, d.h. nicht vor dem 18. Jahrhundert entlehnt wurde und heute in jak. *ńuora* id. (Pek. 1736), im Jesej-See-Dialekt 'рыба голец' (DSJ 180) fortlebt. Das Wort *нéрка* wurde ins Russische offenbar etwas später als das Wort *кета* 'sibirischer Lachs' entlehnt, das in Sprachdenkmälern des 17. Jahrhunderts belegt vorliegt und sich < ewk. *qæta ~ kæta ~ kēta* id. (TMS I 339) < čuk.-kamč. (vgl. čuk., korjak. *qætaqæt* id.) herleiten läßt. Jak. *kätä ~ kötö* id. wird üblicherweise direkt auf ewk. *kēta* id. (VEWT 422) zurückgeführt, doch die russische Vermittlung erscheint hier sowohl in geographischer als auch in phonetischer Hinsicht sehr wohl möglich.

I.2 Ein besonders interessanter Fall ist das in Vasmer fehlende russische dialektale Wort: (Turuchan) *сугудáть*, (Jenisej) *сагудáть* 'rohen Fisch im Sommer essen'[9,] (Taz) *сукутáть ~ сукотáть* id., *сукутнúна ~ сукотнúна* 'Speise aus rohem Fisch'.[10] Als Entlehnungsquelle kann hier dolg. *hogudāj ~ hoŋudāj* 'in einer warmen Jahreszeit frisch gefangener Fisch, der in rohem Zustand als Speise gebraucht wird' in Frage kommen, und diesem Wort scheint jak. (Anabar) *sabadāj* id. (DSJ 20, 227), das mit ngan. *soŋku* 'roh *vom Fisch, Fleisch*' zusammengestellt werden darf, nahe zu stehen.[11] E. Helimski präzisierte die ngan.-jak. Zusammenstellung, indem er eine Möglichkeit zeigte, einen breiteren uralischen Hintergrund des nganasanischen Wortes in dem (als solches unbelegten) enz. **sagu-* (wovon **saguδa-* > **saguda-* 'rohes Fleisch essen') zu sehen. Betrachtet man nun enz. **saguda-* als den Ausgangspunkt, so kann für die russischen Belege eine (vermutlich ziemlich frühe) samojedische Herkunft und für die jakutisch-dolganischen Belege eine russische Vermittlung angenommen werden. Samojedischen Ursprungs mögen wohl auch ewk. ilimp. *akuta-* 'rohes Fleisch essen' und (mit Metathese) *atuka* 'ungekochte Speise' (TMS I 26) sein.

---

8   Vgl. auch Крашенинников, С. П.: *Описание земли Камчатки*, Bd. I, St.-Petersburg 1755: 316.
9   Аникин, А. Е.: Тунгусо-маньчжурские этимологии II. – *Грамматическая и семантическая структура слова в языках Сибири*, Novosibirsk 1988: 80.
10   Mündliche Information von E. Helimski.
11   Zum ngan. Wort s. Терещенко, Н. М.: *Нганасанский язык*, Leningrad 1979: 31.

I.3 Als Beispiel für eine relativ späte (wohl erst aus dem 19. Jahrhundert stammende) Entlehnung sei russ. (Jenisej) *макчугóр, мокчегор* 'eine Fischart, Coregonus nasus, russ. *чир*' (SRNG 17: 316; 18: 214) < Jesej-jak. *bökčögör ~ mökčögör* 'eine Renkenart; russ. *рыба из сиговых*, *bökčö(γ)ör ~ mökčö(γ)ör* 'eine Fischart; russ. *мелкая рыба (род муксуна) в озере Есей*' (Pek. 1605) = dolg., Jesej-jak. *böksögör* 'eine Renkenart; russ. *рыба из сиговых*' (DSJ 67) genannt. Aus nordwestlichen Dialekten des Jakutischen wurde offenbar auch das von E. Helimski aufgeschriebene enz. *mut'ogori* 'eine Fischart; russ. *мелкий муксун*' entlehnt. Nun bedeutet das jakutische Wort selbst wörtlich etwa 'buckliger Fisch', und es ist nichts anderes als eine metaphorische Übertragung von *bökčöγör ~ böxčöγör* '1 Buckel; 2. bucklig', welches seinerseits gemeinsam mit *moxčoγor* 'gekrümmt gehend', *bökčöj- ~ böxčöj- ~ moxčoj-* 'gekrümmt sein; sich biegen; sich bücken; sich beugen; sich neigen' und vielen anderen jakutischen Wörtern aus dem Mongolischen entlehnt wurde, vgl. moL. *bögčüj-* 'sich bücken' u.ä. (Pek. 1603; DSJ 67; TMS I 104). Konsequenterweise soll ewk. ilimp. *mōkčakā* 'Name einer Renkenart', mit ewk. *mẹkčẹrgẹ-* 'sich bücken; sich biegen', ostewk. *mẹkčẹmẹ* '1. Buckel; 2. bucklig', *bukčurgẹ-* 'sich bücken', *bokčorīn* 'bucklig' und manch anderen tungusisch-mandschurischen Belegen zusammengestellt werden, die ebenfalls mit dem erwähnten mo. *bögčüj-* 'sich bücken' und *bögtüj- ~ bökütüj-* id. zu verbinden sind.

I.4 Russ. (Kolyma) *прóшка* 'Penis' wird in Vasmer III 307 auf **прочька* < *прочкнýть* 'durchstechen' zurückgeführt, doch das Wort darf nicht von russ. (Kolyma, Sibirien, nord.-russ.) *прóшка* 'Schnupftabak' (ebda) getrennt etymologisiert werden, wobei der Bedeutungswandel 'Schnupftabak' → 'Penis' unter dem jakutischen Einfluß erfolgt ist; vgl. jak. (< russ.) *pruoška* mit der Bedeutung 'Schnupftabak', manchmal aber auch 'Penis eines Kindes' (Pek. 1999: "названы так, вероятно, потому что их, как и табак, якуты нюхают"); nicht weniger illustrativ ist ein anderes jakutisches Wort, und zwar *syččȳj ~ syččȳr* '1. Schnupftabak; 2. Penis eines Kindes' (Pek. 2508). Entweder ist hier die Bedeutung 'Penis' des russ. *прóшка* unter dem Einfluß des jak. *pruoška* entstanden, oder das ganze russ. Wort *прóшка* 'Penis' ist ein Rückwanderer.[12]

I.5 Das Etymon des russ. (Zabajkal´e) *чартá* 'Knochenbruchschiene aus dünnen Holzstücken' (El. 450) ist jak. *čart (čat)* '1. dünner Lärchenstab, der für die Herstellung der Fischreusen nötig ist; 2. Knochenbruchschiene', das interessanter-

---

[12] Es sei dabei auf den Umstand aufmerksam gemacht, daß russ. *прóшка* (gegen Vasmer III 387) nicht auf **прочьха* < *чихáть* zurückzuführen, sondern mit poln. *proch* '1. Pulver; 2. Staub', *proszek* 'Pulver' zu verbinden ist. Für Näheres s. Хелимский, Е. А.: Этимологические заметки. – *Исследования по исторической грамматике и лексикологии*, Moskva 1990: 41.

weise das von V. I. Rassadin als ein Entwicklungsrelikt des gtü. Anlaut-*j* im Jakutischen angenommene *č*- aufweist, wie es auch in den dem Jakutischen nahestehenden Türksprachen des Sajan-Gebirges der Fall ist, z.B. tof. *čarty* 'Holz-
scheit', tuv. *čarty* 'Span; Splitter', dagegen atü. *jartu* 'Span'[13]. Eine andere Möglichkeit, jak. *čart* (*čat*) zu erklären, liegt in der Annahme einer Entlehnung des jakutischen Wortes aus einer Türksprache, in der gtü. *j-* > *č-* geworden ist. Bei Berücksichtigung dieser Erkenntnisse darf auch für ostewk. *čarda* 'Flechtunterlage
(auf der Fleisch oder Fische liegen, während sie über Feuer gedörrt werden)' (TMS
II 385) ein jakutisches dialektales Etymon angenommen werden: *sardāna ~ sart*
'ein aus einigen Brettern bestehendes Hängeregal über dem Herd' (DSJ 204).

*   *

*

II.1 Das Etymon des ostewk. *munčukē* 'Halskette' (TMS II 537) ist sicherlich das
in sibirischen Schriftdenkmälern des 17. Jahrhunderts vorkommende, dann aber
auch in den Dialekten in Vergessenheit geratene russ. dial. *мунчакъ* 'Kunst-
perle(n)' (SRJ 9: 37), *мунчюгъ* 'Glasperle(n)'[14,] das selbst ein Turzismus ist und
auf Formen wie ttü. *boncuk* 'Glasperle(n)', az. *munčig* 'Halskette', uzb. *munčaq*
id. (vgl. Vasmer I 242 s.v. *бунчук*) zurückgeht. Das Wort ist auch aus außersprach-
lichen Gründen interessant, da es zeigt, daß die russischen Entdecker Sibiriens im
17. Jahrhundert in ihren Kontakten mit Autochthonen Glasperlen und Halsketten
gebrauchten.

II.2 Jak. (Nižnjaja Kolyma) *bojdo* 'Einfrieren des Wassers an der unteren Fläche
der Schlittenkufen, damit der Schlitten gut fährt' (DSJ 64) stammt aus dem russ.
(Kolyma) *войда* 'dünne Eisschicht unter der Schlittenkufe', und dieses ist – gemeinsam mit russ. dial. *войдать* 'Schlittenkufen bei Frost naß machen' – ein
Lehnwort aus einer baltisch-finnischen Quelle: karel. *voidua* 'be-/schmieren', livik.
voidada 'beschmieren, Fett oder Speichel auftragen' u.ä.[15]

II.3 Die Entlehnungsquelle des jak. (Verchnij Viljuj) *bāl ~* (Nižnjaja Indigirka)
bāla 'Werkbank zur Kufenherstellung (durch Biegen)' (DSJ 55) ist nicht russ. *вал*

---

[13] Рассадин, В. И.: *Монголо-бурятские заимствования в сибирских тюркских языках*, Moskva
     1980: 80f.
[14] Открытия русских землепроходцев и полярных мореходов XVII века на Северо-
     Востоке Азии. – *Сборник документов,* Сост. Орлова, Н. С., Moskva 1951: 175.
[15] Сало, В.: О некоторых прибалтийско-финских и саамских заимствованиях в русских
     говорах поморов Карелии. – *Советское финно-угроведение* II (1965): 13 – 18.

'Walze', wie irrtümlich vorgeschlagen wurde[16], sondern russ. dial. *бáло ~ бáла* id.
< urslaw. **gъbadlo* 'das, womit etwas gebogen wird' < *gъbati* 'biegen, krümmen'.

II.4 Das jak. Dialektalwort *kībäs* 'Senkblei am Fischfangnetz, aus Horn oder einem
kleinen, in Birkenrinde eingewickelten Stein' (DSJ 112) geht nicht auf ewk. *kiwe ~
kiwē ~ kīwē* zurück[17], sondern auf das wohlbekannte russ. dial. *kíbas* 'Senkblei am
Fischfangnetz', das seinerseits ein baltisch-finnisches Lehnwort im Russischen ist,
vgl. fi. *kives* 'Senkblei am Fischfangnetz' u.a. (Vasmer IV 119, 227). Ebenfalls auf
das russische Wort sind westewk. *kibes ~ kibas* id. (TMS I 390) und Kolyma-
jukag. *kībəs* id. zurückzuführen.

*   *
*

III.1 Das in Vasmer fehlende russische (Pribajkal'e) Wort *салгá* 'kalte Luft;
Rauhreif; Neuschnee' (El. 365) darf mit ostewk. *halgā* 'Neuschnee', lam.
(Allajch.) *halga* 'Sommerschnee' (TMS II 58) zusammengestellt werden. Die russische dialektale Lautform läßt das ewenkische Wort auf eine unbelegte (wohl
baunt.) Form **salgā* zurückführen, und dieses Wort kann gemeinsam mit *halgā*
(welches übrigens ebenfalls in das Zabajkal´e-Russische entlehnt wurde, und zwar
in der Form *халгá*, s. El. 437) in eine Reihe mit moL. *salkin*, bur. *halxi(n)* 'Wind'
gestellt werden. Hierzu vgl. auch das ebenfalls auf das Mongolische zurückgehende jak. *salgyn* 'leichter Wind, warmer Wind', das in das Ostewenkische in der
Form *salgin* 'kalte Luft; Rauhreif' (TMS II 68) entlehnt wurde.

III.2 In einer in Jakutien verfaßten Kosaken-Bittschrift aus dem 17. Jahrhundert
(1638 – 1639) finden wir die folgende Phrase vor: *конь именемъ Еремко, а
шерстью по якутцки кереш*.[18] Das Hapaxlegomenon *кереш* scheint als eine jakutische Floskel im russischen Text offensichtlich mit jak. *kärä* 'weiß(lich), hellgrau,
hellgelb Pferdefarbe', *kärämäs* 'dunkel, grau' (und davon auch ewk. [Dialekte in
Jakutien] *keremes sulakī* 'graufarbiger Fuchs; russ. *лиса-сиводушка*' u.a., TMS I
454) zusammenzugehören. Die Ausgangsform von *кереш* kann als **käräγäs* 'grau
oder hellgelb' (parallel zu *araγas* 'hellgelb' – mündliche Information von O. Mud-
rak) rekonstruiert werden. Die Entwicklung von **käräγäs* > *кереш* kann ohne weiteres durch den Ausfall des *-γ-* und die Vokalkontraktion auf russischem Sprachbo-

---

[16] Барашков, П. П.: Некоторые особенности говора якутов Аллаиховского района.
      – *Сборник диалектологических материалов якутского языка*, Jakutsk 1961: 86.
[17] Kałużyński, S.: Einige tungusische Lehnwörter im Jakutischen. – *AOH* XXXVI (1982): 265.
[18] Колониальная политика Московского государства в Якутии XVII в. – *Сборник докумен-
      тов*, Leningrad 1936: 207.

den erklärt werden. Das Auslaut-š kann hier entweder aus dem für die in Jakutien gesprochenen russischen Mundarten typischen Wechsel *š ~ s* oder aber aus der – der üblichen Erklärung gemäß, durch den russischen Einfluß entstandenen – š-artigen Aussprache von *s* in einigen jakutischen Dialekten (Kolyma, Nižnjaja Indigirka) resultieren.

III.3 Russ. (Irkutsk) *камичин* 'Korb aus Birkenrinde' (SRNG 13: 26) läßt ein unbelegtes ewk. **kamič* id. (mit Possessivsuffix) – sicherlich in der Verchnjaja Lena-, Tokminsk- oder Podkamennaja Tunguska-Mundart – annehmen, das mit dem in Wörterbüchern gut belegten ewk. *kamit* id. = orč. *kamiči* 'Korb, Quersack aus Birkenrinde', udg. *kamisi* (< **kamiči*) 'Behälter aus Birkenrinde; russ. *чуман (берестяной)*' (TMS I 370) identifiziert werden kann. Das geographische Areal der ewk. *č*-Form wird größer, wenn das jak. (Žigansk) *xamyču* 'Korb aus Birkenrinde' berücksichtigt wird, das das Vorhandensein des ewk. **kamič* auch im Erbogačen-Dialekt voraussetzt.

III.4 Russ. (Zabajkal'e) *ивáхи*, Pl. (Sg. *ивáха*) 'kleine Pfosten zur Unterstützung des Hausgerüstes oder der Abstellkammer, i.a. einer Holzkonstruktion' (El. 139) geht auf jak. *ylax* 'waagerechte Holzbefestigungsstücke am Schlitten; Querbalken, Wagenachse; Querbalken an einer Grabmalkonstruktion' (Pek. 3231) zurück. Die Substituierung des jak. *l* durch einen *w*-artigen Konsonanten im Russischen ist vollkommen möglich und läßt an russische Schriftdenkmäler des 17. Jahrhunderts denken, die die Aussprache *Ковыма, ковымский* statt *Колыма, колымский* belegen. Das russ. Wort *ивáха, ивáхи* läßt glauben, daß die Bedeutung 'Unterstützung der Abstellkammer; Abstellkammerständer', die gemäß DSJ 311 nur im Mittel-Kolyma-Dialekt des Jakutischen vorkommt, in der Tat auch in manchen südjakutischen Mundarten bekannt ist oder zumindest war. Dabei geht jak. *ylax* selbst auf ewk. *ilak* (TMS I 305) zurück.

III.5 Für russ. (Barguzin) *шалтык* 'wasserfester Tabak- und Zündhölzerbeutel der Jäger' (El. 459) muß als Entlehnungsquelle eine unbelegte ewk. (Barguzin) Form **šiltik* id. angenommen werden. In TMS fehlt sie zwar, doch ist sie für eine andere Mundart belegt, und zwar als ewk. (Nordbajk.) *siltik ~ šiltik* 'Beutel für Feuerstein und Zunder'. Dies ist eine mit dem heute unproduktiv gewordenen Suffix *-k-*[19] gebildete Ableitung von einer Form vom Typ *hilti* 'Zunder' (TMS II 991), vgl. das aus dem Ewk. entlehnte jak. (Nord-West) *hīltī* 'Mulmflüssigkeit, die beim Fellgerben gebraucht wird'.[20] Diese und ihnen nahestehende (s. TMS) tungusische

19   Константинова, О. А.: *Эвенкийский язык*, Moskva – Leningrad 1964: 94.
20   Воронкин, М. С.: *Северо-западная группа говоров якутского языка*, Jakutsk 1984: 164.

Wörter scheinen bisher mit mongolischen Daten nicht zusammengestellt worden zu sein, vgl. jedoch bur. *šülte* 'Saft eines Nadelbaumes, Lauge', dial. auch 'Mark eines verwesten Birkenbaumes', kalm. *šült* 'Lauge', moL. *siltü ~ šültü* 'Saft eines Nadelbaumes, Lauge'. Mit diesen Wörtern ist offensichtlich auch das von M. Räsänen (VEWT s.v.; vgl. auch KWb. 371) ohne Erklärung angeführte Kazantat. *səltä* 'Lauge' zu verbinden. Auf das Burjatische ist auch das für M. Vasmer dunkle russische (ostsibirische) Wort *шультá* 'Getränk aus Birkensaft' zurückzuführen.

Abgekürzt zitierte Literatur

DSJ	Афанасьев, П. С./Воронкин, М. С./Алексеев, М. П.: *Диалектологический словарь якутского языка*, Moskva 1976.
El.	Элиасов, Л. Е.: *Словарь русских говоров Забайкалья*, Moskva 1980.
KWb.	Ramstedt, G. J.: *Kalmückisches Wörterbuch*, Helsinki 1935.
Pek.	Пекарский, Э. К.: *Словарь якутского языка*, Bd. I – III, St.-Peterburg – Leningrad 1958 (Fotomechanische Neuausgabe).
SRJ	*Словарь русского языка XI – XVII вв.*, Moskva 1975 – 1991, Lfg. 1 – 17.
SRNG	*Словарь русских народных говоров*, Moskva – Leningrad 1966 – 1991, Lfg. 1 – 25.
TMS	*Сравнительный словарь тунгусо-маньчжурских языков*, Bd. I – II, Leningrad 1975 – 1977.
Vasmer	Фасмер, М.: *Этимологический словарь русского языка*, Moskva 1964 – 1973.
VEWT	Räsänen, M.: *Versuch eines etymologischen Wörterbuchs der Türksprachen*, Helsinki 1969.

Árpád Berta

YÄLMÄ UND *BÏÑA*

Die alttürkischen militärischen Termini stellen einen ziemlich breiten lexikalischen Bereich dar, sie können mehrfach klassifiziert und je nach Sortierungsweise in mehrere Untergruppen eingeteilt werden. Im folgenden beschäftigen wir uns hier nur mit einem kleinen Segment der alttürkischen militärischen Terminologie, nämlich mit denjenigen Wörtern, die unter dem Begriff *Schlachtordnung* behandelt werden können.

Im vierten Band seiner Monographie *Türkische und mongolische Elemente im Neupersischen* versuchte Gerhard Doerfer, die wichtigsten Kenntnisse über die Schlachtordnung der Türken und Mongolen zusammenzufassen.[1] In Bezug auf die Alttürken hat er die beiden wichtigen Quellengruppen (die chinesischen Nachrichten über die Osttürken und Westtürken sowie die alttürkischen bzw. uigurischen Inschriften) untersucht[2] und kam zu der Schlußfolgerung, daß "für die Alttürken (unter allen erdenklichen Reserven, z.B. mag eine Nachhut doch üblich gewesen sein, nur eben zufällig nicht erwähnt) etwa folgendes Schema der Schlachtordnung" angesetzt werden kann: Späher (*yālmā̈*) – Vorhut (*bïñā̄*) – Linker Flügel – Rechter Flügel.[3]

---

[1] S. seine diesbezüglichen Ausführungen unter dem Stichwort *yāsāl* (à 1791) 82 ff. Doerfers Zusammenstellung ist trotz ihrer Knappheit als eine gut brauchbare Orientierungshilfe zu betrachten. Seine einschlägige, kurze Zusammenfassung kann aber nicht den Mangel an einer speziellen monographischen Behandlung des Themas ersetzen.

[2] Doerfer scheint einer chinesischen Nachricht (Anfang des 7. Jh.), in der über die Alttürken gesagt wird, daß sie keine beständige Schlachtordnung kennen (vgl. Liu 130), eine größere Bedeutung beizumessen, wenn er feststellt: "zumindest zur Zeit der Orchon-Inschriften (also im 8. Jh.) dürfte dies nicht mehr gegolten haben". Ich glaube nicht, daß die Aussage der chinesischen Nachricht über das Fehlen einer beständigen Schlachtordnung bei den Alttürken als zuverlässig bezeichnet werden kann. Eventuell bezieht sie sich nur darauf, daß die Türken nicht die chinesischen Schlachtordnungstypen bevorzugten. Außerdem gibt es Berichte in den chinesischen historischen Quellen, die dieser Aussage deutlich widersprechen.

[3] Auf die weiteren Beobachtungen von G. Doerfer kann hier nicht näher eingegangen werden. Es seien hier jedoch die wichtigsten Ergebnisse seiner einschlägigen Untersuchung erwähnt: (1) die türkische Armee bestand aus Reitern und Infanterie; (2) die Rekognoszierung muß bei den Alttürken entwickelt gewesen sein (vgl. dazu die Termini *körüg* 'Spion' [richtig: *küräg* 'Deserteur', vgl. M. Erdal, Old Turkic Word Formation. A Functional Approach to the Lexicon. *Turcologica*. Bd. 7. Hrsg. von Lars Johanson. Wiesbaden 1991: 191]; *yerči* 'Wegführer' und *tïl*, wörtlich 'Zunge', eigentlich ein Kriegsgefangener, der Auskünfte über das gegnerische Heer gibt); (3) die bekannte dyadische Gliederung der türkischen Reichsverwaltung und weitere indirekte Informationen lassen darauf schließen, daß die alttürkischen Heere in zwei Flügel geteilt waren. Was die indirekten Informationen anbelangt, zitiert Doerfer (S. 86) die 31. Zeile der Toñ.-Inschrift: *sü baš ï ïnäl qaġan tardüš šad barzün* und äußert die Vermutung, daß es sich hier eventuell um zwei

Doerfer führt also lediglich zwei Termini (*yälmä* und *biña*), die in den Inschriften belegt sind, auf. Die Namen der sonstigen noch vermuteten Truppen-
gattungen kennen wir nicht. Sehen wir uns kurz die beiden bekannten Termini
näher an.

In Bezug auf den Terminus *yälmä* erwähnt Doerfer die folgenden Textteile:
Šu O 6 und 12 bzw. Toñ. 52.

Šu O 6: *yälmā̆ ärī kältī yaǧī [kälü]r tēdī yaǧïn bašī̆ yōrīyü kältī* [4] 'ein
Späher (bzw. einige von den Spähern) ist (sind) gekommen. Der Feind
kommt – hat er gesagt. Mit dem Feind ist [auch] sein Anführer gekommen'.

Šu O 12: ... *b barqïnt[a] ärmiš yälmäsīn ēš yerīñǟrü ïdmiš mäniñ är antā
basmiš tīl tūtmiš qanïñā*[5].

Im Vergleich mit dem ersten Beispiel können wir sehen, daß eine *yälmä*-
Truppe nicht nur mit der Beobachtung der Bewegungen feindlicher Truppen beauf-

---

Heerführer handelt. Im à 1900 schließt er aber diese Möglichkeit wieder aus und weist darauf
hin, daß die zitierte Stelle wohl doch folgendermaßen zu übersetzen sei: 'als Heerführer soll der
Großchan-Stellvertreter, der Schad der Tardusch, fungieren'. (Mit dieser zweiten Interpretation
können wir nicht einverstanden sein: 1. In der Regierungszeit von Qapġan qaġan fungierte der
spätere Bilgä qaġan bekanntlich als Tarduš šad. 2. Ïnäl qaġan war Qapġans Sohn, d. h. eine andere historische Persönlichkeit.) Wir haben in der Toñ.-Inschrift jedoch eine Stelle, die eindeutig
über die Aufteilung der türkischen Armee in zwei Teile spricht, vgl. Toñ. 18: *äkī bïñ ärtimiz bïz
äkī sü böltī*. Doch muß man auch hier vorsichtig sein, weil der Ausdruck *bïz äkī sü böltī* 'wir
sind zwei Heere geworden' genau nach der Schilderung des Sieges der Türken über die Ogusen
vorkommt und deshalb lediglich darauf hinweisen kann, daß die eben angeschlossenen Ogusen
und ihre Besieger, die Türken, ihre eigenen Heeresformationen (vorläufig?) noch bewahrten.

[4] Ramstedt und Malov haben diese Stelle nicht richtig verstanden. In der Übersetzung von Ramstedt (JSFOu XXX/3: 20 – 21) liest man: "kamen die Männer ihrer Vorabtruppen. 'Als Feinde
werden sie kommen', sagten sie. Mit Feindschaft kam ihr Anführer gegen mich gezogen". (Bes-
ser, aber nicht einwandfrei Malov 1959: 40). Der Ausdruck *yälmā̆ ärī kältī* bezieht sich nicht auf
die feindlichen Späher, sondern auf die Späher der eigenen Armee (vgl. richtig: Doerfer a.a.O.,
Clauson ED 929; diese Möglichkeit wurde auch von Ramstedt überlegt, s. seine Bemerkung auf
S. 52). Ferner bedeutet *yaǧïn bašī̆ yōrīyü kältī* 'mit dem Feind ist [auch] sein Anführer gekommen'.

[5] In der Übersetzung von Ramstedt (JSFOu XXX, 3: 24 – 25) können wir lesen: "ist ... in seinem
Hause (?) und hat seine Läufer [vgl. Malov 1959, 41: letučij otrjad] zu dem Lande der
Bundesgenossen gesandt, seine Läufer (?) hat meine Mannschaft schon dort besiegt, einen Boten
hat sie festgenommen, zu ihrem Kane". In der Tat handelt es sich hier aber darum, daß die feindlichen [kirgisischen] Späher, nachdem sie eine uigurische Truppe besiegt und *tïl* (vgl. Fn. 3) gemacht hatten, die Gefangenen zu ihrem Kan brachten. Die in diesem Satz zunächst vorkommende Wortform *yälmäsīn* ist also Acc., die zweite dagegen Comit.

tragt war. Sie konnte sogar im Interesse der militärischen Aufklärung gewisse Expeditionen durchführen und dabei auch an – wahrscheinlich kleineren – Kampfhandlungen teilnehmen.

Toñ. 52: (nachdem Toñuquq seine Verdienste, die er seinem Kagan geleistet hatte, aufzählt, erwähnt er) *bän özüm ūzun yälmäg yämä ït(t)ïm oq.*[6]

In diesem Satz scheint das Wort *ūzun*[7] organisch zu dem Terminus *yälmä* zu gehören.[8] Es gab offenbar einen Unterschied zwischen den Bezeichnungen der die entfernt liegenden Gebiete und der die unmittelbare Umgebung aufklärenden Spähertruppen.[9]

Zu *bïña* 'Vorhut'[10] erwähnt Doerfer drei Beispiele. Alle sind in der Šu-Inschrift (N 6; O 11 und S 2) belegt. Sehen wir uns auch diese Beispiele kurz an:

Šu N 6: *sü yōrïdï özümin öñrä bïñā baši ïtï* '[der Kagan] zog mit dem Heer aus. Mich schickte er als bïñä-Führer voraus'.

Šu O 11: *sü yōrïdïm ... tūtuq bašïn čïk tapā bïña ïtïm ïšï yer tapā az är ïtïm kör tēdim* 'ich zog mit dem Heer aus. Ich schickte gegen die Čik mit T. B. ein bïñā aus. Zu dem Lande der Bundesgenossen habe ich wenig Männer (?) geschickt [mit dem Befehl] "Seid gehorsam!" (das sagte ich)'.[11]

---

6   S. richtig: 'I also sent out a long-distance reconnoitring patrol' (Clauson ED 929a: *yälmä*). Clauson meint, daß dieser Terminus auch in der 34. Zeile der Toñ.-Inschrift vorkommt. Das ist aber ein Mißverständnis: Clauson hat diese Stelle der Inschrift falsch interpretiert (s. ED 53a; 372b: *yälmä qarġū ädgütï ürgil basïtma* 'organize reconnoitring patrols and signal towers efficiently do not let yourself be taken by surprise'). Es handelt sich hier offenbar nicht um *yälmä* 'Späher', sondern um die imp. Form 2. P. Sg. von *yäl-* 'reiten, im Paß gehen'. Der textliche Zusammenhang schließt eine andere Interpretierung aus (der abwesende türkische Kagan läßt sein Volk nicht mobilisieren, als er vom Angriff des On oq Volkes erfährt, sondern gibt den Befehl aus: 'reite nicht!'. In demselben Satz kommen noch andere imperativische Formen vor).

7   Die ursprüngliche Bedeutung des Wortes ist 'lang', vgl. Clauson ED 288b – 289a.

8   Vgl. hierzu den Terminus *uzun är*.

9   Zu der Verbalform *ït(t)ïm* s. Clauson ED 37b – 38a: *ïd-*.

10 Dieses Wort wurde früher (in einigen Werken auch nach Doerfers Deutung) anders etymologisiert und als eine Ableitung von *bïñ* '1000' aufgefaßt. Vgl. auch Clauson ED 346b – 347a.

11 Vgl. die Übersetzung von Ramstedt (JSFOu XXX, 3: 24 – 25): "zog ich mit dem Heer aus. Über ... Tutuqbaš sandte ich gegen die Čik ein Binga (Tausend?), zu dem Lande ihrer Bundesgenossen sandte ich wenig Männer. Siehe, sagte ich ...".

Šu S 2: *antā toqǐdïm antā yanā tūšdim čïk bōduniǧ biñām*[12] *sūrā kältī*
[...] čïk bōdunqā tūtuq bērtim 'dort habe ich die [Drei-Karluken] ge-
schlagen. Damit hielt ich mich wieder im Lager auf. Mein *biñā* hat das
Čik Volk herangetrieben. [...] Dem Čik Volk gab ich einen Tutuq'.[13]

In den angeführten Fällen ist das Wort mit B[1] im Anlaut geschrieben. Die
alttürkischen bzw. uigurischen Inschriften bieten noch einige weitere Beispiele für
das untersuchte Wort.[14]

---

[12] Malov: *biñǐm.*
[13] S. ähnlich Ramstedt: JSFOu XXX, 3: 26 – 27.
[14] Ein weiteres (und unsicheres) Beispiel kommt in der 3. Zeile der südlichen Seite der Šu-Inschrift
     vor. Leider bietet uns diese Stelle kaum eine brauchbare Information: Šu W 3: *äkī bōdunuǧ alïp*
     [toquzunč ay?] ... *ötükän* ... *tōqǐdïm antā ōlurup bǐñā* (Ramstedt liest: *abǐñā*; Malov: *biñā*:
     eigentlich ist hier B[2]IñA geschrieben) *ī(t)ïm* 'zwei Völker unterworfen (im neunten Monat?) ...
     Ötüken ... schlug ich. Dort wohnend schickte ich ein *biñā* aus. – Das Wort *biña* ist in einem Fall
     m. E. auch in der IXu-Inschrift zu finden. Der entsprechende Teil der Inschrift war früher von
     den Erforschern des Textes nicht richtig gelesen worden: IXu 20: [x+4; *?s]ǔ sürtī qarluqïǧ*
     īčgintükīn sančdǐ qarluq tapā [...]ǧalǐ barïp zn (Clauson-Tryjarski: *azïn) ärig yanā bǐñā* (Clau-
     son-Tryjarski: *ävǐñā*; eigtl. ist hier B[2]IñA) *süsī kīgürtī*. Die Übersetzung des hier angeführten
     Textteiles hat den Herausgebern viele Schwierigkeiten bereitet. In den Anmerkungen (S. 19)
     schreiben sie: "The first problem is the subject and object of *kigürtī*. If the subject is *süsī* 'his
     army' it is in an unusual place in the sentence; it would be much easier to translate 'he brought
     his army home again', but that leaves the preceding words in the air; *azïn ärig* can hardly mean
     'a few men'; *azïn* might be an instrumental used adverbially 'little by little', in which case *ärig*
     'the men' could be the object of *kigürtī* and the sentence would mean 'his army gradually
     brought the men home again', but this is not very satisfactory". Ihre Übersetzung lautet wie
     folgt: "... he drove the army forward. He routed the Qarluq until they submitted (?). Going
     against the Qarluq in order to ... little by little (?) the army brought the men home again (?)". Ich
     glaube, daß das Subjekt des Satzes Küli Čor ist, von dem man in der 19. Zeile lesen kann, daß er
     gegen die Karluken Krieg geführt habe. *zn ärig* und *bǐñā süsī* können als Objekte von *kigürtī*
     aufgefaßt werden. Das einzige Problem bietet hier eigentlich *zn*[1]. Ich halte es für wahrscheinlich,
     daß wir es hier mit einem Schreibfehler im Original (oder einem Lesefehler der Herausgeber?)
     zu tun haben, und nicht *azïn*, sondern *ūzun* zu lesen ist. Die fragliche Stelle könnte also
     folgendermaßen übersetzt werden: 'er hat in die Ferne Späher und *biñā*-Armee gesetzt'. Das
     Verb *kigür-* kommt in derselben Bedeutung z. B. in dem QB (2370) vor: *čärigdä bir anča*
     busuǧqa kigürə. Weitere Beispiele für den untersuchten Terminus finden wir in der
     neuentdeckten Tar-Inschrift. Leider bieten sie – mit Ausnahme eines problematischen Beispiels
     – keine wesentliche zusätzliche Information über die untersuchte Truppengattung. Ich gebe hier
     die einschlägigen Beispiele mit Tekins Übersetzungen an: Tar E 6: *atlïgïn yamašdǐ bǐñā yōrǐdǐ*
     'They came and joined (us?) together with ... horsemen. The battalion marched forward'.
     – Tekin hat in seinen Kommentaren darauf hingewiesen, daß der hier zitierte Ausdruck *bǐñā*
     yōrǐdǐ zu den Parallelismen mit der Šu-Inschrift zu rechnen ist. Vgl. dort N 6. – In der 8., stark
     beschädigten Zeile der südlichen Seite kommt *bǐñā* aller Wahrscheinlichkeit nach als Teil eines
     Personennamens vor. Sollte das tatsächlich der Fall sein, gehört dieser Name zu der Gruppe der
     alttürkischen Namen, die auf Titel bzw. Rangbezeichnungen zurückgehen. Es kann aber auch

Aufgrund der Belege scheint die von Doerfer angegebene Bedeutung des Terminus nicht überzeugend zu sein. Der kontextuelle Zusammenhang spricht allein in der 6. Zeile der nördlichen Seite der Šu-Inschrift für die Bedeutung 'Vorhut', in den weiteren Fällen weist nichts darauf hin, daß bïña 'Vorhut' bedeutet. Sogar hier kann man aufgrund des Textes sü yörïdï özümïn öñrä bïñä bašï ïtï '[der Kagan] zog mit dem Heer aus. Mich schickte er als bïñä-Führer voraus' eher darauf schließen, daß das untersuchte Wort nur in der hier vorkommenden Wortverbindung, d.h. mit dem Wort öñrä 'nach vorne', 'Vorhut' bedeutet. In diesem Satz ist also entweder der Gebrauch des Attributs öñrä überflüssig oder der Terminus bïña bedeutet hier einfach 'Truppe', 'eine militärische Einheit'. Weil wir bïña in allen oben zitierten Fällen der Šu-Inschrift in dieser eigentlich "neutralen" Bedeutung finden[15], können wir die von Doerfer vorgeschlagene Bedeutung 'Vorhut' ruhig ausklammern. Die in den anderen alttürkischen Denkmälern vorkommenden Belege sind ebenfalls in der Bedeutung 'Truppe', 'eine militärische Einheit' gebraucht

sein, daß das Wort in Tar W 8: tōquz yüz är bašï tūyqun uluġ tarqan buquġ bïñä '... Tuykun Ulug Tarkan Bukug Bïnga, head of nine hundred soldiers' als Rangbezeichnung zu interpretieren ist. In diesem Fall ist die Information über die Stärke des bïñä (900 Männer) sehr wichtig. In der ebenso beschädigten 9. Zeile kommt bïñä zweimal vor. Tar W 9: ... (etwa 30 Zeichen) bōdunï bïñä qaġas atačuq bōdunï bïñä. Ohne Kenntnis des kontextuellen Zusammenhangs kann diese Zeile kaum richtig interpretiert werden. Tekin gibt die folgende Übersetzung: "... his people (equals to) a bïnga (about one thousand soldiers?); Kagas Atačuk: his people (equals to) a bïnga". Ähnliche Schwierigkeiten tauchen in Bezug auf das letzte Vorkommen des Wortes in dem untersuchten Denkmal auf. In der 1. Zeile der nördlichen Seite liest man von der Unterwerfung des ogusischen Volkes. Der uigurische Kagan hat, nachdem er die Ogusen besiegt hatte, 100 sänüt und 10 000 einfache Krieger seiner Armee angeschlossen, wörtlich 'hat er [sie] erworben' (oġuz bōdun altï yüz sänüt bïr tümän bōdun qazġantï). In der darauf folgenden 2. Zeile finden wir dann: täñrï qanïm atlïġï toquz tatar yetï yegirmï az būyruq tōñrä ädä sänüt bïñä üygur bōdunï tegitimin bü bïtidükdä qanïmä tūrġaq bašï qaġas atačuq bägzäkär čïġšï bïlä baġa tarqan üč yüz tūrġaq türdï. Tekin übersetzt diese Zeile wie folgt: "The cavalry of my heavenly Khan are the Nine-Tatars, the Seventeen-Az; (his) buyruks are (from) the Tongra, Ede and (his) generals and bingas are (from) the Uygur People. When I inscribed this (monument) together with my princes, Kagas Atačuk and Begzeker Buyla Baga Tarkan, the heads of the watching posts, had three hundred watching posts constructed for my Khan." Es scheint mir, daß Tekins Übersetzung im Grunde genommen richtig ist. Wir haben in dieser Zeile die unmittelbare Fortsetzung der ersten Zeile. Es werden hier die zu dem Kagan gehörigen Truppen und ihre Anführer aufgezählt. Das Wort bïñä scheint hier wieder eher eine Rangbezeichnung als der Name einer Truppe zu sein. (Vgl. anders Erdal 1991: 78.) In der zweiten Hälfte der Zeile müßten wir eigentlich drei (also nicht zwei, wie es Tekin tut) Personennamen (mit Rangbezeichnung) suchen, weil die gesamte Wachmannschaft des Kagans aus drei Hundertschaften bestand. Erdal 1991: 392, Fn. 455 verbessert richtig die Lesung von Tekin: Das letzte Wort der Zeile kann nicht als turutdï gelesen werden. Seine Übersetzung ist aber mit einer anderen Schwierigkeit verknüpft. Ich glaube nämlich nicht, daß in dem obigen Kontext allein qaġas atačuq (oder atčuq, vgl. Erdal a.a.O.) als tūrġaq bašï bezeichnet wurde.

15   S. hier Šu O 11, S 2, W 3.

(so IXu 20; Tar E 6 und auch ? W 9). In der 8. Zeile der südlichen Seite der Tar-Inschrift kommt *bīñā* dagegen, wie oben gezeigt[16], entweder als Teil eines Personennamens oder einer Rangbezeichnung vor.[17] In der 2. Zeile der nördlichen Seite des Denkmals haben wir *bīñā* als Bezeichnung einer Truppeneinheit oder als Rangbezeichnung, die auf die Benennung der Truppe zurückgeht.

Mehrere Forscher haben schon versucht[18], den Terminus *bīñā* in einen Zusammenhang mit dem bekannten türkischen Zahlwort *bīñ* zu stellen.[19] Ramstedt hat, als er *bīñā* für "eine altertümliche Nebenform" hielt, offenbar daran gedacht, daß die Form *bīñā* sogar eine Zwischenstufe zwischen dem tü. *bīñ* und mo. *miñgan* darstellen könnte.

Die hypothetische Zusammenstellung der alttü. Formen *bīñ* 'tausend' und *bīñā* hatte eine große methodische Schwäche. Man gab *bīñā* aufgrund der lautlichen Ähnlichkeit mit *bīñ* 'tausend' eine Bedeutung ('Tausendschaft'), obwohl die Zusammengehörigkeit von *bīñ* und *bīñā* mit keinem ernsthaften Argument unterstützt wurde. Anders gesagt, es wurde behauptet, daß *bīñā* 'Tausendschaft' bedeuten muß, weil diese Form eine Nebenform von *bīñ* 'tausend' sei, und daß *bīñā* eine Nebenform von *bīñ* sein müsse, weil sie 'Tausendschaft' bedeute. Der logische Fehler dieser Denkweise liegt auf der Hand: Der Versuch, etwas mit dem zu beweisen, was selbst unbewiesen ist, gehört nicht zu den glücklichsten Methoden in der Wissenschaft.

Trotz dieses logischen Irrwegs können wir anhand der neuen Materialien, die in der Tar-Inschrift vorkommen, gewissermaßen diese unbewiesene Hypothese unterstützen. In der 8. Zeile der westlichen Seite der Inschrift ist der folgende Text-

---

[16] S. Fn. 14.

[17] Es ist kaum möglich, aber auch unnötig zu entscheiden, welche Alternative in diesem Fall richtig ist. Wenn *bīñā* hier als Personenname vorkäme, ging es sicher auf eine Rangbezeichnung zurück, die sich selbst auf die Benennung der untersuchten militärischen Einheit zurückführen läßt.

[18] Vgl. hier auch Fn. 10.

[19] Orkun ETY IV, 29 hielt *bīñā* für eine Nebenform von *bīñ* '1000'. Gabain 1974: 87 meint, daß *bīñā* in dem Ausdruck *bīñā bašī* im Dativ stehe. Die richtige Kritik dieser Ansichten hat Doerfer bereits TMEN IV, 86 gegeben. Ramstedt (a.a.O.), der in *bīñā* "eine altertümliche Nebenform oder eine Ableitung von *bīñ* '1000'" vermutet, weist auch darauf hin, daß 'Tausend' im Mo. *miñgan* ist. Ramstedts türkisch-mongolische Vergleiche sollten immer mit äußerstem Vorbehalt betrachtet werden. Seine Vergleiche möchten im allgemeinen die sog. altaische Hypothese unterstützen, eine Hypothese, die m. E. unbewiesen, aber nicht unmöglich ist. In diesem Falle kann man aber keine Zweifel daran haben, daß tü. *bīñ* 'tausend' und mo. *miñgan* id. etymologisch zusammengehören. Die einzige Frage ist nur, wie diese etymologische Zusammengehörigkeit erklärt werden muß. Poppe 1960, 72, 122 und Ramstedt (s. RKW 263) halten die tü. und mo. Wörter für urverwandt; Doerfer dagegen meint, daß die mo. Form auf urtü. (frühtü.) *bīñän* zurückgeht (s. TMEN I, 100; IV, 33). Dies ist keine Nebenfrage, sie gehört zu den Grundfragen der vergleichenden Turkologie und Altaistik, eine Frage, die aber im Rahmen dieses Aufsatzes nur erwähnt und nicht ausführlich behandelt werden kann.

teil zu finden: *tōquz yǖz är bašï tūyqun ūluǧ tarqan buqūǧ bïñā* '... Tuykun Ulug Tarkan Bukug Bïnga, der Befehlshaber von 900 Männern'. Das ist die einzige brauchbare Information über die mögliche Stärke einer als *bïñā* bezeichneten militärischen Einheit[20], eine sehr wichtige Angabe, obwohl wir nicht vergessen dürfen, daß *bïñā* hier nur dann über die Stärke der Truppe informiert, wenn es tatsächlich die Rangbezeichnung eines Bïnga-Führers ist.

Neunhundert ist nicht gleich Tausend, aber eine Tausendschaft bestand in der Geschichte nicht immer aus tausend Männern. Deshalb können wir die früher vorgeschlagene Etymologie aufgrund der zitierten Angabe der Tar-Inschrift semantisch gewissermaßen unterstützen. Die lautliche Seite einer solchen Etymologie könnte auf eine interessante Möglichkeit hinweisen. Bekanntlich enthalten die alttürkischen Inschriften in einer beträchtlichen Anzahl Wörter (insbesondere im Bereich der Titulatur), die aus einer nicht-türkischen Sprache stammen. Mehrere Forscher nehmen an, daß diese Sprache die der Žuan-žuanen, der ehemaligen Beherrscher der Türken, war. Leider kennen wir diese Sprache nicht genügend. Einige Sprachreste des Žuan-žuanischen weisen aber darauf hin, daß es ein mongolisches Idiom war. Die angeblich žuan-žuanischen Wörter des alttürkischen Lexikons stellen Wörter dar, die aus dem semantischen Bereich der Verwaltung, der staatlichen Institutionen, kommen. Ein militärischer Terminus, wie z.B. der hier untersuchte *bïñā*, kann sehr wohl zu dieser semantischen Gruppe gehören. Sollte diese Vermutung stichhaltig sein, müßten wir die Beziehung zwischen türk. *bïñ* – *bïñā* – mo. *mingan* anders interpretieren als früher.[21]

Trotz der hier erwähnten Möglichkeit der fremden Herkunft halte ich es für wahrscheinlich, daß *bïñā* im Türkischen ein genuines Wort darstellt. Diesem etymologischen Vorschlag nach ist das Wort als eine deverbale Ableitung auf *-gä* aufzufassen[22] und auf das bekannte türk. Verb *bin-* 'besteigen (ein Pferd)'[23] zurückzuführen.[24] Die ursprüngliche Form des Terminus wäre also vordervokalisch (*bingä* > *biñä*)[25], und die sekundäre *bïñā*–Form wäre durch die velarisierende

---

[20] Die Untersuchung des weiteren Vorkommens des Terminus informiert nur darüber, daß *bïñā* eine stärkere Einheit war (mehr als *är*), u. U. ziemlich stark (vgl. z. B. die dem *bïñā* gegebenen Aufgaben in Šu. O 11, S2 und den Ausdruck *bïñā sǖsī* in IXu 20), aber nicht so stark wie der größte Teil der Armee (*qan sǖsī*).

[21] Die Möglichkeit, daß *bïñā* im Alttü. fremder Herkunft ist, kann gewissermaßen auch dadurch bestätigt werden, daß das Wort in den alttü. Denkmälern, wie oben gezeigt, unterschiedlich geschrieben wurde: Es kommen Formen mit B[1] und B[2] im Anlaut vor.

[22] Über dieses Suffix s. Erdal 1991: 376ff.

[23] Für die einschlägigen Angaben s. Clauson ED 348a.

[24] Zu der *-n-* + *-g-* > *-ñ-*–Kontraktion vgl. z. B. *yañaq* 'Backe, Wange' (Clauson ED 948b), *ärñäk* 'Finger'; s. auch Erdal 1991: 75 und 91.

[25] In der 3. Zeile der westlichen Seite der Šu-Inschrift und in der 20. Zeile der IXu-Inschrift ist dementsprechend wohl noch *bïñā* zu lesen.

Wirkung des -ñ- zu erklären.[26] In den untersuchten Inschriften sind beide Varianten noch zu finden, und das Vorhandensein der beiden Varianten kann unseren etymologischen Erklärungsversuch unterstützen. Die semantische Seite der Etymologie scheint mir ziemlich klar zu sein.

Neben *bïñä* habe ich hier *yälmä* erwähnt. Dieser Terminus geht auf das Verb *yäl-* 'reiten, im Paß gehen' zurück[27] und stellt eine semantische Parallele zu *bïñä* (*biñä*) dar. Ein anderer Terminus dieser semantischen Kategorie ist *yortuġ* 'a royal escort'[28], der auf das Verb *yort-* (< *yorït-*)[29] 'galoppieren' zurückgeht. Dieser Terminus ist in den karachanidischen Denkmälern des Alttürkischen belegt.

Der hier behandelte militärische Terminus *bïñä* steht also nicht allein, er gehört zu einer semantischen Gruppe der alttürkischen Termini. Die Tatsache, daß es neben *bïñä* weitere militärische Termini gab, die als deverbale Ableitungen aufzufassen sind, und die gezeigte semantische Zusammengehörigkeit können selbstverständlich die hier vorgeschlagene Etymologie bekräftigen.

Kehren wir jetzt ganz kurz noch einmal zu unserem Ausgangspunkt zurück. Der von G. Doerfer vermutete Schlachtordnungstyp der Alttürken (Späher – Vorhut – [Linker Flügel] – [Rechter Flügel] – [Nachhut]) muß nach unserer hier vorgebrachten Analyse wohl aufgegeben werden, denn wir haben gezeigt, daß *bïñä* nicht 'Vorhut' bedeutet.

Trotzdem glaube ich nicht, daß die Schlachtordnung der Türken ungegliedert war und das türkische Heer in der alttürkischen Periode nur aus Spähern und einer ungegliederten Masse der Armee bestand. Ich meine sogar, daß die alttürkische Heeresorganisation viel komplizierter war, als es das obige Schema darzustellen versucht. Hier möchte ich nur beispielsweise und ohne zusätzliche Kommentare einige in den alttürkischen Denkmälern gut dokumentierte Wörter erwähnen, die m. E. der hier untersuchten alttürkischen Schlachtordnungsterminologie angehören können[30]: *bögür* 'Flanke', *siñar* 'Flügel', *uč* 'Flügel', *yan* 'Flügel; Flanke', *yätüt* 'Reserve' usw.[31]

Die Schlachtordnung der Alttürken war sogar sehr entwickelt, denn in den verschiedenen Quellen können für die Bezeichnung einer Truppengattung sogar unterschiedliche (meistens nur regional gebrauchte) Termini erscheinen.

---

[26] Diese Erscheinung ist gut bekannt im Dativ von *bän* 'ich', *sän* 'du' (*baña/maña, saña*), vgl. Clauson ED 346ab, 831b – 832a.

[27] S. Clauson ED 929a; vgl. Erdal 1991: 316.

[28] S. Clauson ED 959a.

[29] S. Erdal 1991: 795 – 796.

[30] Mit dem Thema der türkischen militärischen Terminologie beschäftige ich mich in einer speziellen Monographie, die in absehbarer Zeit abgeschlossen sein wird.

[31] Ein beträchtlicher Teil der entsprechenden militärischen Terminologie besteht aus Wörtern, die ursprünglich Körperteile bezeichneten.

Anna Dybo

DIE NAMEN DES ZEIGEFINGERS
IN DEN TÜRK- UND DEN ALTAISCHEN SPRACHEN

Das Problem der Rekonstruktion der einzelnen Wortsysteme wurde in der Altaistik bisher mehrmals aufgestellt. An Hand unserer Forschungen über die Wortrekonstruktion im Bereich der altaischen Körperteilbezeichnungen sind wir zu dem Schluß gekommen, daß das Subsystem der Fingernamen einige Besonderheiten aufweist. Wir werden hier daher im folgenden einen Versuch unternehmen, sowohl das Verfahren der Wortrekonstruktion, als auch das der Rekonstruktion der einzelnen phraseologischen Einheiten darzustellen.

Die Ermittlung der Ausdruckssysteme in den Türksprachen hat es uns ermöglicht, unmotivierte Namen für einzelne Finger im Urtürkischen festzustellen und – soweit das möglich war – jeweilige urtürkischen Motivationstypen zu rekonstruieren, wobei es sich manchmal als notwendig erwiesen hat, den typologischen Hintergrund mit zu berücksichtigen.

Es sei gleich an dieser Stelle eine generelle Bemerkung gemacht: Die historische Entwicklung der Fingernamen ist in der ganzen Region, mit der wir uns hier beschäftigen, durch den Umstand beeinflußt worden, daß sie häufig als Elemente der sog. "Fingergedichte" gebraucht wurden. Fingergedichte sind Reime, die bei einem Kinderspiel vom Erwachsenen gesprochen werden, wobei er die einzelnen Finger des Kindes nacheinander biegt und nennt, bzw. über jeden Finger eine Geschichte erzählt. Der ursprüngliche Zweck des Spieles scheint darin gelegen zu haben, dem Kind das Mit-den-Fingern-Rechnen beizubringen. Das Spiel ist im deutschen[1] wie im russischen Sprachgebiet sowie in ganz Nordeurasien bekannt, und einen zusammenfassenden Überblick bietet hier Andreev 1923. Die bei den Türk- und den mongolischen Völkern[2] eigens für dieses Spiel erfundenen Fingernamen werden hier im folgenden *Spielnamen* genannt. Ein solches Fingerspiel besteht üblicherweise aus drei Teilen: (1) das Kreisen mit dem Zeigefinger über der Handfläche; (2) das Berühren der Finger nacheinander; (3) das Berühren der Gelenke, und zwar des Handgelenks, der Ellenbogen, sowie der Achselhöhle[3] (an der das Kind dabei gekitzelt wird). Der

---

[1]   Siemrock, *Deutsches Kinderbuch*, 1857, S. 6f., Nr. 27-30.

[2]   S. z. B. Damdin-Lubsangdagva 1975.

[3]   Zur Zählfunktion dieser Körperteile vgl. (a) die berühmten papuanischen Zählsysteme, in denen fehlende Zahlwörter mit den Namen der entsprechenden

erste und der dritte Teil können allerdings ausgelassen werden. Der mittelere Teil
des Spiels kann vom kleinen Finger zum Daumen oder aber vom Daumen zum
kleinen Finger hin ausgeführt werden. Selbstverständlich wurde damit die
Hypothese verbunden, daß diese Anordnung die Ordnung des Fingerzählens in
der jeweiligen Kultur widerspiegelt[4].

Körperteile ersetzt werden [aber vgl. auch D.C.Laycock, *Observations on number
systems and semantics*, in: *Papuan languages and the New Guinea linguistic scene*
(= New Guinea Area Languages and Language Study, vol. 1), Canberra 1975,
S.219-227]; (b) Kalendersysteme der Lamuten und Korjaken [s. z. B. J.
Lindenau, *Reise nach Sibirien*, oder Т.И. Петрова, *Времяисчисление у тунгусо-
маньчжурских народностей*. − Памяти В.Г. Богораза, Ленинград 1937, S. 79-
123] und im Pamir [Andreev 1957 sowie У. Джахоков. *Земледельческий народ-
ный календарь и счет времени у таджиков Соха*. − Этнография Таджикиста-
на, Душанбе 1985].

[4]   Die Anordnung im Spiel muß mit der heute üblichen Zählordnung nicht
unbedingt identisch sein, da sie enweder (z.B., durch das Kind von seiner
fremdkulturellen Großmutter bzw. dem fremdkulturellen Vater oder Schullehrer)
entlehnt worden sein oder einen altertümlichen Zustand widerspiegeln kann. Den
Gesten dieser Art (nach der Klassifikation von D.Morris wären sie als "technische
Gesten" einzuordnen) wurde bisher bedauerlicherweise nur wenig Aufmerksamkeit geschenkt, so daß mir ihre Verbreitung leider nur fragmentarisch bekannt
ist: (a) Ich selbst zähle die Finger (auch bei dem Fingerspiel) in der Reihenfolge
vom kleinen Finger zum Daumen und biege sie dabei nach innen. [russische
Ober-Donau-Dialekte]; dieselbe Anordnung ist auch für einen "assimilierten ame-
rikanischen Juden" belegt [D.Efron. *Gesture, Race and Culture*, New York 1941/
1972, S. 193, Abb. 73], was allerdings nichts über die Lokalisierung aussagt. Die
Franzosen fangen ebenfalls am kleinen Finger an, den sie allerdings nach außen
biegen. Iranisierte Uzbeken aus Taschkent beginnen mit dem kleinen Finger, der
nach innen gebogen wird, so auch Tadschiken [und, dem Muster des Fingerspiels
folgend, die Perser] sowie natürlich alle, die den Zeigefinger den vierten oder den
letzten nennen; (b) Kiptschak-Türken [Tataren, Kasachen, Balkaren],
Kalmücken und Chalcha-Mongolen zählen die Finger − auch im Spiel − vom
Daumen (nach innen gebogen) zum kleinen Finger hin; so zählen auch
mindestens zwei assimilierte Juden, die ich persönlich kenne. Insel-Kroaten,
Tschechen, manche Österreicher und Turkei-Türken kennen dieselbe Anordnung,
wobei sie jedoch den Daumen nach außen biegen. Diese Zählordnung findet auch
im Namen für den Daumen bzw. (falls der Daumen einen speziellen Namen hat)

Es seien nun ein Beispiel für die Rekonstruktion eines altes Benennungsmodells eines Fingers im Türkischen sowie einige Überlegungen zur Möglichkeit, dieses Modell bis auf das Uraltaische zurückzuführen, dargestellt.

1. Türksprachen.

A. Der Name, für den auf dem türkischen Sprachboden keine sichere Etymologie vorgeschlagen werden konnte:

*suq (+ 'Finger'[5]). Auig. suq eŋräklärin 'Zeigefinger' (Akk. Pl.), Müller 38. Muig. sūq eŋräk (~ erŋäk), MK III 130; suq barmaq IM Malov SKV III 241; čag. Budagov I_{223} suq barmaq, MA 301 suq barmaq. Akipč.: Abû-H. 1931, 92 soq barmaq (59), Houtsma соҡ бармаҡ, Tel. 305 soq barmaq (s. auch Clauson ED 804a). Aaz. sūk barmak Rifat 141. Nordost: tel., šor. суккол R IV 753; сукол (Verb. 308), leb. сок салазы Baskakov 193; suig.[6] соҡылыҡ (< *soq elik, und dieses wahrscheinlich < nuig. elik 'Finger'). Südost: lobn. суг elik (Malov LJ 107), usb. dial.: krm. Sdsch. съҡҡол, krk. сук (ҡол) (Sadykov 1968, S. 13); (Andidschan, Fargi) суҡҡол (UDM I 322), (Qurama) суҡкӱл (UŠL 1971, 239, 242) 'Zeigefinger'; (Sus.) суҡҡол (Muchamadsch. 148) 'Zeige- oder Ringfinger'. Nordwest: tatar. dial. (sibir.) соҡ бармаҡ (DS 1948, I_{164}); Tumaševa 177 соҡ пармаҡ, суппармаҡ; bšk. hуҡ бармаҡ (BRS 76, s.v. бармаҡ), dial. (Aja) уҡ бармаҡ, (mittl. Mundart) hуп бармаҡ, (Inser) сəп бармаҡ Gilmanova 1976 (nach сəп 'Ziel(scheibe)', s.u.); kzk. суҡ ҡол, суҡ саусаҡ; vgl. Budagov I_{223}, Radlov 753 suq qol ('kir.'); kkp. суҡ бармаҡ. Vgl. Räs. 432[a].

Die Lautgestalt des Wortes wird regelmäßig als *suq rekonstruiert; die Transkriptionen in arabisch-schriftlichen Sprachdenkmälern, die etwa soq

---

für den Zeigefinger ihren Ausdruck: 'Erster / Vorderer / Haupt-Finger', und der Ringfinger kann dann etwa 'vor dem kleinen [Finger] befindlich' (Serbien, Makedonien: *domaly*) o.ä. heißen. In russischen und deutschen Folklorematerialien sind beide Richtungen beim Spielen belegt, die möglicherweise in jeweils unterschiedlichen Gebieten vorkommen. Die hier im weiteren dargestellten Erkenntnisse zu dieser Frage sind für die Rekonstruktion der Fingernamen, welche wir in unseren nächsten Publikationen zu bieten vorhaben, von großer Bedeutung.

[5] Für Etymologien der Wörter mit der Bedeutung 'Finger' s. Dybo 1991, Nachtrag 2.

[6] Das Suig. weist offenbar ziemlich stark Züge auf, die es mit Chak. gemein hat, so vgl. z.B. *δ > z, *b- > m-, *s > s, -l/rɣ - > -ɣl/r-, sowie einige grammatikalische und lexikalische Besonderheiten (s. Tenišev 1976 a).

nahelegen, können konventionell sein. Da aber bšk. *u*, leb., suig. *o* auf gtü.
*o weisen, notieren wir die Urform als **suk/sok*. Die Bedeutung
'Ringfinger' (usb. dial.) ist sekundär und wegen seiner Stelle an der Hand
beim rückläufigen Zählen entstanden.

Das Wort liegt in drei Gruppen der modernen Türksprachen belegt vor,
wobei die Belege jedoch keine geographische Kontinuierlichkeit aufweisen
[*eine inselartige Isoglosse*]. Es ist gegen DTS 514 nicht mit **soq* 'allein'
(muig. MK I 333 *suq jalɣuz er* 'einsamer Mensch', chorazm. [Zaj. Hosr. ve
Šir. 159₁₇₇] *soq jalɣuz* 'sam, samotny', jak. [JRS 265: dial.,; DSJJ 183:
oberkolym.] *oɣyo* (< *soq-uɣ?*) 'самый'; oir. [ORS 129] *сок дьаӈыс* 'совсем
один'; tub. Baskakov 148 *сок дьанъыс* 'совершенно один-единственный';
kkir. [Judachin 650] *сок жаӈгыз* (südl.) 'один-одинешенек', vgl. auch
Clauson ED 804) zu verbinden, und zwar wegen des abweichenden
Vokalismus (die Transkription bei MK kann konventionellen Charakter
tragen)[7]. Als eine Volksetymologie ist die Erklärung des Epithetons in MK
III 130 zu betrachten, die es mit **suq* 'habsüchtig, neidisch' verbinden will
(etwa 'der Finger, der als erster nach dem Essen greift' ⇒ 'habsuchtig'; vgl.
Fingernamen wie litauisch *smagùris*, *smìlius*, wörtl. 'Näscher, Leckermaul')
für das Modell selbst s. Niedermann 1901; wie durch das Material aus
anderen Sprachen bewiesen (s.u.), bleibt die Verbindung zum Begriff
"Essen" in diesem Benennungsmodell stets auf die eine oder andere Weise
erhalten, und dies unabhängig von der späteren semantischen Entwicklung
des Wortes; da tü. *suk* jedoch eine Bedeutung wie "Leckermaul" bzw.
"Vielfraß"[8] o.ä. nicht kennt, kann es kaum für die Basis einer solchen
Benennung betrachtet werden.

---

[7]   Möglich wäre vielleicht, *sok* in *sok jalɲuz* aus *sok* 'Zeigefinger' zu erklären:
'[wie ein] Zeigefinger einsam', vgl. rus. *один как перст* u.ä.

[8]   Auig. *soq jäq* 'Gierdämon' Chuast. 118, *soq-la-n-* 'beneiden' TT VIII E 10,
muig. *soq* 'neidisch, gierig' MK III 94, QBW 95₂₇, QB IV 56₂₈, *suq* Atebet
LVIII, Idrak 42, *soqlan-* 'habsüchtig sein' QBK 211₁₆, *soqluq* 'Habsucht' MK I
471, QBH 76₃₁, QBK 384₃, *suqluq* 'id.' Atebet LVIII; čagat. R IV 521 *сокур*
(čag.) 'habsüchtig'; ar.-qypč. *soklyk*, *suklik* Houtsma 79, 185, *çоклан-* 'suchen,
wollen, beneiden', *çокландур-* 'hinreißen' Изыск. дар (5а³, 21а 10); koman. R
IV 524 *сокла-* 'habsüchtig sein'; jak. (JRS 432) *уккуй-* 'соблазнять кого-л. на
что-л.'; usb. *suq* 'böser Blick, Neid', *suq-la-* 'durch seinen bösen Blick behexen';
karaim. *суклан-* (thk), *сукълан-*, *сухлан-* (k) 'нравиться, любить, желать',
tatar. *соклану* 'очаровываться, восхищаться, восторгаться, любоваться', tobol.
(R IV 753) *сукла-* 'прельститься, пристраститься', bšk. *ҳоҡланыу* 'очаровываться, восхищаться, любоваться', nog. *сук* 'жадный', *суклан-* 'восхищаться, любоваться, завидовать'; kmk. *сукълан-* 'восхищаться, любоваться, быть очарован-

Die in Ščerbak SF 196 vorgeschlagene Verbindung mit *suq- 'hineinstecken, hineinlegen, eintauschen' ist höchst fraglich, da ein solches semantisches Modell zumindest in den Sprachen Eurasiens fehlt. Das Wort scheint schon im Urtürkischen unmotiviert gewesen zu sein.

Offenbar ist das rus. dial. *соколо́к, соко́лик* 'кровяная жила большого перста; ямка под большим пальцем промеж двух сухих жил, куда нюхальщики сыплют табак из рожка' (Dal IV 262; später unter dem Einfluß der volksetymologischen Assoziierung mit *со́кол* 'Falke' zu *соко́лик, соколе́ц* 'черная жила большого пальца руки; у лошадей ножная жила, из которой кровь пускают' geworden) als Entlehnung aus dem unbelegten türkischen *soqalag* anzusehen; eine noch nicht entstellte Form begegnet uns in Eliasov 1980, S.387: *сокола́к*, Gen. Sg. *сокола́ка* 'unteres Gelenk des Daumens, die erste Phalange' (nach den Beispielen zu urteilen, ist das die Stelle, an der Blut entnommen wird). Die türkische Ausgangsform wird wohl 'Stelle nah am Zeigefinger' bedeutet haben, d.i. den Raum zwischen dem Daumen und dem Zeigefinger. Sonst s. Preobraženskij 350, wo die Formen unter *со́кол* 'Falke' nach Dal zitiert werden.

B. Motivierte Bezeichnungen.

Benennungsmotiv: Funktion des Fingers.

(1) "Zeigefinger": jak. *ыйар тарбах*, zu *ый-* 'zeigen, befehlen'; tuv. *айтыр салаа* zu *айыт-* 'zeigen, erklären, lehren'; nuig. *курсаткуч бармаҡ*, usb. *курсәткич бармоҡ*, gag. *гөстерек пармак*, tatar. čat. *кўрсәтӱ пармағы*, bšk. dial. Bhh II 119 *кўрһәткес бармаҡ*, kkp. *көрсеткиш бармак* zu **körsät-* 'zeigen'. Vgl. auch ttü. *işaret parmak* zu arab. *işaret* 'Weisung'.

(2) Bšk. dial. (mittl. Mundart) *кузәмә бармаҡ, кузәугес бармаҡ*, zu *кузә-* 'zielen, ansehen, Richtung aussuchen', (Инзер) *сәп бармак* Gilmanova 1976 (entstellt wegen der Assoziierung mit *сәп* 'Ziel, Zielscheibe', s.o.)

(3) Auig. TT V A 57 *janar erŋäk*, zu **jān-* 'drohen'. Da das Epitheton in nur einem Text belegt vorliegt, darf hier eine Lehnübersetzung angenommen werden, vgl. sanskr. *tarjani aṁguli* 'Zeigefinger', wörtl. 'drohender, beschimpfender Finger', Mülius 181.

(4) "Spanne-Finger" (aufgrund des Gebrauchs des Zeigefingers beim Messen): jak. *сөмуйэ* 'Zeigefinger; Finger'; kkir. *сөмөкөй, сөмөтөй, сөөмөй* 'Zeigefinger', *сөөм* '1. Zeigefinger; 2. die Länge einer Spanne zwischen dem Daumen und dem Zeigefinger'; tkm. *сүем бармак*, dial.

ным', balk. (MBD 184) *сукълан-* 'прельститься, желать, завидовать', kas. *суҡтан-* 'смотреть жадно, завистливо, любоваться, прельщаться', kkp. *суҡ* 'зависть, жадность', kkir. (Judachin 662) *сук* 'завистливый, завистник, зависть; злая русалка'; čuv. ČRS, Jegorow 185 *сăх, сăхă* 'жадный', *сăхлан-* 'жадничать, пристраститься к ч-л'.

(Stavrop.) *çγʋoн бармак* Kurenov I 309; vgl. den kklp. Namen für Ringfinger: *шγлдир/шылдыр шумек*, usb. dial. (Chorezm) *чγлдьр-чγмэк*, wörtl. 'schwatzhafter/murmelnder Hahn' (wobei der zweite Teil hier offenbar aus einem Wort wie kkir. *семекей* o.ä. entstanden ist, s.u.) und den čuv. Spielnamen für Ringfinger: *сγм-сγмекки* Ašm. XI 222 (wohl ein tat. Lehnwort, vgl. die Verbreitung des entsprechenden Namens für Spanne – s. Dybo 1984). Die jak. und kkir. Formen weisen dabei Diminutiv- und Relativsuffixe auf. Zur semantischen Differenziertheit 'Zeigefinger' ~ 'Finger' im Jak. vgl. unten Beispiele für dieselbe Erscheinung in den nördlichen mandschu-tungusischen (MT) Sprachen.

(5) Jak. dial. *сγγтγк кэтэр*, dolg. *hγγтγк кэтэр* DSJJ 218, wörtl. 'mit dem Fingerhut bekleidet'; jak. dial. *иистэнэр семγйэ*, wörtl. 'Nähfinger' (DSJJ 105); sicherlich dadurch motiviert, daß der Fingerhut immer auf den Zeigefinger gesteckt wurde. Hierzu gehört auch vielleicht der aus dem Oir. [*бажы кырлу сабар*, s.u.] entlehnte und dann entstellte tuv. Spielname *бажы-кγрлуг* (wörtl. 'der [Finger] mit dem umgürteten Kopf').

(6) Bšk. dial. Bhh II 116 *кукеш бармак*, entlehnt aus rus. *ку́киш* 'Feigling'.

(7) "Muslimische" Namen: MA *du'a barmaq*, wörtl. 'Gebetsfinger'; aosm. TS I 397 *bañ barmaǧi* (*bañ*: ezan 'Aufruf zum Gebet'); ttü. dial. (Ném. Vid. 404) *salevat-parmaq*, Budagov I 703 *salavat barmaq* 'Gebetsfinger'; salar. *imän purmaχ*, karaim. k *иман пармакъ*, tatar. *имэн бармак*, kmk. *иман бармакъ*, wörtl. 'Glaubensfinger'; usb. Abdullajev Chor. 26 *шаадат бармак̣*, ttü. *şehadet parmaǧi*, az. *шэhадэт бармагы*; ‹ ar. *šhd* 'das muslimische Glaubensbekenntnis aufsagen'. Laut Budagov wird der Zeigefinger bei dem Glaubensbekenntnis nach oben erhoben. Die türkischen Namen sind als Lehnübersetzungen aus dem Ar. zu betrachten.

(8) Bšk. dial. (Dem) *себэбэ/себэбэ бармак*, Gilmanova 1976 (wo das Wort mit bšk. dial. *себэй* 'Phalange' verglichen wird; die beiden Wörter sind offenbar aus dem Čuv. entlehnt worden: *сып-* 'zusammenfügen' (→ bšk. liter. *hэбэ-* 'sich anklammern') und dessen Ableitungen: čuv. *сыпӑ* 'Verbindung, Gelenk' → bšk. dial. *себэй* 'Phalange' (vgl. VEWT 401a); somit ist die Bedeutung 'der sich anklammernde Finger'; dies kann allerdings eine spätere Reinterpretierung gewesen sein, da *себэбэ* ursprünglich ein Lehnwort war: ‹ pers. *səbaba* 'Zeigefinger' ‹ arab. *sabbābat āṣba'* 'id.', wörtl. 'drohender Finger'.

Benennungsmotiv: Stelle an der Hand.

(9) "Hauptfinger, der erste Finger": čul. *паш сарбак̣* Birjukovič 97; tof. (Spielname) *ḫah'e h'öjlaŋ* (vgl. den aus einem sib.-tat. Dialekt entlehnten und entstellten Spielnamen für Daumen: *ḫah'e b'æjrɛq*) Rassadin 1967, S. 32; usb. *бош куль* Afanasjev 150. Bemerkenswert ist, daß in all diesen Fällen der Daumen einen speziellen Namen hat. Vgl. die ttü. dial. Namen

des Zeigefingers: DS II 552 *başala parmak, başla barmak* zu *başla-* 'beginnen' (wahrscheinlich aus ttü. az. dial. [Gasach] *башала бармах*, blk. *башала бармакъ*), ferner *başara parmak* zu *başara-* 'Erfolg haben, leisten', davon die weitere Entwicklung zu ttü. dial. *başarat parmak* 'Daumen' (*başarat* 'glücklich'), tkm. dial. (Araskulyjev 239) *оң бармакъ* 'Zeigefinger' (wörtl. 'glücklicher Finger')[9].

(10) "Zweiter Finger": usb. dial. Andhui (Jarring 1938) *ekkinǯi barmaq*, ttü. *ikinçi parmak*, nog. *экинши бармак*. Vgl. nuig. dial. (Malov UNS 124, Aksu) *iшäkkol*, wörtl. 'Eselfinger', aber vgl. *iшke* 'zwei' (Malov UNS 114);

(11) Abakan. Verb. 289 *улājаң кол салазы* geht auf *uluɣ-jaŋ*, d.h. 'der (dicht) am Daumen befindliche Finger' zurück.

(12) [Vgl. (11)]. Nuig. *йан бармак* 'Nebenfinger'. Hierher auch nuig. dial. (Turfan, Le Coq 94) *qaltá qol* 'kurzer Finger', bzw. 'Nebenfinger' (vgl. nuig. Aksu, Turfan, Chotan *qaltaqsaqal* 'Gehilfe des Dorfschulzen' Malov UNS 120 (*qaltá* aus pers. – s. Räs. VEWT 250a; der Name des Daumens ist *barmaq*).

All diese Namen weisen auf die Zählrichtung vom Daumen zum kleinen Finger hin.

(13) Usb. dial. Namangan UChSL 296 *чәккә қол*, wörtl. 'der äußerste Finger' (*чекка* 'Rand, Grenze'; offensichtlich geht man hier beim Zählen vom kleinen Finger aus und dem *чәккә қол* folgt *бармақ*). Vgl. auch bšk. dial. *сит бармак* (Инзер), *ситәкәй* (mittl., östl., südl. Mundarten) Gilmanova 1976 'der äußerste Finger', *сит* 'Rand, äußerst' (und als ein Resultat der anderen Zählrichtung: nuig. *чәт бармақ* 'Ringfinger'). Im Bšk. ist die Lage etwas verwirrt, da diese Sprache kein spezielles Wort für den Daumen aufzuweisen scheint; haben wir es hier mit einer Lehnübersetzung aus dem Kalmückischen zu tun (s. 2.7)?

Benennungsmotiv: Metaphorische Semantik.

(14) "Spitzfinger": tof. (Castren: karagas.) *ustuk sala*, chak. *устыɣ салаа* 'Spitzfinger' zu *ус-та-* 'zuspitzen'; oir. *уч сабар* 'Spitzfinger' (**ūč* 'Spitze, Ende', s. ESTJ I 611). Vgl. auch oir. *ус сабар, ус кол*, offensichtlich durch die volksetymologische Assoziierung mit *ус* 'Meister' entstellte Lehnwörter aus den Chak. Hierzu gehört auch oir. *бажы кырлу*

---

9   Diese Interpretation setzt jedoch voraus, daß in ttü. Dialekten Systeme mit einer speziellen Bezeichnung für den Daumen vorhanden sind. Eine andere Möglichkeit liegt in der Annahme, daß *başarat* das Reimwort zu *işaret* (s.o.) ist und auf *baş* zurückgeht (*baş parmak, işaret parmak* ⇒ *baş parmak, başarat parmak*); daraus wären dann einerseits *оң бармак*, andererseits *başara parmak* und *başala parmak* entstanden.

сабар (wovon tuv. *бажы-курлуг*), welches mit *кыр* 'Kante, Rand' zu verbinden ist[10], also wörtl. 'Finger mit spitzigem Kopf' bedeutet haben muß. Sonst vgl. kkir. dial. *бадалакей сӱйрӱ баш*, wörtl. 'spitzköpfiger Badalakej' (zum letzteren Wort s.u.). Ein Epitheton mit derselben Bedeutung begegnet uns ebenfalls im čuv. *шӗвӗр пӳрне* (*шӗвӗр* 'spitz'), bšk. dial. (mittl. Mundart) *сэнсэ бармак, сэнсэбэ бармак* (zu *сэнсэ-* 'stechen') Gilmanova 1976.

(15) "Diebsfinger, diebischer Finger": usb. dial. Andidschan *огрыкол*; "Räuberfinger": Taškent *кэрэ мэлдэ, корэмэлдэк, корэмэлдэ:* (< *карак мал-дак*) (Sadykov 1968, S. 13); tat. *карак бармак* (TDS 70, ngb.-krm.); zu diesem Namenstyp vgl. das iranische (Paschtunen, Tadschiken, Perser) Fingerspiel, bei dem die Finger "Dieb" und "Freund des Diebs" bzw. "jüngerer Bruder des Diebs" genannt werden; bei den Paschtunen ist das Spiel als *gal-mal kaval* 'den Dieb und [seinen] Freund machen' bekannt (s.z.B. Andreev 1957 II, S. 527; vgl. auch Andreev 1923, S. 29). Dabei werden jedoch diese Benennungen zum kleinen und Ringfinger verwendet, was möglicherweise mit der entgegengesetzten Zählrichtung zu verbinden ist.

(16) Es gibt darüber hinaus eine Anzahl von phonetisch zwar ähnlichen, doch etymologisch dunklen Wörtern, die in folgende Typen eingeteilt werden können:

(a) šor. *падыӈол* (< *падын-кол*), *пат-паштык* Verb. 238, Radlov IV 1180, 1182; usb. dial. (Abdullajev Chor. 26, Jangi-Basar) *бадам бар-мак*; ttü. *badem parmak*, Budagov I 223 *badam barmaq*, dial. DS II 465 *badem parmak* (wörtl. 'Mandelfinger'), *bade parmak* (wörtl. 'Weinfinger'), *badi parmak*; tkm. dial. (Araskulyjev 239) *бāдам бармакъ* (wörtl. 'Mandelfinger'); kkir. *бадал журөк* (*бадал* 'Gesträuch', *журөк* 'Herz'), dial. (Mukamb. DSKJ) *бадалакей, бадалакей сӱйрубаш* (*бадал* + Diminutivsuff.), *бадал-иймек* (*иймек* 'Ohrringe'), *бадал-өрмөк* (*өрмөк* 'Webstuhl');

(b) usb. dial. (Abdullajev Chor. 26, Namangan) *бара бармак*, UChSL *бара малтак*[11] Sadykov *бэрмалдак*; sibir.-tat. Tumaševa 177 *паран иргэк* (wörtl. 'Hammelbock')[12].

---

[10]   Zur Bedeutung 'Spitze, Schärfe' vgl. tub. *куйругынынъ кыры* 'Schweifspitze', Baskakov 134.

[11]   Usb. *maltaq* kommt vom Namen für den Daumen, s. Dybo 1984.

[12]   *Иргек* wohl aus oir., schor. o.ä. *эргек* 'Daumen, Finger' entlehnt.

(c) tat. dial. TDS 70 *балан бармаҡ, балан тайаҡ, балан чэчэк, балан ұрдэк* (wörtl. 'Schneeballfinger', 'Schneeballstock', 'Schneeballblume', 'Schneeballente', als Entlehnung in čuv. Spielnamen belegt: *палан ӳрте, палан ӳте, палам ӳте* Ašm. IX 149); bšk. dial. Bhh II 39 *балан бармаҡ, балан ӧйрэк* ('Schneeballente'), *балалы ӧйрэк* ('Ente mit [ihren] Jungen'); nog. *балалы-тырнаҡ* (wörtl. 'Nagel, der ein Kind hat'). Offenbar ist tat. dial. *ҡайын бармаҡ* 'Zeigefinger', wörtl. 'Birkenfinger', eine weitere Entwicklung von *балан бармаҡ* 'Schneeball-Finger'.

Das Urbild von all den drei Benennungstypen scheint ein Lehnwort gewesen zu sein. In Frage käme hier möglicherweise ir. **barź*- 'groß, hoch' > pers. *baland*; hierzu vgl. verschiedene Reflexe der Konsonantengruppe **-rź*- in den einzelnen iranischen Dialekten: westiran. *-l-*, afg., baktrisch *-ž-*, chotansakisch *-ḍ-* (Edelman SF 92). Es sei dabei auf den Umstand hingewiesen, daß alle diese Namen ihrem Ursprung nach Spielnamen sind.

2. Mongolische Sprachen.
Benennungsmotiv: Funktion des Fingers.

(1) "Zeigefinger": monguor. *DurDźin χuri* SM 183, zu *dуру*- 'führen, den Weg zeigen, leiten' Todajeva Mongor. 332.

(2) "Spanne-Finger": bur. *тӧӧлэй*; vgl. auch die folgenden Spielnamen: *бадан тӧӧлэй, бадан туулай* (*туулай* 'Hase'), *бадан тоолой, бадан тоохой, бадан тӧӧдэй* (*тӧӧдэй* 'Großmutter'), *бадан тоодой*, in denen der zweite Bestandteil durch die Entstellung von *тӧӧлэй* (zu bur. *тӧӧ* 'Spanne zwischen Daumen und Zeigefinger' [s. Dybo 1994]) entstanden ist; zum ersteren Bestandteil s.u..

(3) "Nähfinger" [analog zu 1.5]: dagur. Poppe 88 *ojŏ5 xorō*, Ivanovskij *oĭ xopó*.

(4) "Leckfinger" (d.h. der Finger, mit dem das Essen getastet/berührt wird): chalcha *долоовор хуруу*, bur. *долёобор хурган*, alar. Poppe I 78 *долбӧр*, kalm. KWb 94a *dolāwr̥* (ölöt.), inn.-mong. (Todajeva JMWM 142) *долбвор*, < **doluγa-buri*[13]. Entlehnt ins karag. *tolâmer* Castr., chakass. *толамыр*, kačin. *толаамыр*, kyzyl. *толамдыр* 'Ringfinger' Rassadin 1980, 36.

(5) Duns. *jiман 5урун* (Potanin II 417 *иман куруу*) "Ziegenfinger"; natürlich haben wir es hier mit einer späteren Ummotivation des arab. *iman*

---

13 **doliγa*- 'lecken': mmong. MA 142 *dolāba*, IM (MA 436) *dolōba*, schriftl.-mong. *doluγa-, dolija-*, chalcha *долоох*, bur. *долёохо*, kalm. KWb 94a *dolāχы*, *dolāwr̥* 'das Lecken', inn.-mong. *долб-*, ordos. Most. DO 150-151 *Dolō-; Dolōwor* 'maladie des boeufs: le boeuf se lèche et fait ainsi tomber les poils de l'endroit léché', mogol. ZM 98 *dōl-*, monguor. Todajeva 330 *дбла-*, SM 59 *Dōli-*, duns. Todajeva 118 *долу-*.

'Religion' zu tun (s.o. und vgl. Potanin I 346-347: "В Тун-сяне все ши-ронгольские деревни мусульманские").

Benennungsmotiv: Stelle an der Hand.

(6) Mmong. Leid. 1256 *herekeyin dergede qurūn* 'Finger bei dem Daumen'; wohl ein Hinweis auf die Zählrichtung vom Daumen hin.

(7) Kalm. dial. *чикчэ* (Э.Ч.Бардаев. Современный калмыцкий язык. Лексикология. Элиста 1985. S. 110; Sart-Kalmücken) – wohl unter dem Einfluß des usb. dial. *чэккэ χол*, wörtl. 'äußerster Finger' (s.o.) < kalm. *чигчэ* 'kleiner Finger' (= der äußerste bei der rückläufigen Zählrichtung).

Benennungsmotiv: Metaphorische Semantik.

(8) *'Habsüchtiger Finger': mmong. MA 301 *qomuqai qurūn* (čag. *suq barmaq*), schriftmong. *qomuɣai q.* ('хоёрдугар хуруу'), oirat. *qomoqoi* Их цааз 57, chalcha *хомхой хуруу* (OMT II 681), kalm. KWb 184b *χotχā χurɣṇ*, 197a *χitχā χirɣṇ*, s.v. *χotχā* 'vermodert', inn.-mong. (Todajeva JMWM 142) *хомхō хурӯ*, ordos. Most. DO 351a *χotogö χụrṳ̄*; *χotogölo-* 'avancer l'index dans la direction de qq.'. Zu *qomuɣai* 'habsüchtig'[14]. Offenbar eine Lehnübersetzung des mtü. *suq barmaq*, entstanden durch die Volksetymologie (s.o.): 'habsüchtiger Finger'. Zu betonen ist, daß das Wort *qomuqai* 'habsüchtig' im Kalm. und Ordos. selbst verlorengegangen ist, weswegen der Name z.B. im Kalm. als 'verwelkter Finger' (*хумха* 'verwelkt', Etymologie unklar) gedeutet wird. Hierzu auch chalcha dial. (Damdin - Lubsangdagva 1975: Khubsugul, Bulgan aimak): *xowodog nojoń* 'glutton-lord' [*xowodog* 'habsüchtig, Vielfraß', das Benennungsmotiv verbindet diese Reihe mit (4)].

(9) Namen, die der Gruppe 1.16 analog sind:

(a) chalcha dial. (westl.) *badda huruń, badan ɣurae* ('Badan, come!'), *badam xyréń* ('Lotus-brown') Damdin - Lubsangdagva 1975 (der zweite Bestandteil des Namens ist aus *хуруу(н)* 'Finger' entstanden); bur. α) *бадан туулай, бадан тоолой* (nuk., al., echir.), *бадан тоохой* (boch.), *бадан тōōдэй* (ok.), *бадан тōōлэй* (alar.), *бадан тоодой* (boch.) (zu dem zweiten Bestandteil s.o.; *бадан* ist eine Steinbrechart, Saxifraga crassifolia); β) *бадан хоолой* (ung.) (*хоолой* 'Kehle'), *бадан хоорохой* (ung.) (*хоорохой* 'kurz'; der zweite Bestandteil des Namens ist aus *хурган* 'Finger' entstanden); ordos. *badaŋ k'öröp*;

(b) bur. *батан туулай, батан тоолой* (boch., nuk., echir., sel.), *батан тōōлэй* (alar., tung.), *батан тӱӱлэй* (sakam.), *батан хōōлэн* (alar.);

---

[14] *qomuɣai*: schriftmong. *qomuɣai*, chalcha *хомхой*, bur. *хомхой*, inn.-mong. (Todajeva JMWM 236) *хомхō*, kalm. *χotɣʊlzᵛχʊ* 'habsüchtig sein' *(qomɣulǯa-)*.

(c) bur. *балан тɵɵлэй;*

(d) bur. *бартан туулай* (echir.) (*бартан* 'plump').

Die ersten Bestandteile dieser Namen scheinen derselben Herkunft, wie ihre tü. Pendants zu sein, so daß sie möglicherweise, ursprünglich wohl als Spielnamen, aus dem Tü. entlehnt worden sind.

(10) Eine Reihe der okkasionell motivierten Spielnamen im Chalcha bietet der Artikel von Damdin - Lubsangdagva:

(a) zentr.-mong. *börö ɣarɣadag* 'kidney taker' (laut Verfasser kommt der Name daher, daß die Hirten die Aorta des geschlachteten Tieres mit dem Zeigefinger öffnen);

(b) Zabkhan, Khubsugul aimak *emtše domtšo* 'doctor sorcerer'. Die Bildung scheint durch die Umbildung des aus dem Mandsch. entlehnten Syntagmas **emuči šimxun* (wörtl. 'der erste Finger', s.u.) in ein Echowort entstanden zu sein.

(c) Khubsugul, Bulgan aimak *ɣoxtšo tatadag* 'loop-dragger' (da der Zeigefinger die Netzmasche zudrückt, während sie aufgenommen wird).

(d) *mergeň dagini* 'wise goddess'; möglicherweise eine Umbildung des Namens wie etwa **mergen derged* 'bei dem Weisen' bzw. **mergenij daɣuul* 'den Weisen begleitend', der seinerseits mit dem Spielnamen für den Daumen *erge mergen* verbunden ist[15]; vgl. (6).

e) Arkhangai aimak *böndöröj* 'dome-like'. Vermutlich ein Reimwort zum Spielnamen des Daumens *baňdarae* 'short and wide'.

Zu betonen ist, daß die meisten Namen hier auf die Zählrichtung vom Daumen zum kleinen Finger hin weisen.

3. Mandschu-tungusische (MT) Sprachen[16].

Benennungsmotiv: Funktion des Fingers.

(1) "Zeigefinger": ewenk. *силбашивун, силбашиун* zu MT **silba-* 'mitteilen, versprechen, warnen, zeigen' SSTMJ II 83; mandsch. *ǯoрирэ*

---

[15] Die Vorstellung über den Daumen wie auch seine Spielnamen sind in Sibirien häufig mit der Gestalt eines epischen Helden namens *Erg/ke-Mergen* verbunden. Als ein vorzüglicher Bogenschütze hatte er einmal in die Sonne geschossen, wofür er aber dann zur Strafe der Daumen beraubt wurde. Daher konnte er nicht mehr schießen und verwandelte sich in ein Murmeltier *(tarbagan,* vgl. *tarmak/tarbak* 'Finger' in Sibirien — s. Dybo 1991; sonst s. Г.Н. Потанин. *Еркe. Культ сына неба в Северной Азии,* Томск, 1916). Sein Name ist mong., vgl. *erke* 'Kraft', *mergen* 'Scharfschütze, Weiser'. Eine bedeutende Rolle wird dabei gewiß der Einklang von Erge an *ergek* gespielt haben.

[16] Vgl. Etymologien der Zeigefingernamen in Kolesnikova 1972, S. 322-323.

симхун zu **ǯori-* 'zeigen, zielen' SSTMJ I 265. Vgl. den sol. Spielnamen *бāфӯ ǯэхэ* (*ǯэхэ-* 'zeigen').

(2) "Spanne-Finger": a) udh. *cӱö*, olč. *сиру(н)*, gold. *сӱру* Onenko 368, bk. *сӱру* Sem 183 'Zeigefinger, Spanne' SSTMJ II 80, hierzu auch udh. *īje < *isije*; vgl. orč. *isijo* 'Spanne' SSTMJ I 330 – eine volksetymologische Entstellung von **siro* 'Spanne'; b) orok. *момгу, монбо* 'Zeigefinger, Spanne zwischen dem Daumen und dem Zeigefinger', gold. bk. Sem 172 *мō цумицу* 'Zeigefinger'; olč. *мовголо* 'Finger' (⇐ 'Zeigefinger', mit der für die MT Sprachen eigenen semantischen Übereinstimmung) SSTMJ I 545 [über die Spannennamen s. Dybo 1994]; c) möglicherweise gehört auch ewenk. *тэлэнǯэ* (zu *тэлэ-* 'ausdehnen, aufspannen' SSTMJ II 232) 'Zeigefinger' Vasilevič 421 hierher.

(3) "Nähfinger": solon. *улдир ун'ахā̆* SSTMJ II 262.

(4) "Leckfinger": orotsch. *чипопу(н)*, olč. *чипэпу(н)* zu MT **čifu-* 'lecken'.

(5) Der Bedeutungswandel 'Finger' ⇒ 'Zeigefinger' (verursacht durch die besonders große funktionelle Beladung des Zeigefingers und den diese Tatsache widerspiegelnden Sprachgebrauch [vgl. (*mit dem Zeigefinger*) *zeigen*; (*mit dem Daumen und dem Zeigefinger*) *kneifen*; (*mit dem Zeigefinger*) *anfassen/berühren* usw.], der zur Ellipse geführt hat): ewenk. *умякāн* 'Finger, Zeigefinger'; *унякāчāн* 'Zeigefinger' Vasilevič 449, Romanova - Myrejeva 180; lam. *уньыкын* Lebedev Jak. 189, *ун'ӣкън* Novikova Ol. 219, *он'қон* Arm., *унӣкън* (bystr.), *ун'акан* (kol.-om., ochot.), *ун'ӣкън* (allajch., mom.), *ун'окон* (sakkyr., tomp.) 'Finger (Zeigefinger)'; neg. *он'ахāн* (N) Zinzius Neg. 258, *хон'ахан* 'Finger (Zeigefinger)'. SSTMJ II 273. Aus MT **xuñakan* 'Finger'.

Benennungsmotiv: Stelle an der Hand.

(6) "der erste Finger": ewenk. *умукэ̄чэн* (sym., nord-bajk., učur.) 'Zeigefinger' SSTMJ II 70. Zu MT **oton-* 'ein' + **-kan* + **-čan*. Hierher auch ewenk. *апкал* (podk.-tung.) *апкāлкэ* (ald., jerbog., nep., sym.) 'erstgeboren; Zeigefinger' SSTMJ I 47. Die Existenz des sonst unbelegten mandsch. **emuči simxun* (s.o.) bestätigt der mongolische Spielname.

(7) Ewenk. *чāгди* (ald.) Vasilevič 513. Vermutlich mit *чāгу* 'folgend' SSTMJ II 376 verbunden.

(8) Mandsch. *дэргэ симхун* < *дэргэ* 'oberer', d.h. "der äußerste [Finger]" (der dem *ferxe* 'Daumen' folgt)[17].

Benennungsmotiv: Metaphorische Semantik.

(9) Mandsch. *мочо симхун* Zacharov 895 'plumper Finger" – möglicherweise eine Lehnübersetzung eines mong. Spielnamens (2.9d).

---

[17]   Vgl. die Entwicklung 'kleiner Finger' ⇒ 'Finger' bei den Reflexen von **čimuč-kan* (SSTMJ II 395) bei derselben Zählrichtung.

4. Typologische Parallelen.

In den angrenzenden und den etwas weiter entfernten Regionen begegnen wir den folgenden Typen von Zeigefingernamen:

(1) "Zeigefinger":

Jap. *hitosasi yubi.*

Ugrische Sprachen: hung. *mutatóujj*; finnische Sprachen: est. *näitesõrm*, mord. erzja *невтема сур.*

Iranische Sprachen: kurd. kurmandschi *tîliya nîşankirinê*, osset. *амонæн æнгуылдз*, vgl. auch das aus dem Arab. entlehnte tadsch. *ангушти ишорат*. Armen. *tsutsamat*. Alb. *gisti tregónjës*. Slavische Sprachen: rus. *указательный палец*, ukr. *вказівний палець*, belor. *указальны палец*, poln. *palec wskazujący*, tschech. *ukazovák, ukazováček*, slovak. *ukazovák*, niedersorb. *pokazijucy palc* Muka II 12, bolg. *показалец*, srb. *кажипрст*, kroat. *kažiprst* Iveković - Broz II 273, sloven. *kazalni pr̂st* Pleteršnik 356, maked. *казалец, показалец*. Baltische Sprachen: lett. *rādītā pirksts*. Germanische Sprachen: dt. *Zeigefinger*, dan. *pegefinger*, schwed. *pékfinger*. Lateinisch: *index*; Romanische Sprachen: franz. *index* (entlehnt ins engl. *index finger*), ital. *indice*, span. *indice*, portug. *dedo indicador*. Der Benennungstyp kann auch urwestindogermanisch gewesen sein, falls die Etymologie des germ. *doiku̯a* (> dt. *zehe*) und des lat. *digitus* < *dicitus* aus idg. *deik̑-* 'zeigen' (Pok. 189) richtig ist. Einer ähnlichen Entwicklung begegnen wir auch im chin.: *zhî* 'zeigen, Finger, Zehe'[18].

Semitisch-hamitische Sprachen: arab. *'išarat* zu *'šr* 'zeigen, kontrollieren', amchar. *amɛlkač ṭat* (*amɛlkač* 'index').

Drawidische Sprachen: tamil. *cuṭṭ-viral*, malayalam *cuṇṭan-viral*, kannada *suṭṭumbe*, telugu *juṭṭa-vrēlu* (wohl eine tamil. Entlehnung, vgl. *sūṭi* 'aim'), kui *sūṭavanju*, kuvi *hūṭa vwānjū* zu *cuṭṭ-* 'to point out, show, indicate, aim' DED 2658.

Vietnamesisch: *ngón tro'* (*tro'* 'zeigen').

Nordkaukasische Sprachen: abasin. *рбага мачв* (*рбага* 'Zeiger'), lesg. *къалурдай тIуб*, lak. *тIитIай кIисса*.

Kartwelische Sprachen: georgisch *sačwenebeli titi*.

(2) "zielender Finger/Zielfinger":

Nordkaukasische Sprachen: tschetschen. *хьажо пIелг*, ingusch. *хьалхашкара пIелг*.

Tagal. *hintuturò.*

(3) "drohender Finger":

Indogermanische Sprachen: sanskr. *tarjani aṁguli.*

---

[18] Laut der mündlichen Information von S. A. Starostin resultiert mchin. *t'śi* (Karlgren 1215) vermutlich aus der Kontamination von achin. *t'ib* (sino-tib. 'Finger', vgl. tib. *m-thub*) mit achin. *ki* 'zeigen' (vielleicht auch 'Zeigefinger').

Semitische Sprachen: arab. *sabbābat āṣba'*, vgl. auch arab.
Entlehnungen im Iranischen: pers. *səbaba*, giljan. *angíšte səbábə*.
Luganda *olunwe* (zu *nwenwe* 'tadeln').

(4) Ein spezifisch muslimischer Name: arab. *šāhida* zu *šhd* 'bezeugen;
das muslimische Glaubensbekentnis aufsagen'; vgl. arab. Entlehnungen: pers.
šəhadet əngošt-i, tadsch. *ангушти шаходат*, kurd. sorani *šehadet engust*,
talysch. *шəadəmə ангыштə*; swahili *kidole cha shahada*. Eine
Lehnübersetzung des Türkei-Türkischen *şehadet parmak* ist sloven. *zakonski
pr̄st*.

(5) "Fingerhut-Finger": giljak *ч'лыфа дунь*; čukot. *velep-rьlgьtlьɲьn*
Bogoras 155, korjak čavčuv. *вэлэпылҷын* (*velep* 'Fingerhut') Žukova 210;
eskimo sirenik. *тыкых'*, čaplin. *тыкык'*, naukan. *таскык'*, imakl. *тыкун*
Menovščikov 206 'Zeigefinger, Fingerhut'; samojedische Sprachen: Tawgi
ūfou; enez. *uboe*; selkup. *mumbetil-mûn*; nenets. Leht. 44 a-b *ɲumB'aɟɟè*,
s. Janhunen *uɟpəjá* 'Fingerhut, Zeigefinger'.

(6) "Spanne-Finger": kamas. (Castrén) *mû'ďen* (zu *mû'ďen* 'Spanne',
wörtl. 'fingerlich [Messung]').

(7) "Leckfinger":
Chin. *shì-zhî*, *shì* 'essen, saugen'.
Ainu *ике-мумпе* Добротворский 78.
Iranische Sprachen: pamir. ruschan. *δakiǰák angïx̌t*; agriech. λιχανός
δάκτυλος. Germ.: isl. *sleikifinger;* auch deutsche Spielnamen *Leckfinger*
Siemrock 3, S.7, *Pöttchenlecker* Pott 163. Vgl. auch *slikmund* bei H.Ch.
Andersen "Die Stopfnadel". Balt.: lit. *liẑius*, lett. *laîẑa* Fraenkel I 369.
Niedermann stellt auch balt. lit. *smagùris*, *smìlius*, *smaliẑius*, wörtl.
'Näscher, Leckermaul' und kelt. wall. *bys yr uwd* 'Puddingfinger', breton.
biz iod 'Breifinger' hierzu; im lat. *digitus gustator* (Hier.) sieht er eine
Lehnübersetzung aus dem Griech.

Semitisch-hamitische Sprachen: syrisch *māṭōhāt* Brockelmann 382a. Es
handelt sich hier möglicherweise um eine Lehnübersetzung aus dem
Altgriech. Somali *murdisoyyin*, *murudsato* zu *murud* 'Speiseüberbleibsel'
Abrahams 190.

Kartwelische Sprachen: georgisch *sa-loḳi titi* (*loḳ-* 'lecken').

Nordkaukasische Sprachen: awar. *чӏикӏарул килиш* (*чӏикӏарул*
'Lecker')

(8) "Rettungsfinger": lat. *digitus salūtāris* Svet. (da das Aufheben
dieses Fingers ein Gnadezeichen der Zuschauer für den besiegten Gladiator
war).

(9) "Zahnstocherfinger": afg. *мисвāкú гӯта;*

(10) 'Finger' ⇔ 'Zeigefinger': zentraliran. *уӈгӯсс* Žukovskij, lar.
angošt Kamioka 'Finger, Zeigefinger'; tibet. *m-thub* 'Finger, Zeigefinger';
ahebr. *aḉbaʕ* 'Finger, Zeigefinger' Gesenius 67; dieselbe Bedeutung liegt
auch im modernen Iwrit belegt vor. Auf diese Bedeutung auf einer

Entwicklungsstufe weisen möglicherweise auch mchin., chin. *t'ši* 'zeigen, Finger, Zehe' (Karlgren 1215), gemeinwestidg. **doiku̯a* aus **deik-* 'zeigen'.

Benennungsmotiv: Stelle an der Hand.

(11) "der erste von [allen] Fingern" ~ "der vorderste Finger" (der Daumen wird bei der Zählung nicht mit einbezogen):

Ugrische Sprachen: chanty Paasonen 227 *su̯ri̯-lòi̯'*, Karjalainen 870b *sìri̯' i̯oi̯'* (*sìri̯'* 'früher, vorher'), Tereškin 345 (Wach) *aləŋ päŋ, aləŋ* 'anfänglich'. FP: fin. *etusormi*, est. *esinene, esisõrm*; Perm. komi *водзчунь*, udmurt. *азь чиньы*.

Germanisch: niederl. *voorvinger*; engl. *forefinger* (Onions 369: "after Dutch"). Balt. lett. *priekšpirksts*.

Dravidisch: parji *muna vanda* DED 5020a.

Nordkaukasisch: adyg. *Іэхъомбэ нэрыт* (*нэрыт* 'vorangehend, Führer'),

(12) "Hauptfinger" (entwickelt wohl aus der Bedeutung 'erster, vorderer'):

Jukag. *čomōl pēdišə* (Materialien von I.A.Nikolaeva), wörtl. 'der große Finger'[19].

Iranische Sprachen: jagnob. *katta pánJa*, beludsch. *shah-murdan* Marstone, zentraliran. Žukovskij *шō-у̯ңгул̃і* 'großer Finger, Hauptfinger'; zentraliran. Žukovskij *уңгул̃і балé* wörtl. 'Hochfinger' (wohl als "Hauptfinger"). Germanische Sprachen: es kann sein, daß hierher isl. *visifingar* gehört; scheinbar zu *visa* 'zeigen, weisen', vgl. aber anord., gegenwrt. isl. poet. *visi* 'anführend, Führer'. Niederl. *wijsvinger* (wörtl. 'der weise Finger') kann eine Entlehnung aus anord. sein. Vgl. engl., niederl. Namen in (10).

Nordkaukasische Sprachen: kabard. *Іэпхъуамба пщэ* (*пщэ* 'Fürst'), vgl. adyg. sub (10).

(13) "zweiter Finger":

Kor. *туккчэ сон-карак*.

Akkadisch *ubānu šanītu* Soden III 1398.

Ngriech. *δεύτερο δάκτυλο*.

(14) "der [Finger] neben den Daumen": zentraliran. Žukovskij *палу̯-шасте*; "Nebenfinger": ugrische Sprachen, chanty Paasonen 178 *pəŋət päŋ* (*pəŋət* 'Seite'), Karjalainen 747a *pà.t' i̯oi̯'*. "Der folgende Finger": Ainu

---

[19] Das Epitheton wäre im Fall des Zeigefingers ziemlich unbegründet, wenn es sich tatsächlich auf die Größe beziehen sollte, weswegen wir hier die Deutung des Namens als 'Hauptfinger' bevorzugen, während das Epitheton 'groß' sich für den Daumen wegen dessen Dicke vorzüglich eignet.

утутан аскибиц: möglich aus *утуру кетан аскибиц* 'der folgende
Finger'? Dobrotvorskij 382.

(15) "vierter Finger": iran. Yidgha *čoromī oguščīkδ, čarạŋgušc*;
zentraliran. *eɳ̃гулí чōрáм*.

Benennungsmotiv: Metaphorische Semantik.
(16) "Spitzfinger".
Finnische Sprachen: weps. *orasorm* (*ora* 'Ahle, Spitze') SKES II 436;
mar. *кошарварня*.
Indogermanische Sprachen: germ. ingweon. ags. *scytefinger, scytelfinger*
(*scyte* 'dart, yavelin', *scytel* 'arrow, point') Bosworth 848, afries. *skotfinger*
Richthofen 1032[20]; kelt. irl. *corr-mear, colgog mear* (*corr-* 'sharp', *colgog*
'point, prickle') DIL 326,486; wall. *bys blaen* (*blaen* als Substantiv: 'point,
tip').
(17) "Diebischer Finger": amchar. *leba ṭat*. Das Benennungsmotiv bleibt
unklar, vgl. die entsprechenden türkischen Namen. Ein Spielname?
(18) Ket. *haɳtǝk* 'Hündin-Finger' Joki; hierzu vgl. auch andere
Fingernamen mit einen Tiernamen als Epitheton; ein spezieller Spielnamen-
typ? Selkup. *ńomal-mûn* 'Hasenfinger', *kanal-mûn* 'Hundefinger' Castrén,
aselkup. Helimski 746 *нéймун* < *näl'* 'Weibchen' + *mūny* 'Finger'; wohl
Lehnübersetzungen aus dem Ketischen.

5. Im oben dargestellten Wortmaterial fallen zunächst die Epitheta auf,
die sich mit keinen besonderen Beschränkungen verbinden. Es gehören
hierher in erster Linie die Positionsnamen, die nur zwei Haupttypen
aufweisen, jeweils von der Zählrichtung abhängig. Wie dem Schema 1 zu
entnehmen ist, kann sich die Zählrichtung in Kontaktzonen ändern. Auch der
Name des Zeigefingers kann dann auf den Ringfinger übertragen werden.
Anders verhält es sich bei den funktionellen Namen. Hier können
unterschiedliche Fälle festgestellt werden:
(1) Als "semantisch selbstverständlich" (s. die Erklärung oben) kann
der Bedeutungswechsel 'Finger' ~ 'Zeigefinger' angesehen werden
[nördliche mandschu-tungusische Sprachen, Dialekte Zentralirans, Tibetisch,
Altchinesisch (?), Gemeinwestindogermanisch (?)].
(2) Funktionelle Namen wie lat. *digitus salutaris* und mit dem muslimischen Glauben verbundene Namen überschreiten nicht die Grenzen des
Kulturkreises bzw. die des ethnokulturellen Areals, in dem sie entstanden
sind.

---

[20]   Im Afries. weist das Wort *skot* nicht mehr die Bedeutung 'point, arrow', sondern nur 'census, tributum' auf, so daß der Name des Zeigefingers ein gemein-
ingweonischer Archaismus zu sein scheint.

(3) Manche funktionelle Namen sind jedoch weder geographisch noch in Bezug auf ihre Ursprungskultur fest fixiert. Das Phänomen kann immer auf zwei Weisen gedeutet werden: entweder haben wir es hier mit dem Fall der "semantischen Selbstverständlichkeit" oder aber mit dem Einfluß einer Nachbarsprache zu tun. Die beiden Möglichkeiten müssen jeweils genau überprüft werden (vgl. Schema 2).

"Zeigefinger": als offensichtlich voneinander unabhängig entstanden sind die Fingernamen im (Proto-)Chinesischen, Dravidischen (da im Sanskrit ein anderes Modell wirkt), im Arabischen sowie im gesamten europäischen Areal anzusehen. Für uralische und altaische Sprachen scheinen sie nicht typisch zu sein. Sie kommen hier nämlich nur ziemlich selten vor und können dabei immer durch den Nachbareinfluß erklärt werden; so fehlen sie z.B. im Samojedischen und Ob-Ugrischen, während sie im Estnischen, Ungarischen und Mordwinischen gut als Lehnübersetzungen aus den benachbarten slawischen oder germanischen Sprachen erklärt werden können. Für die Türksprachen gilt dann die Erklärung durch den arabischen (im Fall der "muslimischen" Türksprachen) bzw. den russischen (im Fall des Jakutischen und Tuwinischen) Einfluß. Da eine solche Erklärung im Fall des Monguor, des Ewenkischen und Mandschurischen kaum in Frage käme, sind solche Namen in diesen Sprachen vielleicht eher als eigene "selbstverständliche" Wortschöpfungen zu verstehen. Im Japanischen (und im Vietnamesischen) kann es dagegen ein alter chinesischer Einfluß gewesen sein. Zu betonen ist, daß auch iranische Namen in dieser Gruppe möglicherweise aus dem Nachbareinfluß resultieren.

Da Namen wie "zielender Finger" und "drohender Finger" nicht nur selten, sondern immer auch noch an unterschiedlichen, miteinander nicht verbundenen Orten belegt sind, müssen wohl auch sie als "semantisch selbstverständlich" anerkannt werden. Im Unterschied dazu verbreitet sich der Namenstyp "Leckfinger" auf drei unterschiedliche Areale, die keine augenscheinliche alte Verbindung zueinander aufweisen. Es gehören hierzu: die Sem.-Ham. - Kaukas. - Altgriech. Zone; die nordindogermanische (Baltisch - Germanisch - Keltisch) Zone und die fernöstliche (Chinesisch - Mongolisch[21] - Ainu - Orotsch und Ultscha) Zone. Offenbar sind die entsprechenden Namen innerhalb jeder Zone nicht voneinander unabhängig entstanden.

Eine ganz bestimmte Herkunft kann für den Namenstyp "Fingerhut-/Nähfinger" ermittelt werden. Es ist nämlich nur in Nordsibirien (Giljakisch, Tschuktschisch-Korjakisch, Eskimo) verbreitet, und es ist anzunehmen, daß sich dieser Typ aus den paläoasiatischen Sprachen auch auf das

---

[21] Die ruschan. Benennung ist wohl aus dem Mong. lehnübersetzt worden.

Nordsamojedische, das Jakutische, das Dagurische und das Solonische[22] ausgebreitet hat.

Ein anderer Benennungstyp kommt in der uns hier interessierenden Region nur in voneinander getrennten Gebieten vor – es sind vom Begriff "Spanne" abgeleitete Fingernamen. Solche Namen sind aus den Süd-MT Sprachen, dem Jakutischen, Kamassischen, Kirgisischen und Turkmenischen bekannt, wobei die Ableitungsbasis in den Türksprachen ein mong. Lehnwort gewesen ist[23]. Aus einer Türksprache wird das Modell auch ins Burjatische entlehnt worden sein, wo es offenbar ziemlich neu ist, da die Wortbildungsbasis dort das Wort *tөө* ist, welches nur im Burjatischen die Bedeutung 'kleine Spanne [vom Daumen zum Zeigefinger hin]' aufweist, während es in den sonstigen mong. Sprachen die 'große Spanne [vom Daumen zum mittleren Finger hin]' bedeutet. Das Benennungsmodell selbst ist den mong. Sprachen fremd, und die burjatischen Namen tragen den Charakter der Spielnamen.

Türkische Areale mit diesem Benennungstyp liegen am Rand der *suk*/*sok*-Zone (s. Schema 3). Es entsteht daher der Eindruck, daß *suk*/*sok*-Bildungen eine Neuerung sind, die den älteren "Spanne"-Benennungstyp verdrängt hat [m.a.W. wird die *soq*-Innovation auf das "Spanne"-Areal aufgelegt worden sein]. Offenbar resultiert *suk*/*sok* 'Zeigefinger' aus der durch den Einfluß des im Fernen Osten verbreiteten "Leckfinger"-Typs verursachten Kontamination eines alten Namens für 'Spanne' mit *suq* 'habsüchtig' (vgl. die Erklärung von Mahmud Kaschgari). In lautlicher Hinsicht mag sich das Wort geändert haben; möglicherweise blieb der ursprüngliche Vokalismus (*sok*) in der bšk. und der suig. Form erhalten. Der rekonstruierte Name für 'Spanne' darf mit mong. *söɣem* 'kleine Spanne' verglichen werden, was uns möglich macht, das uraltaische Etymon zu rekonstruieren (*soge-*; dabei kann mong. -*m* ein Suffix des Relativadjektivs gewesen sein). Dann wird das Rekonstrukt im Altaischen wohl 'Spanne [zwischen dem Daumen und dem Zeigefinger]' bedeutet haben; im Türkischen entwickelte sich dann *sok* + 'Finger' zu 'Zeigefinger' (wörtl. "Spannen-Finger"); im Mongolischen dagegen hat das substantivierte Adjektiv 'Spannen-(Finger)' die Bedeutung 'Spanne [zwischen dem Daumen und dem Zeigefinger]' angenommen; hierzu vgl. die Form- und Bedeutungsverhältnisse im Kirgisischen: *сөөм* 'Spanne [zwischen dem Daumen und dem

---

[22] In anderen MT Sprachen kommt dieses Modell nicht vor. Die MT Benennung des Fingerhuts *xuńa-pun* ist von dem Wort für 'Finger' abgeleitet, nicht umgekehrt.

[23] Im Detail s. Dybo 1994.

Zeigefinger]', *сөөм бармак* 'Zeigefinger', *сөөмөй бармак* 'Zeigefinger', *сөөмөй* 'Spanne [zwischen dem Daumen und dem Zeigefinger]'.

Für die Aktivität dieses Modells im Türkischen sprechen auch Namen für 'kleinen Finger', von denen die einen auf eine permische Sprache, die anderen dagegen vielleicht auf eine nordkaukasische oder eine dem Sinotibetischen verwandte (bzw. eine verschollene jenissejische?) Sprache zurückgehen: (1) *$\check{c}\ddot{\imath}\check{c}$-laŋ/*$\check{c}\ddot{\imath}\check{c}$-lïq/*$\check{c}\ddot{\imath}\check{c}$-ak* (MK, ogus., čagat., oir., kypč.) ‹ Perm. *$s\ddot{a}\acute{c}e$* 'hohle Hand, Handflache' [FP 'Handspanne, Viertel der Elle', Komi 'hohle Hand', entlehnt ins frühere Mari, vgl. Mari *шеч* 'Handspanne, Viertel der Elle', UEW 754; s. Dybo 1989]; (2) tü. *$\check{c}um\ddot{\imath}\check{c}$-ak* (auch mittels anderer Nominalsuffixe abgeleitet) ‹ sinokauk. *$\check{c}'_wimH\lambda$* [nordkauk. *$\check{c}'_wimH\lambda$*, sinotibet. *$\check{s}um$* 'große Spanne'; vgl. Starostin 1982].

In den MT Sprachen kann das Modell auch ursprünglich gewesen sein, da es wegen seiner Verbreitung aus einer türkischen wie aus einer sajansamojedischen Sprache unmöglich entlehnt worden sein kann. Alle anderen in MT belegten Modelle sind entweder arealbedingt oder trivial. Dazu kommt, daß die MT Benennung des kleinen Fingers *$\check{c}imu\check{c}$-kan* SSTMJ II 395 desselben Ursprungs ist wie tü. *$\check{c}um\ddot{\imath}\check{c}$-ak*[24]. Somit kann das Benennungsmodell "Spannen-Finger" für das gemeinsame Erbe des Urtü. und Ur-MT gehalten werden. Da das Hauptmodell im Mong. ("Leckfinger") arealer Natur ist (und das Mong. selbst vielleicht nicht die Quelle für das Modell in dieser Zone gewesen ist), scheint das "Spannen-Finger"-Modell gemeinaltaisch zu sein[25].

Auf FW Sprachen (Wepsisch, Mari) ist das metaphorische Modell "Spitzfinger" beschränkt. Unter dem Mari-Einfluß sind auch čuv. *шевер пӱрне* und bšk.*сәнсә бармаҡ, сәнсәбә бармаҡ* entstanden. Interessanterweise kommt dasselbe Epitheton in tü. Sprachen der Sajan-Altaischen Region vor; kann das Modell dann vielleicht aus einer (unbelegten) samojedischen Sprache gekommen und somit für das Gemeinuralische charakteristisch sein?

Abkürzungen

Außer den Standardabkürzungen der lexikographischen Quellen und den in der altaischen etymologischen Literatur traditionell gewordenen Abkürzungen haben wir im Text des Artikels auch noch folgende gebraucht:

---

[24] Die Verbreitung des Wortes in den Türk- und den MT Sprachen schließt die Möglichkeit einer Entlehnung MT › Tü. oder Tü. › MT aus.

[25] Das koreanische und das japanische Modell sind trivial und können auch sekundär sein.

Abraham – Abracham R.C. Somaly-English Dictionary. London, 1964.

Andreev 1957 – Андреев М.С. Таджики долины Хуф. II. Ташкент, 1957.

Andreev 1923 – Андреев М.С. Вещие сны, несколько примет...// Известия Главного Среднеазиатского Музея, Ташкент, 1923, Lief. II, S. 29

Bogoras – Богораз В.Г. Луораветланско-русский (чукотско-руский) словарь. Москва - Ленинград, 1937.

Bosworth – Bosworth J., Toller T.N. An Anglo-Saxon dictionary, based on the manuscript collections of the late Joseph Bosworth. Oxford, 1898 (1929, 1954); Toller T. Northcote. An Anglo-Saxon dictionary, based on the manuscript collections of the late Joseph Bosworth. Supplement. Oxford, 1921 (1955).

Brockelmann – Brockelmann C. Lexicon Syriacum. Göttingen, 1928.

Castrén – Castrén M.A. Wortverzeichnisse aus den samojedischen Sprachen. St.-Petersburg, 1855.

Dal – Даль В. Толковый словарь живого великорусского языка. 4-е изд. I-IV. Москва, 1956.

Damdin - Lubsangdagva – Damdin B., Lubsangdagva Ch. On the names of fingers in Mongolian. // J. Anglo-Mongolian Soc., 1975, vol. 2, N1.

DED – Burrow Th., Emeneau M. A Dravidian etymological dictionary. Oxford, 1961.

DIL – Dictionary of the Irish Language. Dublin, 1983.

Dobrotworskij – Добротворский М.М. Айнско-русский словарь. Казань, 1876.

Dybo 1986 – Дыбо А.В. К праалтайской реконструкции названий частей тела. // Теория и практика этимологических исследований. Москва, 1986.

Dybo 1989 – Дыбо А.В. Заимствования из уральских языков в анатомической лексике алтайских языков. //Лингвистическая реконструкция и древнейшая история Востока. Москва, 1989.

Dybo 1991 – Дыбо А.В. Семантическая реконструкция в алтайской этимологии. Москва, 1991 (D.PH.Thesis).

Dybo 1994 – Дыбо А.В. Пальцевые меры длины (пяди) в алтайских языках. // Лингвистическая и этническая история народов Восточной Европы. Москва, 1994 (im Druck).

Edelman SF – Эдельман Д.И. Сравнительная грамматика восточноиранских языков. Фонология. Москва, 1986.

Eliasov – Элиасов Л.Е. Словарь русских говоров Забайкалья. Москва, 1980.

Fraenkel – Fraenkel E. Litauisches etymologisches Wörterbuch. I-II. Heidelberg, 1965.

Gesenius − Gesenius W. Hebräisches und aramäisches Wörterbuch über das Alte Testament. 18. Aufl. Berlin, 1954.

Gilmanova 1976 − Гильманова С.Г. Наименования пальцев рук в башкирских говорах. // Новые материалы и исследования по филологии и истории Башкирии. Уфа, 1976.

Helimski − Helimski E. The Language of the first Selkup Books. Studia Uralo-Altaica, XXII. Szeged, 1983.

Iveković - Broz − Iveković F., Broz I. Rječnik hrvatskoga jezika. Knj. I-II. Zagreb, 1901.

Janhunen − Janhunen J. Samojedischer Wortschatz. Gemeinsamojedische Etymologien. Helsinki, 1977.

Joki Ketica − Ketica. Materialien aus dem Ketischen oder Jenisseiostjakischen ausgzch. von K.Donner. Bearb. und hrsg. von A.J. Joki. Helsinki, 1955.

Kamioka − Kamioka K., Yamada M. Larestani studies I. Lari basic vocabulary. // Studia culturae islamicae. № 10. Tokyo, 1979.

Karjalainen − Karjalainen K.F. Ostjakisches Wörterbuch, bearb. und hrsg. von Y.H. Toivonen, I-II. Helsinki, 1948.

Karlgren − Karlgren B. Analytic Dictionary of Chinese and Sino-Japanese. P., 1923.

Kolesnikova 1972 − Колесникова В.Д. К характеристике названий частей тела в тунгусо-маньчжурских языках. // Очерки сравнительной лексикологии алтайских языков. Ленинград, 1972.

Lehtisalo − Lehtisalo T. Juraksamojedisches Wörterbuch. Helsinki, 1956.

Marstone − Marstone E.W. Grammar and Vocabulary of the Mekranee Baluchi Dialect. Bombay, 1877.

Menovščikov − Меновщиков Г.А. Язык сиреникских эскимосов. Москва - Ленинград, 1964.

Muka − Muka E. Słownik dołnoserbskeje rěcy a jije narěcow. I. Petrograd, 1921 (Praha 1926), II-III, Praha, 1928.

Niedermann 1901 − Niedermann B. Über die Namen des Zeigefingers in den indogermanischen Sprachen. // Beiträge zur Kunde der indogermanischen Sprachen, hgb. Ad. Bezzenberger. Bd. XXVI. S. 231. Göttingen, 1901.

Nikolajev - Starostin − Nikolajev S.L., Starostin S.A. A Comparative Dictionary of North Caucasian. Moscow, 1994.

Onions − Onions G. The Oxford Dictionary of English Etymology. Oxford, 1966.

Paasonen − Paasonen H. Ostjakisches Wörterbuch, zusammengestellt, neutranskribiert und herausgegeben von K. Donner. Helsinki, 1926.

Pleteršnik − Pleteršnik M. Slovensko-nemški slovar. I-II. Ljubljana, 1984. Cankarjeva založba, 1974.

Pok. – Pokorny J. Indogermanisches etymologisches Wörterbuch. Bern, 1959.

Preobraženskij – Преображенский А.М. Этимологический словарь русского языка. Москва, 1910-1914.

Rassadin 1967 – Рассадин В.И. Лексика современного тофаларского языка. Улан-Удэ, 1967.

Rassadin 1980 – Рассадин В.И. Монголо-бурятские заимствования в сибирских тюркских языках. Москва, 1980.

Richthofen – Richthofen K.F. Altfriesisches Wörterbuch. Göttingen, 1840.

Sadykov 1968 – Садыков Т. Лексика говоров ташкентской области. Ташкент, 1968.

SKES – Toivonen Y.,Itkonen E., Joki A. Suomen kielen etymologinen sanakirja, I-VII. Helsinki, 1955-1979.

Soden – Soden W. von. Akkadisches Handwörterbuch. Wiesbaden, 1959-1965.

Starostin 1982 – Старостин С.А. Праенисейская реконструкция и внешние связи енисейских языков. // Кетский сборник. Ленинград, 1982.

Tenišev 1976a – Тенишев Э.Р. Строй сарыг-югурского языка. Москва, 1976.

Teniševit 1976b – Тенишев Э.Р. Строй саларского языка. Москва, 1976.

Tereškin – Терешкин Н.И. Словарь восточно-хантыйских диалектов. Ленинград, 1981.

UEW – Redei K. Uralisches etymologisches Wörterbuch. Budapest, 1986-1991.

Žukova – Жукова А.Н. Язык паланских коряков. Ленинград, 1980.

Žukovskij – Жуковский В.А. Материалы для изучения персидских наречий. Ч. I, Санкт-Петербург, 1888; ч. II, Петроград, 1922; ч. III, Петроград, 1922.

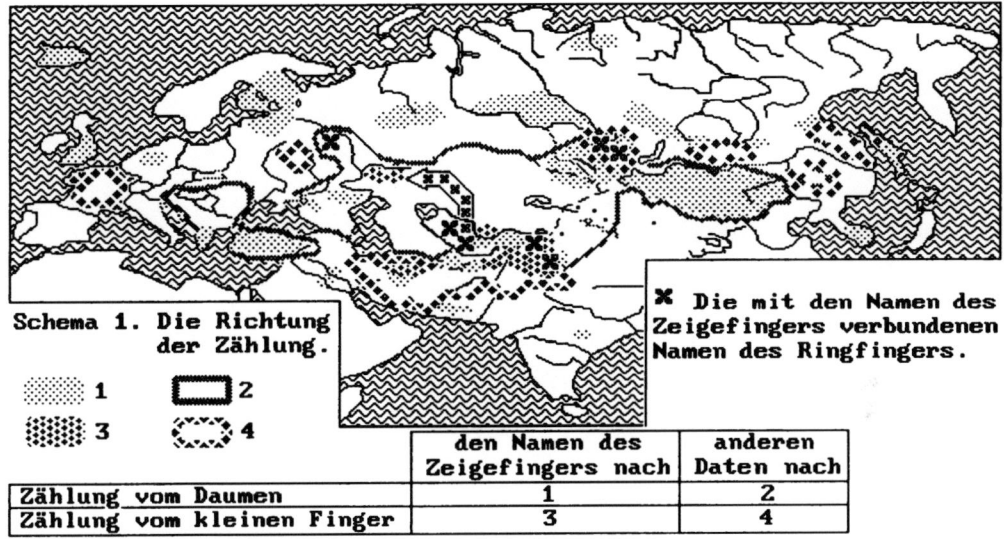

Schema 1. Die Richtung
              der Zählung.

⬡ 1   ☐ 2
⬢ 3   ⬭ 4

✖ Die mit den Namen des
Zeigefingers verbundenen
Namen des Ringfingers.

	den Namen des Zeigefingers nach	anderen Daten nach
Zählung vom Daumen	1	2
Zählung vom kleinen Finger	3	4

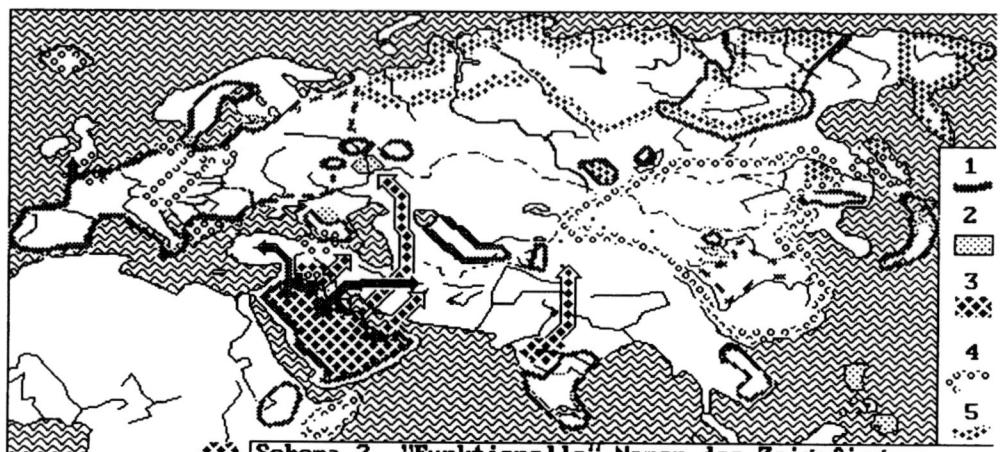

Schema 2. "Funktionelle" Namen des Zeigefingers.
1. "Zeigefinger"* 2."Zielender Finger". 3."Drohender Finger".
4. "Leckfinger". 5. "Fingerhut – Finger". *Für die russische Sprache
wird die Grenze der alten Ansiedlung gemeint.

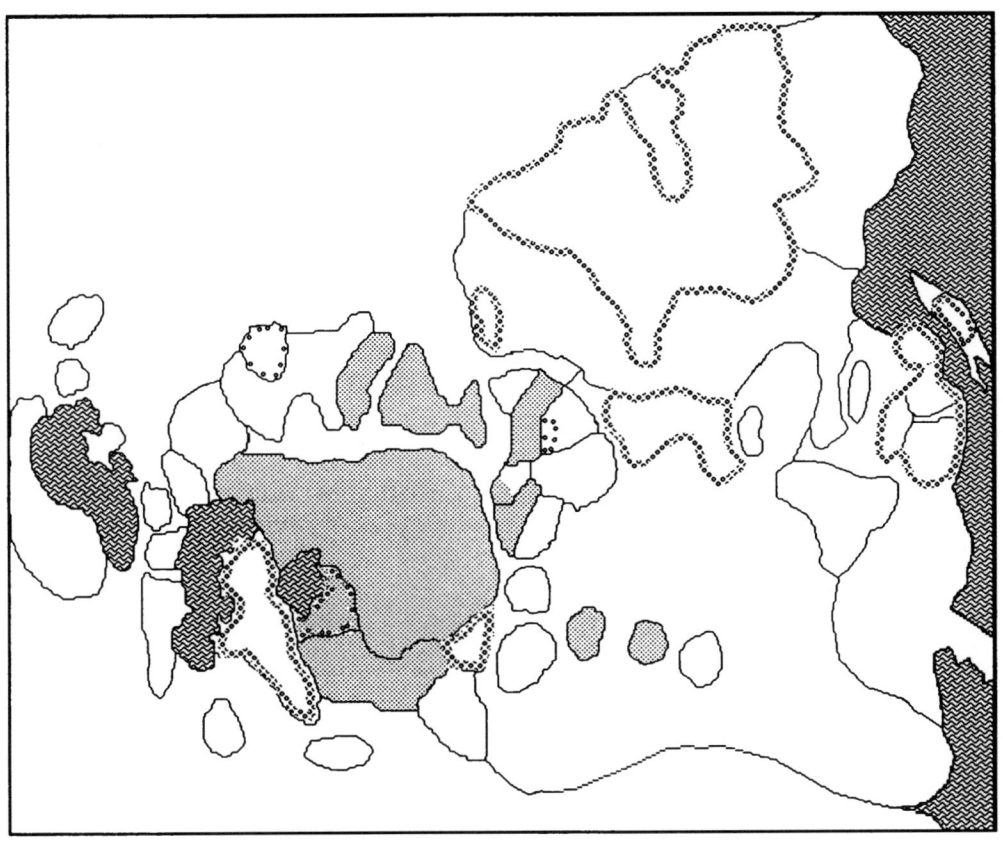

Schema 3. "Spanne-Finger".

Das Modell "Spanne-Finger"

Reflexe von *suq/soq

Barbara Flemming

NOTES ON THE {ISAR} FUTURE AND ITS MODAL FUNCTIONS

§1. The linguistic features of Old Anatolian Turkish (OAT)[1] have been studied extensively,[2] but the modality of its future marker {IsAr} has received less attention; it was in fact more than twenty years ago that the issue was raised by A. Bodrogligeti. This scholar discussed what he termed the "inevitable" future in {IsAr}[3] and returned to the topic in his edition of Sayf-i Sarāyī's translation of Sa'dī's *Gulistān*, stating that {IsAr} "expresses inevitability, a certain future occurrence"[4], in other words, modality. In the same year, 1974, new evidence was adduced in the Tarama Sözlüğü (TTS VII). Feryal Yavaş has considered non-future readings in Modern Standard Turkish (MST) {AcAK}[5], and has also considered the close affinity which exists between future tense markers and modal categories. In 1988 Lars Johanson published his study on "instrumental" gerunds[6]. In 1991 Marcel Erdal described Old Turkic modality from the vantage point of the desiderative.[7] The implications for OAT are obvious.

§2. I use the following abbreviations:
Adamović: M. Adamović, *Konjugationsgeschichte der türkischen Sprache*, Leiden 1985.
Aḳ Şems Eraslan: K. Eraslan, "Ak Şemseddin'in Dinî-Tasavvufî Şiirleri", *Türk Dili Araştırmaları Yıllığı Belleten 1984*, Ankara 1987, 11 – 85.
Bodrogligeti, "Isar": A. Bodrogligeti, "Finite forms in isar in fourteenth century Turkish literary documents", *AOH* 23 (1970), 167 – 176.
Brockelmann: C. Brockelmann, *'Alī's Qiṣṣa'i Jūsuf. Der älteste Vorläufer der osmanischen Literatur*, Berlin 1917.
Cāmi'ü l-meknūnāt: Mevlānā 'Īsā, *Cāmi'ü l-meknūnāt*, MS. Leiden University Library, Cod. 1448 (1) Testa.
Çarhn: M. Mansuroğlu, *Ahmed Fakih. Çarhname*, Istanbul 1956.

---

[1] This is the substantially revised version of a paper read at the Symposium "Laut- und Wortgeschichte der Türksprachen", Freie Universität Berlin, Institut für Turkologie, 7 – 10 July, 1992.
[2] For earlier studies, especially those by É. A. Grunina, see Johanson, "Historische Grammatik", 81 and 82.
[3] Bodrogligeti, "Isar", especially p. 175 note 38; 171, 173.
[4] Gulistān, 22.
[5] Yavaş, 411 – 429.
[6] Johanson, "Gerunds", 136 – 153.
[7] Erdal, 530, section 6.1; Erdal, 55, section 1.13, discusses imminent future in Old Turkic.

Cemşīd Akalın: M. Akalın (ed.), *Ahmedî. Cemşîd ü Hurşîd. İnceleme-Metin*, Ankara 1975.

Cevāhir Zajączkowski II: A. Zajączkowski, *Studia nad językiem Staroosmańskim II. Wybrane rozdziały z anatolijskotureckiego przekładu Koranu*, Kraków 1937.

Čavušević: E. Čavušević, "Osmanlı-Türk dilinde -(Y)ASI/-(Y)ESI gelecek zaman kipinin yokolmasını etkiliyen bazı nedenler", *Çevren* 15 (1988), 23 – 34.

Deny: J. Deny, *Grammaire de la langue turque*, Paris 1921, reprint Niederwalldorf 1971.

DivSül Jacob: G. Jacob, *Sultan Soliman des Grossen Divan in einer Auswahl*, Berlin 1903.

Doerfer, *Vokalismus*: G. Doerfer, *Zum Vokalismus nichterster Silben in altosmanischen Originaltexten*, Stuttgart 1985.

Erdal: M. Erdal, *Old Turkic Word Formation. A Functional Approach to the Lexicon*, 2 vols., Wiesbaden 1991.

Foy: K. Foy, "Die ältesten osmanischen Transscriptionstexte in gothischen Lettern" II *MSOS* V (1902), 233 – 295.

Grunina: È. A. Grunina, "XIII – XIV. Yüzyıl Anadolu Anıtlarının Dili Üzerine", *Bilimsel Bildiriler* 1972, 65 – 71.

Gulistān: A. Bodrogligeti, *A Fourteenth Century Turkic Translation of Saʿdī's Gulistān*, Budapest 1969.

ḪurşīdN Ayan: H. Ayan (ed.), *Şeyhoğlu Mustafa, Ḫurşîd-Nâme (Ḫurşîd ü Feraḥşâd). İnceleme-Metin-Sözlük-Konu Dizini*, Erzurum 1979.

İnalcık, Vesikalar: H. İnalcık, *Fatih Devri üzerinde Tetkikler ve Vesikalar I*, Ankara 1954.

Johanson, "Gerunds": L. Johanson, "On the Renewal and Reinterpretation of 'Instrumental' Gerunds in Turkic", *Oriens* 31 (1988), 136 – 153.

Johanson, "Historische Grammatik": L. Johanson, "Historische Grammatik", in Gy. Hazai, *Handbuch der türkischen Sprachwissenschaft Teil I*, Budapest 1990, 74 – 103.

KābN Birnbaum: E. Birnbaum, *The Book of Advice by King Kay Kā'us ibn Iskander. The earliest Old Ottoman Turkish Version of his Kābūsnāme*, Duxbury, Mass. 1981.

KenzK Yavuz: K. Yavuz (ed.), *Şeyhoğlu Kenzü'l-Küberâ ve Mehekkü'l-Ulemâ (İnceleme-Metin-İndeks)*, Ankara 1991.

Ḳırḳ vezīr Duda: H. W. Duda, *Die Sprache der Qyrq Vezir-Erzählungen*, Leipzig 1930.

Koran Birnbaum: E. Birnbaum, "On some Turkish Interlinear Translations of the Koran", *Journal of Turkish Studies* 14 (1990), 113 – 138.

Lewis, *Turkish Grammar*: G. L. Lewis, *Turkish Grammar*, Oxford 1967.

MarzbN Korkmaz: Z. Korkmaz, Ṣadru'd-dīn Şeyhoğlu. *Marzubān-nāme Tercümesi. İnceleme-Metin-Sözlük-Tıpkıbasım*, Ankara, 1973.

Mecmūʿa Canpolat: M. Canpolat, *ʿÖmer bin Mezīd. Mecmūʿatü'n-Nezā'ir*, Ankara 1982.

Mundy, "Gerund": C. S. Mundy, "The -E/-Ü Gerund in Old Ottoman", *BSOAS* XVI (1954), 298 – 319, XVII (1955), 156 – 159.

Mundy, "System of Qualification": C. S. Mundy, "Turkish Syntax as a System of Qualification", *BSOAS* XVII (1955), 278 – 305.

PhTF: J. Deny, K. Grønbech, H. Scheel, Z. V. Togan (ed.), *Philologiae Turcicae Fundamenta* I, Wiesbaden 1959.

SüNev Banguoğlu: T. Banguoğlu, *Altosmanische Sprachstudien zu Süheyl-ü Nevbahar*, Leipzig 1938.

SüNev Dilçin: C. Dilçin, *Mes'ūd bin Aḥmed. Süheyl ü Nev-Bahār. İnceleme-Metin-Sözlük*, Ankara 1991.

TTS IV: *XIII. Yüzyıllardan Günümüze Kadar Kitaplardan Toplanmış Tanıklariyle Tarama Sözlüğü IV*, Ankara 1957.

TTS VII: *XIII. Yüzyıldan beri Türkiye Türkçesiyle Yazılmış Kitaplardan Toplanan Tanıklariyle Tarama Sözlüğü VII. Ekler*, Ankara 1974.

Waetzoldt: I. Waetzoldt, *Zu den osmanischen Verbformen des 16. Jahrhunderts nach dem Mecmūʿ-ı Menāzil des Maṭraqçī Naṣūḥ*, Freiburg 1978.

Yavaş: F. Yavaş, "Future Reference in Turkish", *Linguistics* (1982), 411 – 429.

§3. A few preliminary observations are necessary. I shall assume that the etymology of our form has been established. Although it is considered "morphologically simple" (verb stem + tense/modality marker + marking of person[8]), there is conflicting evidence[9]: its history is outlined by some scholars as originating in {igser},[10] as suggested by Melioranskij and Adamović ({igsar} aorist of the desiderative {°gsA}),[11] but according to others – Deny §844 addenda and K. H. Menges – {IsAr} derived from a deverbal noun in - °g[12] (or -gü) + ser; Bodrogligeti sug-

---

[8] Its morphology has been exhaustively described by Adamović, 87 – 92.

[9] For the exchange between V. Kılıcoğlu (Hatipoğlu) and T. Tekin concerning the origin of this suffix see Johanson, "Historische Grammatik", 82. For the view that the general development is along the line *yazsar* (converb) `when he writes' > *yazsar men* (and other personal forms in Old Turkic) > *yazsa m e n* (etc. Karakhanid) see G. Doerfer, "Proto-Turkic: Reconstruction Problems", *Türk Dili Araştırma Yıllığı-Belleten 1975*, Ankara 1976, 50.

[10] Kırḳ vezīr Duda, 95; cf. Deny, 1117 – 1118 par. 844.

[11] Adamović, 92. The desiderative in -(X)gsA- is discussed in detail by Erdal, 525 – 531, 6.1.

[12] Discussed as an ergative formation by Erdal 222 – 223, section 3.101.

gested that it derived from the Old Turkic gerund {sAr} or a gerund in {I} + {sAr} aorist of *sa-* "to think".[13]

§4. The great merit of Adamović's *Konjugationsgeschichte* is that it assembles evidence for the great potential of variation in future markers in OAT, such as the {A} optative (see below, §9); {(y)IcI} + {dur}[14] <igci nomen agentis; {dAcI};[15] the ancient future suffix {(y)AsI};[16] the future participle {AcAK+dur}[17] which was to develop into the characteristic future I of modern Turkish,[18] the aorist {°r}; {Ar}; {Ur} (Johanson: [Wr]>[ꞁ]>[Ar][19]; and the prophetic perfect. That {IsAr} is a salient characteristic of OAT[20] is so obvious as to require no demonstration. As a borrowing from Oghuz (either from Turkmen or Eastern Oghuz, or indeed OAT, whose influence reached far beyond its geographical boundaries)[21] it also appeared in Khwarazmian Turkish, but infrequently, and only in the works of two writers of the second half of the 14th century. Bodrogligeti claimed modality for these borrowed elements in Khwarazmian, stating that they were employed for inevitable future actions, governed by "the laws of nature, social habits and rules and supernatural forces".[22]

[13] For *sa-* "to count" see now Erdal 306, section 1.107. According to Bodrogligeti, "Isar", 172 and 175 note 39, *sa*-lost its verbal stem feature; as a result the negative stem was formed from the main verb itself, e.g. *görmeyiser* "they will not see". - Talât Tekin, in a review of Menges 1968, rejected that scholar's theory that Old Anatolian {IsAr} corresponds to an Old Turkic {sAr}.

[14] Deny, 397; Cevāhir Zajączkowski II, XVII; Adamović, 112.

[15] "Specifisch südtürkisch": Brockelmann, 33, corresponding to the Old Turkic future. Old form: Bodrogligeti, "Isar", 173. Adamović, 316.

[16] SüNev Banguoğlu, 125. In modern Turkish the form is employed solely for cursing: Lewis, *Turkish Grammar*, 115, 161. Čavušević, 23 – 34.

[17] SüNev Banguoğlu, 125, mentions {AsI}'s younger rival {AcAK} which has been extensively described by Adamović, 92 – 112; KābN Birnbaum; Cevāhir Zajączkowski II.

[18] The future tense in modern Turkish is used to express 'not only what is going to happen but what the speaker wants to happen... the third person expresses a confident assumption': Lewis, *Turkish Grammar*, 112.

[19] L. Johanson, "Aorist and Present Tense in West Oghuz Turkic", *Journal of Turkish Studies* 13 (1989), 99 – 105.

[20] Brockelmann, 33; *PhTF* I, 179; Bodrogligeti, "Isar" 172, 176. MarzbN Korkmaz, 167 – 168.

[21] Bodrogligeti, "Isar"; cf. J. Eckmann, "Das Chwarezmtürkische", *PhTF* I, 133; Adamović, 92. Cf. Armeno-Kıpçak: aytsarlar "they will say": O. Pritsak, "Das Kiptschakische", *PhTF* I, 84 No. 32.

[22] For two citations in Khwarazmī's *Maḥabbatnāma* and about a dozen verse citations in Seyf-i Sarāyī's *Gulistān bi t-Turkī* see Bodrogligeti, "Isar", 174.

§5. Opinions differ as to future and modality in OAT. Both Bodrogligeti and Adamović have denied implications of modality in {IsAr},[23] and in the TTS VII the evidence has been divided into future and non-future readings of {IsAr}. This will be the point of departure of the present paper. The most desirable approach would be to investigate how and for what purposes the suffix was used in each actual case, and then to raise the question whether epistemic or deontic modalities are intended. As a guideline the table below might be used which has been modelled on a study by H. Boeschoten, showing tense and modality markers in OAT[24]. But this would be beyond the scope of this paper, which can do no more than present a rather tentative list of available texts in which {IsAr} is attested from fourteenth, fifteenth- and sixteenth century Turkish, with or without {dUr} suffixed to them. We rely on the results of sifting presented in the second edition of the Tarama Sözlüğü, on citations from published works,[25] and on quotations from one unpublished sixteenth-century work, the *Cāmiʿü l-meknūnāt* (see §2).

The enormous volume of OAT writing makes the task of selection difficult and arbitrary. We can hardly speak of a corpus yet; although the volume of published OAT texts is growing, much manuscript material awaits publishing. A large number of the old texts are undated, and their transmission, even if they are dated, remains a source of perplexity,[26] especially in the case of prose texts, which have undergone more changes through the centuries than poetry. Sequences of future tense forms seem to display great flexibility. The style was sometimes enlivened, and sometimes sacralized (not necessarily brought closer to spoken Turkish[27]), by inverted order.[28] Grammatical clauses need not follow the order of logical conclusions. There are no frequency-counts for OAT; working from written documents, we cannot ask informants about high and low pitch, or about whether a sentence sounded 'odd', 'unacceptable', or 'incorrect'.[29] We do not know, for instance,

---

23 "There is, however, no modality implied in this form", Bodrogligeti, "Isar", 173. "Finitverba wie kalısar ... drücken seit der ältesten belegten Sprachperiode eine reale und kategorische Handlung aus, die ohne Bedingungen und Modalität in der Zukunft stattfinden wird. Den Eintritt der Handlung erwartet der Sprechende allerdings meist nicht unmittelbar nach der Aussage, sondern zu einem späteren Zeitpunkt", Adamović, 87 – 88.

24 H. Boeschoten, "The acquisition of modality in Turkish", *Studies on modern Turkish. Proceedings of the third conference on Turkish linguistics*, Tilburg 1987, 232; L. Hermerén, *On Modality in English*, Lund 1978.

25 For a bibliography of published OAT works see MarzbN Korkmaz, 62 – 66. For a classified survey of OAT mesnevis see İ. Ünver, "Mesnevî", in *Türk Şiiri Özel Sayısı II (Divan Şiiri), Türk Dili* 415 – 417 (July – September 1986), 432 – 460; an up-to-date listing of published and unpublished fourteenth-century mesnevis is SüNev Dilçin, 1 – 4.

26 Mundy, "Gerund", 299.

27 Mundy, "System of Qualification", 304 – 305; KābN Birnbaum, 26.

28 F. İz, *Eski Türk Edebiyatında Nesir* I, Istanbul 1964, v – xvii.

29 "Describing creative competence in a dead language", Erdal, 23 – 27.

whether Laṭīfī[30], when he called Şeyḫī's diction 'archaic', was thinking of his use of {IsAr}. On the language of interlinear OAT translations of the Koran E. Birnbaum has remarked that it is "extremely stilted and unidiomatic", whereas the commented translations follow the grammatical, syntactical and literary norms of the written language, while a number of manuscripts belong to various intermediate categories.[31]

§6. We can profitably begin with the division of {Isar} citations in TTS VII, although we shall soon realize how difficult it is to pigeon-hole the works cited according to the categories finite future and non-future. It is true that one entry from *Yūsuf ve Zelīḫā* by Şeyyād Ḥamza is recorded as a finite future formation and attributed to the thirteenth century.[32] But the citation, in which Yūsuf interprets the dream of the cup bearer: *ḫayr olısar oñ ısar senüñ işüñ* "All will be well, and your affairs will be mended", serves to transmit a prediction and clearly belongs to the category of epistemic modality (§7). Ten fourteenth-century entries are drawn from Ḳāḍī Burhāneddīn's *Dīvān* where our suffix is often predominantly temporal,[33] Nesīmī's *Dīvān*,[34] Ḫoca Mes‘ūd's *Süheyl ü Nevbahār*[35] and his translation of the *Ferhengnāme-i Sa‘dī*, Muṣṭafā b. Meḥmed's commentary on the Sūra Iḫlāṣ, Darīr's *Siyer* (*geliserdür*, *olısardur*) and his translation of *Yüz Ḥadīṯ*, and Gülşehrī's *Manṭıḳu ṭ-ṭayr* have been sifted.

For the fourteenth century, the editors of texts such as KābN, MarzbN, Şeyḫoğlu's mesnevi *Ḫurşīdnāme* (ḪurşīdN Ayan) yield many instances. These works continue to furnish the bulk of evidence for the use of {IsAr}, conjugated with the personal endings of the first, second, and third persons,[36] and often with

[30] Laṭīfī, *Tezkiretü'ş-Şu'arā*, Istanbul 1314.

[31] Koran Birnbaum, 114.

[32] Attributed to the thirteenth century, but more probably fourteenth century; cf. T. Gandjeï, "Notes on the attribution and date of the `Čarḫnāme', in *Studi preottomani e ottomani*, Naples 1976, 101 – 104; ed. D. Dilçin, Istanbul 1946; T. Gandjeï, "Zur Metrik des Yūsuf u Zulaiḫā von Šayyād Ḥamza", *UAJb* 27 (1955), 204 – 208; Bodrogligeti, "Isar", 172, with earlier literature.

[33] M. Ergin, *Kadı Burhaneddin Divanı I. Tıpkıbasım*, Istanbul 1944; idem, "Kadı Burhaneddin Divanı Üzerinde bir Gramer Denemesi", *TDED* IV (1951), 287 – 327.

[34] The sifting is based on the MS. Istanbul, Bayezit Library 3353.

[35] SüNev Banguoğlu, S. Kleinmichel, "Das Marzubān-nāme", *Altaistica* XVIII (1969), 519 – 539; idem, "Die Handschrift Marzubān-nāme der Berliner Staatsbibliothek", *Bilimsel Bildiriler* 72, 105 – 111; SüNev Dilçin.

[36] Bodrogligeti, "Isar", 172 and 175 note 39, mentioned modifying elements attached to the word as whole, such as the descriptive form *gönderiser-dir* or forms with personal suffixes, for example *olmayısaram*, *gidiservenin*.

{dUr} suffixed to them. ʿĀşıḳ Paşa's *Ġarīb-nāme*[37] and the OAT version of Dawlatşāh's *Taẕkirat al-awliyā*[38] have been partly analyzed.

Citations are especially numerous throughout the fifteenth century. Those listed in the TTS VII are thirty-five in number, and include forms with the personal endings, those of the third person predominating. There are two from Yazıcıoğlu Şalāḥed-dīn's *Melḥame-i Şemsiyye* and four from the *Münebbihü r-rāḳidīn* by Mūsā; one each from Sinān Paşa's *Maʿārifnāme*, Boyacıoğlu's mesnevi *Anāşır-ı Erbaʿa* (attributed to the first half of the fifteenth century), Ḫıżr b. Celālüddīn's translation of the *Ta'rīḫ-i Ibn-i Keşīr*, two from Rūşenī's *Dīvān*, one from Yazıcıoğlu ʿAlī's *Ta'rīḫ-i Āl-i Selcūḳ*, one from the anonymous translation entitled *Teẕkiretü l-evliyā* (*olısardur/olusardur* in both citations), one from Gülşenī's *Dīvān* (*idiserdür*), one from the *Ravżatü l-envār* by Aḥmed Ḥayālī, and one from the *Düstūrnāme-i Enverī*. One citation of our suffix is from the Turkish adaptation of Ebü l-Leys̱' commentary made by Mūsā b. Ḥüseyn el-Izniḳī in the MS. Topkapı Sarayı Revan 118 (abbreviated Leys. Mu); another is from the MS. Bursa, Ulu Cami 63 – 397, 64 – 398, of what appears to be the same work, cited under the well-known title *Enfesü l-cevāhir*.[39] TTS quotes from Ibrāhīm b. Bālī's *Ḥikmetnāme*, Eşrefoğlu's *Dīvān*, Ibrāhīm Beg's *Külliyāt*, the translation of Ebü l-Leys̱' Koran commentary by Aḥmed Dāʿī and his *Miftāḥü l-Cennet*[40] (*dadısardur*), Niẓāmī's *Dīvān*, *Cevāhirü l-Eşdāf* (to which we shall return in §7), *Irşādü l-mürīd ilā l-murād* by Şeyḫ Ḳāsim b. Maḥmūd, *Delīlü l-ʿibād* by Meḥmed b. Sinānuddīn, Sarıca Kemāl's *Dīvān* and the same author's *Selāṭīnnāme*, Yazıcıoğlu Meḥmed's *Muḥammediyye*,[41] *Yūsuf ve Zelīḫā* by Ḥamdī (*geliserdir*), *el-Ferec baʿd eş-şidde*, and the *Vaḥdetnāme* by ʿAbdurraḥīm Efendi.

Şeyḫoğlu's prose work *Kenzü l-Kübera* is equally notable for its (sparse) use of the older feature {IsAr} as for its (early) use of finite {AcAK}{dur}.[42] M. Canpolat has drawn attention to the fact that only the third person singular and plural of {IsAr} is used in ʿÖmer b. Mezīd's collection of poetry (Mecmūʿa Canpolat, 259). While {IsAr} is said to be infrequent in the tales of the Forty Viziers (Ḳırḳ vezīr Duda, 96 – 97), many instances occur in Süleymān Çelebi's

---

37 C. Brockelmann, "Altosmanische Studien I. Die Sprache ʿĀšıq-paša's und Aḥmedī's", *ZDMG* 73 (1919), 1 – 29.
38 Work dated 741/1340 – 41. For the MS. Budapest, Library of the Hungarian Academy of Sciences Cod. or. fol. 33, see Bodrogligeti, "Isar", 172.
39 For research on this work see Koran Birnbaum, 120.
40 G. Alpay, *Aḥmed-i Dāʿī and his Çengnāme*, Ankara/Harvard 1973, 15.
41 Also sifted by Bodrogligeti, "Isar", 172.
42 Attested in KenzK Yavuz: *istenecekdür*; *sorılacakdur* 43a/7. The edition is based on a photocopy of the unique manuscript; we may ask how much of the preserved text of the *Kenzü l-Kübera* actually originates from the time of its composition, 803/beg. 22 August, 1400.

Vesīletü n-necāt[43] and in Ibn Ḥaṭīb's *Feraḫnāme*.[44] Aḳ Şemseddīn's use of {IsAr} in his mystical poetry is attested (*cīfe olısarsın, görmeyiser* Aḳ Şems Eraslan 31, 41).

ᶜĀşıḳpaşazāde employed {IsAr} in the poems which are interspersed in his prose.[45] Sifting shall undoubtedly continue, and is likely to yield interesting material, for example from the *Dīvān* of Necātī (second half of the 15th century), the first Ottoman poet credited with bringing classical verse close to actual speech.[46] So much for the fifteenth century, during which the OAT suffix {IsAr} has been declared dying (by 1400 or dead around 1450 at the latest.[47] Around this date the slow secular change must have set in which led to the use of {AcAK} as a finite form in the spoken language, the written language reluctantly following this trend.[48]

For an almost dead or petrified formation,[49] {IsAr} appears fairly often in the sixteenth century. The compilers of TTS VII drew from twelve literary works, including Şeyḫ Ḳāsım's *Cevāhirü l-Aḫbār*, Ḥadīdī's Ottoman history, four works by Lāmiᶜī (the *Dīvān, Hüsn ü dil, Şerefü l-insān*, and *Mecmaᶜü l-laṭāʾif*, the latter is not cited for {IsAr}), Meḥmed Yemīnī's *Fażīletnāme*, Fużūlī, Ẕātī, Edirneli Naẓmī's *Dīvān-ı Türkī-i Basīṭ*, Maḥmūd Raʾūfī's *Rāḥatü l-ervāḥ*, Ḥüseyn Fütūḥī's *Enīs l-ġuzāt*, and Şemᶜī's *Saᶜādetnāme*.

In addition, {IsAr} formations are found in Mevlānā ᶜĪsā's *Cāmiᶜ ul-meknūnāt*, written about the middle of the sixteenth century;[50] *olısar* occurs in 21 instances, *gidiser* in one; *olısardur* in five; *girü ol şehr olısar tīz de maᶜmūr / dolısar sīm ü zerle klise mevfūr / Yaḳīn olsa ḳıyāmet zer olısar / pes ol mālı varub Mehdī alısar* "That city (Rome) will quickly be flourishing again, it will become full of churches and silver and gold. It will be gold when the Last Hour is near; then the Mahdī will

---

43 Whereas Bodrogligeti, "Isar", 172, cites it for the future in {IsAr}, the authorities compiling the TTS classed Süleymān Çelebi's {IsAr} as non-future; see § 6, note 58 of this paper.
44 J. Németh, "Das Ferahnāme des Ibn Ḥaṭīb. Ein osmanisches Gedicht aus dem XV. Jahrhundert", *Le Monde Oriental* XIII (1919), 145 – 184; M. C. Şehabeddin Tekindağ, "İzzet Koyunoğlu Kütüphanesinde Bulunan Türkçe Yazmalar", *Türkiyat Mecmuası* XVI (1971), 149 – 162.
45 SüNev Banguoğlu, 149: ᶜĀşıḳpaşazāde "79,19 nur im Gedicht".
46 Mundy, "Gerund", 306.
47 Adamović, 96, 319.
48 Adamović, 96 and especially 256: "in der Schriftsprache ... ungewöhnlich lange Zeit gemieden...".
49 According to Adamović, 91, it survived "nur in Versen, bei Schilderung zurückliegender Ereignisse, Zitieren von Vorgängern, oder in Floskeln".
50 For this chronicle, which expresses an apocalyptic vision of the expansion of the Ottoman Empire, see my "Ṣāḥib-Kirān und Mahdī. Türkische Endzeiterwartungen im ersten Jahrzehnt der Regierung Süleymans", Gy. Kara (ed.), *Between the Danube and the Caucasus*, Budapest 1987, 43 – 62, and "Public Opinion under Sultan Süleyman", H. İnalcık and C. Kafadar (ed.), *Süleymân the Second and His Time*, Istanbul 1994, 49 – 57.

come and take all" (Cāmiᶜ ul-meknūnāt, 2339 – 2340); *gidiserdür* appears once; *vardılar Tarsūsa ol ᶜasker ḳamu / diñle imdi nolısardur iy ᶜamū* "That army went to Tarsus; listen now what will happen, uncle" (Cāmiᶜ ul-meknūnāt, 1659); *doḳuz yüz altmışa irişicek sāl / işitkim nolısardur bunda aḥvāl* "When the year nine hundred sixty shall be reached, listen what will be the situation here" (Cāmiᶜ ul-meknūnāt, 3060); *olısarsız* appears only once. The function of the suffix is both future and epistemic, as the case may be.

Following Erdal's description of (passive) competence and "rejuvenation" of formations, I suggest that {IsAr} did go through a period of stagnation, but, since it remained "consistent and predictable both morphologically and semantically", its productivity was renewed in the sixteenth century; it may have been revived as the result of an overflow of modal meaning attached to the {A} formations, another reason may have been an alternation between styles determining the written language.[51] This period of rejuvenation appears to have come to an end in the late sixteenth century; there is only one seventeenth-century entry (from Ṣolaḳzāde's History) in TTS; one eighteenth-century citation is from the story of Baṭṭāl Ġāzī. It is difficult to find out just when the suffix did die out in Turkey; it is still recorded in one nineteenth-century citation (Ḳuddūsī) in TTS.

As part of the (passive) competence of writers and readers, {IsAr} continued to be documented in the grammars[52] of, for instance, Bergamalı Ḳadrī (1530), André du Ryer (1630), F.-M. Maggio (1670), and F. M. Meninski (1677). For the Turkish East {IsAr} disappeared as a Western Turkish feature.[53] The data collected so far would seem to justify the conclusion that liveliness and stagnation alternated several times during the history of the use of {IsAr}, great liveliness in the fifteenth century being followed by stagnation and then rejuvenation for about a century, functioning in fields of literature which await definition.

The above is the evidence, adduced by TTS VII and editions, for the category "future". But, considering the function of these entries, we are prepared to ask whether some of them ought not to be enrolled among the members of the next category, labelled "non-future". Actually there is an element of modality pervading many of the fourteenth-, fifteenth-, and sixteenth-century quotations. In the case of Lāmiᶜī (1472 – 1531), a prolific writer whose poetry and prose range from spoken

---

[51]   Erdal, 24 – 25. Following Grunina, I attempted to apply generic distinctions in late OAT in a paper "Eski Anadolu Türkçesi'nin anlatı türünde görevi ve *Câmiᶜü l-meknûnât*", Uluslararası Türk Dili Kongresi, Ankara, 26 – 30 September 1988, and in a paper read at the 2. Deutsche Turkologen-Konferenz "Sprach- und Kulturkontakte der türkischen Völker", on 14 July, 1990 at Schloß Rauischholzhausen near Gießen ("Wann endet das Altosmanische?").

[52]   Adamović, 91.

[53]   It did not appear among the Western features which were then signalled in Chagatay: T. Gandjeï, "Sâdıkî-i Afşar'ın Türkçe şiirleri", *TM* XVI (1971), 21.

languages to intricately constructed figures of speech,[54] it is especially pertinent to ask what he wanted to express by {IsAr} in his poetry and prose. A modal function can be discerned in *ümmet mābeyninde bī-ḥad iḫtilāf ve millet içinde çok dürlü iʿtisāf ẓuhūr idiserdür* "Endless controversy between the religious communities and all kinds of oppression within the group will arise" (*Şerefü l-insān*, dated 1527, TTS IV, 439).[55]

§7. It is apparent that the oldest OAT {IsAr} already possessed certain qualities of epistemic meaning, especially promises and menaces, religious, and apocalyptic forebodings. The authors of TTS VII classified under a non-future[56] {IsAr} six fourteenth-century citations drawn from the works of Yūnus Emre,[57] the *Ḳıṣaṣu l-Enbiyā* (olısar), Darīr's *Yūsuf u Zelīḫa* (göriser mi), and *Kelīle ve Dimne* (viriser, götüriser). We are further shown five fifteenth-century citations, drawn from Eşrefoğlu Rūmī's *Müzekkī n-nüfūs* (olısardur, idisersin), Süleymān Çelebi's *Mevlid*[58] (bulısar, ayırısar), and from Şeyḫī's *Dīvān* (olısar), to which may be added verse 762 of the introduction to Şeyḫī's *Ḥusrev u Şīrīn*: *ḳıyāmet ṣubḥı benden sorısar Ḥaḳ* "on the morning of the resurrection God will hold me responsible for..."[59]

Considering the function of {IsAr}, we propose to assign the following samples to the category of epistemic modality, inevitability, 'must' as a logical conclusion: *dirīġā kim uçısar ḳuş ḳafesden / dirīġā kim çüriyiser bu ebdān // dirīġā yatısaruz sın içinde / geçiser üstümüzden niçe ezmān* "Alas that the bird will fly from the cage; alas that these bodies will decay // alas we shall lie in the grave; so many times will pass over us ..." *suʾāl eyleyiserler itdügünden* "they will ask you about what you have done" (34). These and other examples (*saña ḫod ḳalısar degül* "it will not remain for you") are from the *Çarḫnāme* by Aḥmed Faḳīh

---

54   The most recent evaluation is Nuran Tezcan, *Lāmiʿī`s Gūy u Çevgān*, Stuttgart 1994, 67 – 69.

55   N. Tezcan's excellent edition and concordance of Lāmiʿī`s *Gūy u Çevgān* opens up new evidence (*olısar* 430b, 1846b).

56   Equivalent to the present tense in {iyor} and the aorist in {ᵒr}; {Ar}; {Ur}: "Şimdiki zaman eki -ıyor ve geniş zaman eki -ır değeriyle kullanılır", TTS VII, 166.

57   One distich quoted in TTS is attested in M. Tatçı, *Yunus Emre Dîvanı. Tenkitli Metin*, Ankara 1990, no. 384, and 405. For Yunus Emre's poems rhyming in {IsAr} see Tatçı no. 60 and 63, *mayısar* ibid., no. 24. In the *Risāletü n-nusḥiyye* verse 417 rhymes in {IsAr}, with variants, one textual witness (Nuruosmaniye) having switched to {A}: *düzesiz* (M. Tatçı, *Yunus Emre Dîvanı. Risâletü'n-Nushiyye. Tenkitli Metin*, Ankara 1991, 104). The Mühlbacher learnt *öliserüz* from his informants in the fifteenth century (poem no. 127 in Tatçı, *Yunus Emre Dîvanı*, with earlier literature).

58   There is some disagreement over the function of {IsAr} in this work; see note 43 of this paper.

59   F. K. Timurtaş, *Şeyhi'nin Husrev ü Şirin'i. İnceleme-Metin*, Istanbul 1963, 29.

(ÇarhN verses 65 – 66, 81), a short mesnevi, the author of which[60] utters warnings against God's wrath on the Day of Judgement. From a Koran commentary dated 1426 Deny, 1109 §622, and Ḳırḳ vezīr Duda 96, quote: *cemȳ enbiyā kefenlendiler bendaḫı kefenleniserin cemȳ enbiyā öldükden ṣoñra yunıldı bendaḫı yunılısaram* "All the prophets have been shrouded; I, too shall be shrouded. All the prophets have been washed after they died; I, too, shall be washed". The following entries are from the commented Koran translation entitled *Cevāhirü l-eṣdāf*, dedicated to Isfendiyār b. Bāyezīd, the ruler of Kastamonu and contemporary of Murād II. In his introduction Ananiasz Zajączkowski pointed out that in this text, next to the future in {IsAr}, the future in {AcAK} appeared sporadically (Cevāhir XVII). We mentioned one entry under "future" in TTS VII, but the following citations will be considered instances of modality. *Ḳıyāmetde elbette sorlısarsız cümleñüz ṣundanki işlerdüñüz ʿahdı bozmaḳdan* "At the resurrection you will certainly be interrogated, all of you, because of what you have done in the way of covenant-breaking" (Cevāhir Zajączkowski II 39 – 40, 16:95, Adamović 90).

Ol günde ḥisābiçün sorulısarsız hergiz sizüñ esrāruñuzdan nesne gizlenmey-iser ammā şuña ki kitāb virildi saġ eline anuñ eyide gelüñ benüm kitābumı oḳıyalum diyü rāstī bilürdüm ki ben ḥisāb olısardum diyü ol eyü dirlikde durur "On that day you shall be asked for the reckoning, and not one of your secrets shall ever remain hidden. But he to whom a book is given in his right hand, will say: Come, let us read my book. Verily I knew that I should be put to account; (therefore) he is in a comfortable situation" (Cevāhir Zajączkowski II 63, 69:18).

Nite kāfir olursız tañrıya ḥāl budur kim siz ölüler idüñüz atalaruñuz belinde sizi diriltdi cān virdi analaruñuz raḥmlerinde andan ṣoñra öldürür sizi andan ṣoñra girü dirildür sizi andan ṣoñra ol ḥaẓrete döndürülisersiz "How can you be deniers of God! It is a fact that you were dead in the loins of your fathers, he made you alive, he gave you life in the wombs of your mothers; after that he causes you to die and after that he restores (prophetic aorist) you to life, after that you will be returned to Him". (Cevāhir Zajączkowski II 4, 2:26).

Yaʿnī ḫalāyıḳdan vardur şunlar kim eydürler biz īmān getürdük tañrıya ve daḫı ḳıyāmet günine dirler yarınki gün girü

ḳopısaruz bedenlerile dirler lākin anlar mü'minler degüller belki münāfıḳlar dururlar "That is, there are people who declare: 'we have believed in God and in the Last Day' and who declare 'tomorrow we shall set out again bodily'; however, they are not believers, but rather hypocrites" (Cevāhir Zajączkowski 1, 2:7).

Eydürler kim yat diñlen dirilicek devlete ve pādişāhlıġa uġrayısarsın "They will say: lie down and rest; when you come to life (i.e. when you rise from the

---

60 Çarhn; MarzbN Korkmaz, 59; Bodrogligeti, "Isar'", 172; for its date see T. Gandjeï, "Notes on the attribution and date of the ʿČarḫnāme'", in *Studi preottomani e ottomani*, Naples 1976, 101 – 104.

dead) wealth and royal state will be your state" (Ḳutbuddīn, Muḳaddime, C. S. Mundy in BSOAS XVII (1955), 157). The degree of liveliness with which {IsAr} continued in use, has been a matter of some difference of opinion and is reflected in Adamović's chapter on the subject. The last quotation illustrating non-future {IsAr} in the TTS is drawn from the sixteenth-century author Sūdī's commentary on Ḥāfiẓ, *zerḵ u riyā āteşi dīn ḥarmanını yaḳısardur* "the fire of hypocrisy and dissimulation will destroy the harvest of the faith". In that century Sultan Süleymān, Muḥibbī, expressed the epistemic modality in {IsAr} in a poem: *çünki bu dünyā denīdür aña dil virme saḳın/ kimse başa çıkmadı çıkmayısar dünyā ile* "Since this world is vile, take care not to give it your heart; nobody has yet coped with it and nobody will cope with the world" (DivSül Jacob 65 Nr. 32).

Epistemic meaning could be emphasized by verbal adverbs – gerunds – and sometimes "disambiguated" by adverbs such as *elbette* "decidedly, surely", *belki* "but rather", *muṭlaḳā* "absolutely, without fail", *lācerem* "necessarily, of course", or *hergiz* "always, ever"/in negative sentences "never".

§8. Originally a participle, {AcAK} came into use as a finite verb early in the fifteenth century.[61] A sporadic appearance in the Cevāhir has already been mentioned (§7). We quote two examples of the finite future in {AcAK} with {dUr} as they occur in what may be called state papers of Sultan Murād II;[62] in his testament it is said *bildikim her nefs ki ḥalāvet-i ḥayāt ṭatmış ola merāret-i memāt curʿasın nūş idecekdür* "he [Sultan Murād II] ... realized that every soul who has tasted the sweetness of life shall drink the bitterness of death", and: *her kimsekim ʿademden ṣaḥrā-yı vücūda ḳadem başmış ola lācerem ṣaḥrā-yı vücūddan fenā-yı fenāya intiḳāl idecekdür* "Everybody who has advanced from non-existence into the field of existence shall necessarily depart the field of existence to the annihilation of death". It is worth noting that the writer of these lines selected {AcAK}, a form springing from the spoken language, instead of {IsAr} which many writers would have considered appropriate to express epistemic modality. This is an indication of the way in which {AcAK} replaced the older future marker {IsAr}, which by – when? – had virtually disappeared from popular usage,[63] though it was retained in literature and in grammars. Meanwhile the new future in {AcAK} was in use, spreading to the standard written language. William Postel (1510 – 1581) on revisiting Turkey after eighteen years could hardly believe that it was the same

---

[61] Adamović, 96. The late professor Mehmet Akalın presented early samples of finite {AcAK} at the Uluslararası Türk Dili Kongresi, Ankara, September 1988.

[62] Both examples are taken from the Turkish version of Murād II's testament, dated 1446; for the text and the date of the copies, 1457 – 58 or 1467 – 68, see İnalcık, Vesikalar, 204.

[63] Adamović, 91.

language which he heard and read.[64] The potential of variation in future markers was reduced as the finite future in {AcAK} became standard, which today also serves many modal functions, as Yavaş has shown.

§9. Adamović describes {A} as a modus with a complex character.[65] The force of its deontic or internal modality, "determination" is recorded in the oath of the Karamanid Ibrahim Beg of 1444:[66] *virem* "I shall extradite [fugitives]", *viribiyem* "I shall send [my son with troops]"; *hīç düşmenlik itmeyem ve itdürmeyem* "I shall in no way harbour enmity or have it harboured". C. Mundy records a sentence *Diledi kim gözi-ile göreydi egerçi göñliyle bilürdi anuñ tahkīkını* "He wanted to see it with his own eyes, though he knew in his heart that it was true" (Mundy, "Syntax", 303).

This deontic {A} continued in use in the sixteenth century, as has been shown in the *Mecmūᶜ-ı Menāzil* by Maṭraqçī Naṣūḥ: *vücūd-ı mużarret-ālūdesi ṣafḥa-ı rūzigārden bi-ᶜināyeti llāhi taᶜālā ḥakk eyleyem* "I shall erase his existence contaminated with wickedness, from the book of time with the help of Allāh".[67]

The modality of "hope" in {A} is expressed by Sultan Süleymān in the poem quoted above, *iy Muḥibbī yürü ᶜālemde tecerrüd ehli ol/ tā ki hemser olasın göklerde sen ᶜĪsā ile* "o Muḥibbī, go ahead and become a recluse in the world, so that you may be the equal of ᶜĪsā in the heavens" (DivSül Jacob 65 Nr. 32).[68]

Having found the "optative" almost omnipresent down to the eighteenth century, Adamović (256 – 7) concluded that it covered a spectrum roughly divided into modality, potentiality, future indicative, and subjunctive.

§10. Epistemic and deontic modalities were expressed by a number of words and word groups assembled by Adamović 257 – 259). Aḳ Şemseddīn uses *olmaḳ gerek* as *redīf* in a religious poem (Aḳ Şems Eraslan, 45). C. S. Mundy published cita-

---

[64] V. Drimba, "L'Instruction des Mots de la Langue Turquesque' de Guillaume Postel", *Türk Dili Araştırmaları Belleten* (1966), 99, 124.

[65] For Grunina's views on the development of {A} from a temporal to a modal marker see Johanson, "Historische Grammatik", 81. For a detailed description see Adamović, 253 – 279; Čavušević, 73 – 89; Waetzoldt, 224 – 232.

[66] Preserved in Yaḥyā b. Meḥmed el-Kātib, *Menāhicü l-Inşā*, MS Paris, Suppl. Turc 660, dated 1479; first published by İ. H. Uzunçarşılı, "İbrahim Beyin Karaman imareti vakfiyesi", *Belleten* I/1 (1937), 56 – 164; discussed by İnalcık, *Vesikalar*, 33 note 159, 35, 62 – 63; republished by İ. H. Uzunçarşılı, *Anadolu Beylikleri ve Akkoyunlu, Karakoyunlu Devletleri*, 2nd Edition Ankara 1969, 26 – 17; republished by Ş. Tekin, *Menahicü 'l-İnşa. The Earliest Ottoman Chancery Manual*, Roxbury, Mass. 1971, 23 – 24 quoting earlier literature; C. Imber, *The Ottoman Empire 1300 – 1481*, Istanbul 1990, 128 – 129.

[67] For this and other sentences expressing a determination see Waetzoldt, 225.

[68] For *tā kim* in subordinate clauses see Adamović 257; for the sixteenth-century Waetzoldt, 230.

tions of -*mek gerek* expressing external, necessity and appropriateness: *Memleket ve pādişāhlıḳ kimseye ḳalmaz bunlaruñ ile faḫr itmemek gerek; faḫr ᶜilm ile ve tevāżuᶜ ile itmek gerek* "Dominion and kingship are transient, and one should not glory in them; learning and humility are the things one should glory in" (Anon., ᶜ*Acāyibu l-maḫlūḳāt*; Mundy, "Syntax", 289). *Pes imdi mu'minüñ himmeti ol vechile olmaḳ gerek ki cehd idüp [sic] meydān-ı ᶜibādetde ilerü geçe-bile tā ki cennete giricek dahı aᶜlā maḳāma yitişe-bile* "The earnestness of the Believer must be such that he should strive and so be able to advance in the field of worship, in order that when he enters Paradise he may be able to attain to a higher station" (Cinān-i Cenān, MS. dated 836/1432; Mundy, "Gerund", 311). The sentence is quoted by Mundy as an exceptional use of {A}, the standardized {A} form occurring in combination with the auxiliary *bilmek*.

§11. Old Anatolian Turkish Modalities

epistemic modality[70]	deontic[69]	
	internal modality	external modality
CERTAINTY {IsAr}	DETERMINATION	NECESSITY {mAlU}
{A} ⇓	gerek ⇓	⇓
INEVITABILITY ⇓	⇓	⇓
PREDICTION ⇓	⇓	SUGGESTION ⇓
{IsAr}CUSTOM LAWS OF NATURE PRESUMPTION ⇓	INTENTION ⇓	⇓ ⇓ APPROPRIATENESS
PROBABILITY	{mAz} WILLINGNESS {°r} WANT TO	
POSSIBILITY 1[71]	HOPE	
POSSIBILITY 2[72]	{-A bil}ABILITY {-A/-U + umak}	PERMISSION

---

[69] The "must" of duty.
[70] "Must" based on knowledge.
[71] "It is possible that ..."
[72] "It is possible for ... to ..."

§12 Conclusion. From its earliest times, OAT {IsAr}, besides marking the future, had shades of epistemic meaning, with accessory shades of meaning provided by {dUr} and by adverbial clauses[73]. Next to the new finite {AcAK} the "optative" {A} remained in use, but with so many functions that this may be one of the reasons why the older form {IsAr} was revived in the sixteenth century to express temporal and modal future. Incidentally, polysyllabic words in {IsAr} were convenient in metrical texts because they formed feet such as $-\cup--$; comparable to {BAn} which was also metrically useful.[74] In this way our topic might contribute to the old question of whether or not it is possible to identify aspects of linguistic structure which distinguish prose from poetry.[75] The question now having been raised on the basis of the conventional classification of the material, it remains for us to see what kind of answer can be found when we apply the principle of determining the particular motives of an author to decide in favour of {IsAr}. This implies postponing generic distinctions between religious and secular prose, between *ġazavātnāme* prose or poetry or dīvān poetry. The various works containing {IsAr} or {AcaK} forms cannot be assigned wholesale to one category or the other, no more than works or authors can be classified wholesale by their style.[76] Every single case has to be considered separately. In the same way the function of the other markers, {(y)IcI}, {dAcI}, {(y)AsI}; the participle {AcAK}, the aorist, and the prophetic perfect remains to be established, but to continue this illustration would go beyond my purpose, which was solely to indicate some of the considerations which might arise even in the restricted piece of study which I have chosen.

---

[73]   Johanson, "Gerunds", 150.

[74]   Johanson, "Gerunds", 137. Cf. G. Doerfer, *Vokalismus*, 33.

[75]   J. P. Thorne, "Generative Grammar and Stylistic Analysis", in J. Lyons (ed.), *New Horizons in Linguistics*, Harmondsworth 1973, 192; cf. Bodrogligeti, "Isar", 1970.

[76]   See my "Bemerkungen zur türkischen Prosa vor der Tanẓīmāt-Zeit", *Der Islam* 50 (1973), 157 – 167.

Jost Gippert

DAS PROJEKT EINES THESAURUS DES TÜRKISCHEN.
COMPUTERGESTÜTZTE UNTERSUCHUNGEN ZUM TÜRKISCHEN LEXIKON

Das hier vorzustellende Projekt, das in baldiger Zukunft an der Universität
Bamberg realisiert werden soll, ist der Erstellung eines computergestützten
Thesaurus der türkischen Sprache im 20. Jahrhundert gewidmet. Der Thesaurus
soll die Entwicklung des Wortschatzes in der türkischen Schriftsprache seit der
Umstellung auf die lateinschriftliche Graphie dokumentieren, wobei Etappen von
jeweils einer Dekade angesetzt werden. Als Grundlage sollen einerseits typische
Erzeugnisse der schöngeistigen Literatur (v.a. Prosa) dienen, andererseits ver-
schiedene Bereiche der Zeitungssprache (Wirtschaft, Politik). Die betreffenden
Texte sollen jeweils vollständig ausgewertet werden, um als Basis für statistische
Analysen und eine sich daraus ergebende Stratifikation des verwendeten Wortschatzes dienen. Als Ergebnis sollen einerseits Spezialwörterbücher (z.B. zur
Wirtschaftssprache) entstehen, die sich durch die Angabe von Belegstellen auf die
zugrunde gelegten Texte beziehen; andererseits soll das gesammelte Wortmaterial
im Hinblick auf seine Repräsentation in den Handwörterbüchern des Türkischen
überprüft und ein dieses supplierendes Lexikon erarbeitet werden. Der Thesaurus
soll seiner Anlage nach für die zukünftige Sprachentwicklung offen bleiben; dazu
soll er der Fachwelt auch in elektronischer Form zur Verfügung gestellt werden.
Hinzu kommen Einsatzmöglichkeiten in der Lehre, die den Einsatz elektronischer
Medien voraussetzen.

Das Projekt soll im wesentlichen vier Arbeitsabschnitte umfassen. Der erste
Schritt besteht in der Vorbereitung der Textanalyse durch eine Umwandlung der zu
analysierenden Texte in eine elektronische Form. Diese Umwandlung kann, dem
heutigen Stand der Technik entsprechend, weitgehend automatisiert, nämlich unter
Zuhilfenahme von optischen Scannern erfolgen. Dabei wird ein System benötigt,
das auf die Besonderheiten der türkischen Graphie, insbesondere die in der
elektronischen Verarbeitung als "Sonderzeichen" geltenden Buchstaben ı, İ, ş, Ş, ğ,
Ğ, eingestellt werden kann und darüber hinaus eine Abgleichung der gelesenen
Wortformen mit einem vorgegebenen Wortvorrat erlaubt (sog. "spell checking").

Die Encodierung muß ihrerseits wie folgt vorbereitet werden: Zunächst wird
ein Grundvorrat von Wortformen gesammelt und in eine lexikonähnliche Liste
umgearbeitet, die als Grundlage für das "Spell-Checking" dienen soll. Dazu kann
auf den "Elementarwortschatz Türkisch-Deutsch" von Nuran Tezcan (Wiesbaden
1988) zurückgegriffen werden, der bereits in elektronischer Form verfügbar ist. Da
hieraus im wesentlichen aber nur Lexikonformen hervorgehen (Nominative,
Infinitive etc.) und eine automatische morphologische Analyse und Zurückführung
aller denkbaren Flexionsformen auf die Lexikoneinträge während des Spell-

Checkings nicht ohne weiteres möglich ist, müssen die zu jedem Eintrag bildbaren Einzelformen (Dativ Pl., 3. Ps. Sg. Futur o.ä.) eigens erzeugt werden. Dies läßt sich im Falle des Türkischen mit seiner relativ regelmäßigen Morphologie mit Hilfe eines Computerprogramms erzielen, dessen Entwicklung bereits abgeschlossen ist. Mit Hilfe des so erstellten "Basislexikons" lassen sich allfällige Lesefehler beim Scanning, die v.a. durch Ungenauigkeiten beim Druck entstehen, bereits auf ein geringes Maß reduzieren.

Der zweite Arbeitsvorgang betrifft die Analyse der eingescannten Textmaterialien im Hinblick auf den in ihnen repräsentierten Wortschatz. Da das Augenmerk hierbei auf die Dokumentation von Spezifika gerichtet ist, kann dieser Vorgang nur teilweise automatisiert ablaufen. Das einfachste Verfahren würde darin bestehen, zunächst den gesamten Wortvorrat des jeweiligen Textes zu extrahieren, was mit Hilfe existierender Computerprogramme schnell und problemlos möglich ist, und diesen Wortvorrat dann gegen den wie oben definierten "Elementarwortschatz" abzugleichen und so die "spezifischen" Wortformen herauszufiltern. Dieses Verfahren kann jedoch nicht für sich allein angewendet werden, da es unter die "spezifischen" Wortformen auch erhalten gebliebene Fehllesungen des Scanners oder Druckfehler subsumieren würde. Stattdessen soll ein Verfahren gewählt werden, das gleichzeitig eine Extraktion "spezifischer" Wortformen *und* eine endgültige Korrektur des eingescannten Textes ermöglicht; dieser Vorgang soll prinzipiell interaktiv, d.h. unter ständiger Steuerung durch Bearbeiter, ablaufen. Benötigt wird eine Routine, bei der ein gegebener Text Wort für Wort mit dem vorliegenden Basislexikon verglichen wird und die bei allen nicht vorgefundenen Wörtern bzw. Wortformen eine Korrektur oder die Aufnahme in ein Supplement-Lexikon erlaubt; an einer solchen Routine wird derzeit gearbeitet.

Der dritte und zugleich aufwendigste Teilabschnitt des hier vorgestellten Projekts umfaßt die Auswertung der bei der Textanalyse gewonnenen Daten im Hinblick auf ihre zeitliche, textspezifische oder sonstige Zugehörigkeit und darauf aufbauend die Erstellung von Speziallexika.

Grundlage dieser Auswertung sollen die Supplementlexika bilden, die im Zuge des zweiten Projektvorgangs erstellt werden. Diese Supplementlexika werden naturgemäß Wortformen aller morphologischen Kategorien enthalten, so wie sie in den betreffenden Texten auftreten. Der erste Arbeitsvorgang muß folglich darin bestehen, die einzelnen Wortformen unter ihre jeweiligen Lexikonformen zu ordnen, da für eine lexikographische Auswertung primär letztere interessant sind. Dieser Vorgang kann wiederum weitgehend automatisiert werden; erforderlich ist die Entwicklung eines Computerprogramms, das die jeweiligen Wortformen auf der Basis der türkischen Wortbildungs- und Flexionsregeln zu analysieren versucht und lediglich in Zweifelsfällen einen interaktiven Eingriff des Bearbeiters verlangt; ein solches Programm kann prinzipiell dieselben Routinen verwenden, wie sie für das "Spell-Checking" erarbeitet werden.

Die mit Hilfe des zu entwickelnden Computerprogramms "lemmatisierten" Wortlisten sollen dann zunächst als Basis für eine Indizierung der eingegebenen Texte dienen. Bei dieser Indizierung ergeben sich zum einen die statistischen Daten, die über eine chronologische o.a. Zugehörigkeit der einzelnen Wörter Auskunft geben; zum anderen bildet sie die Grundlage für Belegstellenangaben, mit denen die avisierten Speziallexika versehen werden sollen.

Einen eigenen Auswertungsvorgang, der nur zum geringen Teil automatisiert werden kann, bildet die Überprüfung der eingelesenen Textmaterialien auf idiomatische Wendungen hin, die sich aus zwei oder mehr Wörtern zusammensetzen. Hierfür ist zunächst die Ausarbeitung einer Textstellenkonkordanz erforderlich, die jedes Wort in einem genügend großen Kontext, etwa Satz oder Teilsatz, sichtbar macht. Die Feststellung idiomatischer Wendungen muß dann durch den Bearbeiter allerdings "von Hand" durchgeführt werden, und sie wird der zeitaufwendigste Schritt sein; der Bearbeiter muß hierfür über muttersprachliche Kenntnisse des Türkischen verfügen.

Der vierte Projektabschnitt betrifft die Abgleichung der gewonnenen lexikographischen Informationen mit den großen Handwörterbüchern des Türkischen, dem Türkçe Sözlük, Steuerwald und Redhouse. Um das gewonnene Material auf seine Repräsentation in diesen Wörterbüchern hin überprüfen zu können, soll deren Inhalt Eintrag für Eintrag elektronisch gespeichert werden, wobei lediglich die Lemmata selbst bzw. damit gebildete idiomatische Wendungen benötigt werden. Diese Eingabe ist beim gegebenen Stand der Technik sinnvoll nur von Hand durchzuführen, da bei der Eingabe mit dem Scanner automatisch auch sämtliche Begleitangaben, Übersetzungen etc. mit eingelesen würden, die für den hier vorgesehenen Arbeitsvorgang jedoch unerheblich, wenn nicht sogar störend sind.

Nach erfolgter Eingabe kann zunächst automatisch ein Gesamtindex des in den drei Wörterbüchern enthaltenen Wortmaterials erstellt werden, mit dem dann sämtliche Einzelwortlisten der bearbeiteten Texte oder auch ein gegen Projektende zu generierender Gesamtindex des aus den Texten hervorgehenden Wortmaterials abgeglichen werden kann. Daraus resultiert ein Verzeichnis von Wörtern, die in keinem der Standardwörterbücher erfaßt sind; dieses Verzeichnis soll als "Supplementlexikon des Türkischen" für sich veröffentlicht werden.

Der gegenwärtige Arbeitsvorgang, über den hier berichtet werden soll, besteht in der Erstellung der benötigten Programmmodule zur automatischen Erzeugung und Analyse türkischer Wortformen.

Wie oben bereits gesagt wurde, sind im Hinblick auf die Erzeugung türkischer Wortformen (auf der Grundlage von Lexikoneinträgen, d.h. Infinitiven bzw. Nominativen) und für eine Analyse beliebiger in Texten auftretender Wörter prinzipiell dieselben Vorgaben zu beachten, und es können zum großen Teil dieselben Programmelemente verwendet werden: Um den Computer anzuweisen, von einem Verb wie *acıkmak* 'hungrig werden' eine 1. Person Singular Perfekt *acıktım* zu bilden, müssen ihm dieselben Informationen gegeben werden, wie wenn er ein gegebenes *acıktım* als 2. Person Singular Perfekt von *acıkmak* "erkennen" soll. Diese Informationen lassen sich als eine relativ geringe Menge von Kategorialisierungen fassen, die gewissermaßen das Grundgerüst der türkischen Formenbildung darstellen und die zum Teil automatisch aus der Lexikon- oder Grundform des Wortes ableitbar sind.

Zunächst ist eine generelle Scheidung zwischen Verben und Nomina erforderlich, da sich hieraus unterschiedliche Mengen bildbarer Formen ableiten. Bei den Verben ist es sinnvoll, statt von dem Infinitiv vom einfachen Stamm auszugehen, von dem der Infinitiv selbst eine Weiterbildung darstellt; als Stamm kann jeweils das vor dem Infinitivsuffix *-mak/-mek* erscheinende Element gelten. Vom so isolierten Stamm ausgehend lassen sich dann die folgenden kategorialen Einteilungen bestimmen:

a) *vordervokalisch / hintervokalisch*: Diese Unterscheidung ergibt sich regelmäßig und ohne Ausnahmen aus dem Vokal der letzten Stammsilbe (Beispiel: *başla-* 'anfangen' vs. *söyle-* 'sagen'); durch sie wird die Wahl zwischen äquivalenten Suffixpaaren wie *-sa- / -se-* gesteuert (vgl. *başla-sa / söyle-se*);

b) *gerundet / ungerundet*: Diese Dichotomie ergibt sich ebenfalls ausnahmslos aus dem Vokal der letzten Stammsilbe (Beispiele: *uç-* 'fliegen' vs. *aç-* 'öffnen' oder *çök-* 'sinken' vs. *çek-* 'ziehen'); im Zusammenspiel mit der Unterscheidung vordervokalisch / hintervokalisch steuert sie die Wahl zwischen Suffixen mit vier Varianten wie z.B. *-miş / -müş / -mış / -muş* (vgl. *çek-miş / çök-müş / aç-mış / uç-muş*);

c) *vokalisch auslautend / konsonantisch auslautend*: Diese Divergenz ist wegen dreierlei Regelungen bedeutsam: nach vokalisch auslautenden Stämmen verlieren gewisse Suffixe den anlautenden Vokal (z.B. *acık-* 'hungrig werden' mit Aorist *acık-ır* vs. *acı-* 'schmerzen' mit Aorist *acı-r* oder *dinlen-* 'sich erholen' mit Aorist *dinlen-ir* vs. *dinle-* 'zuhören' mit Aorist *dinle-r*), vor manchen wird ein *-y-* "eingeschoben" (z.B. *gel-* 'kommen' mit Futur *gel-ecek* vs. *söyle-* 'sagen' mit Futur *söyle-y-ecek*), und vor bestimmten Suffixen wird der stammauslautende Vokal selbst "getilgt" (z.B. *başla-* 'anfangen' mit Präsens *başl-ıyor* oder *söyle-* 'sagen' mit *söyl-üyor*). Auch diese Divergenz ist normalerweise am Stamm selbst ablesbar; es sind jedoch zwei Sonderfälle zu berücksichtigen, nämlich *de-mek* 'sagen' und *ye-mek* 'essen', bei denen zusätzlich zu dem einzuschiebenden *-y-* ein Vokalwechsel im Stammauslaut auftritt (z.B. Futur *di-y-ecek, yi-y-ecek*)[1];

---

[1]   Die hier wiedergegebenen Regelungen sind natürlich an der heutigen Orthographie orientiert. Die im Rahmen des Projekts zu bearbeitenden Textmaterialien werden darüber hinaus zweifellos auch andere (frühere) Regelungen repräsentieren, so daß z.B. Formen wie *söyli-yecek* oder *başla-yor* als mögliche Varianten erfaßt werden müssen.

d) *weitvokalisch / engvokalisch*: Diese beiden Kategorien betreffen die Wahl des "Bindevokals" bei der Aoristbildung; ob bei einem gegebenen Verbalstamm das Aoristsuffix "weitvokalisch" (in der Form -ar- bzw. -er-) oder "engvokalisch" (-ir- / -ür- / -ır- / -ur-) zu erscheinen hat, ist aus der Form des Stammes *nicht* vorhersagbar (vgl. z.B. *ak-* 'fließen' mit Aor. *ak-ar* vs. *al-* 'nehmen' mit *al-ır, bin-* 'einsteigen' mit Aor. *bin-er* vs. *bil-* 'kennen' mit *bil-ir, sön-* 'verlöschen' mit Aor. *sön-er* vs. *öl-* 'sterben' mit *öl-ür* oder *tut-* 'halten' mit Aor. *tut-ar* vs. *bul-* 'finden' mit *bul-ur*). Weitvokalische Aoriste kommen zwar hauptsächlich bei einsilbigen Verbalstämmen vor, sind aber nicht völlig auf diese beschränkt (vgl. z.B. *vazgeç-* 'verzichten' mit Aor. *vazgeç-er* oder *hallet-* 'lösen' mit Aor. *halled-er*); auch wenn es sich bei Fällen wie den letztgenannten ausschließlich um Kompositalstämme handelt, ist ihre Aoristbildung doch nicht ohne weiteres aus der Form des Stammes ableitbar.

e) *stimmlos / nicht stimmlos*: Diese Unterscheidung betrifft Stämme mit konsonantischem Auslaut; sie regelt zunächst die lautliche Gestalt von mit Verschlußlaut anlautenden Suffixen, deren Anlaut an den Stammauslaut assimiliert wird (Beispiele: *kaç-* 'flüchten' mit Perfekt *kaç-tı* vs. *kal-* 'bleiben' mit *kal-dı* oder *tut-* 'halten' mit Perfekt *tut-tu* vs. *dur-* 'stehenbleiben' mit *dur-du*). Diese Regelung gilt wiederum ausnahmslos und geht aus der Form des Stammes selbst hervor; unvorhersagbar ist demgegenüber eine weitere kategoriale Divergenz, die mit ihr verknüpft ist, nämlich

f) *sonorisierend / nicht sonorisierend*: Bei gewissen Stämmen, die auf stimmlosen Okklusiv endigen, wird dieser vor antretenden vokalisch anlautenden Suffixen stimmhaft (Beispiele: *et-* 'machen' mit Aor. *ed-er* oder *git-* 'gehen' mit *gid-er* vs. *öt-* 'singen' mit Aor. *öt-er*). Diese Regelung ist wiederum nicht aus der Form des Stammes ableitbar. Es wäre natürlich verlockend, die Regelung gewissermaßen umzukehren und die hierunter fallenden Beispiele als Stämme auf stimmhaften Okklusiv aufzufassen, der vor bestimmten Suffixen stimmlos wird (also z.B. *ed-* mit Infinitiv *et-mek* oder Perfekt *et-ti* bzw. *gid-* mit Infinitiv *git-mek* oder Perfekt *git-ti*). Da es jedoch auch Stämme auf stabile stimmhafte Okklusive gibt (z.B. *yed-* 'hinter sich herziehen') mit Inf. *yed-mek* oder *eğ-* 'krümmen' mit Inf. *eğ-mek*), bestünde bei einer derartigen Notierung des Stammes keine Eindeutigkeit.

g) Als ein Sonderfall für sich bleibt das Verbum *i-* 'sein' bestehen, das bekanntlich über eine eingeschränkte Formenbildung verfügt.

Aus dem Gesagten dürfte bereits deutlich geworden sein, daß auch für die an die Verbalstämme tretenden Suffixe kategoriale Unterscheidungen sinnvoll sind. Zunächst lassen sich diese nach der Anzahl der vorliegenden lautlichen Varianten rubrizieren, d.h. ob sie z.B. zwei Varianten (wie das Konditionalsuffix -sa- vs. -se-), vier Varianten (wie das Suffix -miş- / -müş- / -mış- / -muş-), sieben Varianten (wie das Aoristsuffix mit den Formen -r- / -er- / -ar- / -ir- / -ür- / -ır- /

-*ur*-) oder, als Maximum, acht Varianten kennen (wie das Perfektsuffix -*di*- / -*dü*- / -*dı*- / -*du*- / -*ti*- / -*tü*- / -*tı*- / -*tu*-). Die Anzahl der Varianten hängt aber ihrerseits wieder von der lautlichen Struktur ab, so daß für jeden Verbalstamm, der mit Hilfe der o.g. Kategorien eindeutig definiert ist, die jeweilige zu benutzende Variante eindeutig vorhersagbar ist; benötigt wird dann jeweils nur eine Normalform ("Archimorphem"). So lassen sich z.B. folgende Regelungen beobachten:

a) nach dem Merkmal *vordervokalisch* / *hintervokalisch* bei einem gegebenen Verbalstamm wechseln im Suffix die Vokale -*e*- / -*a*- bzw. -*i*- / -*ı*-;

b) nach dem zusätzlichen Merkmal *gerundet* / *ungerundet* wechseln -*i*- / -*ü*- bzw. -*ı*- / -*u*- (während -*e*- und -*a*- keinem weiteren Wechsel unterliegen);

c) nach dem Merkmal *vokalisch auslautend* / *konsonantisch auslautend* wechselt das Suffix -*r*- zwischen dieser und einer um einen Vokal erweiterten Form (-*er*-, -*ar*-, -*ir*-, -*ır*-, -*ür*-, -*ur*-), ferner erhalten Suffixe, die mit Vokal anlauten, Varianten mit einem "eingeschobenen" -*y*- (z.B. -*ecek*- / -*yecek*-);

d) nach dem Merkmal *weitvokalisch* / *engvokalisch* wechselt der Vokal des Suffixes -*r*- (Aorist) bei konsonantisch auslautenden Stämmen zwischen -*e*- / -*a*- auf der einen und -*i*- / -*ü*- / -*ı*- / -*u*- auf der anderen Seite;

e) nach dem Merkmal *stimmlos* / *nicht stimmlos* wechseln mit Verschlußlaut anlautende Suffixe zwischen stimmlos und stimmhaft (z.B. -*t*- und -*d*- beim Perfektsuffix);

f) das Merkmal *sonorisierend* / *nicht sonorisierend* beim Verbalstamm betrifft die Suffixe nicht.

Ein Computerprogramm, das sich diese Regelhaftigkeiten zunutze machen soll, benötigt also relativ wenige Zusatzinformationen, um zu einem gegebenen Verbalstamm die korrekten Formen zu erzeugen: Lediglich die nicht aus der Form des Verbalstamms selbst ableitbare Entscheidung zwischen *weitvokalischen* und *engvokalischen* Aoristbildungen muß ihm zu jedem Verbalstamm eigens mitgeteilt werden, alle anderen Differentiationen können in das Programm selbst pauschal eingebaut werden (was auch das irreguläre Verb *i*- 'sein' betrifft). Das gleiche gilt auch für die Analyse von in Texten vorgefundenen Verbalformen: um eine Form wie *acıktı* 'er bekam Hunger' richtig zu analysieren, braucht dem Programm lediglich der Verbalstamm *acık*- vorgegeben zu sein, wodurch sich die Variante -*tı*- des in der Normalform z.B. als -*di*-ansetzbaren Perfektsuffixes automatisch ergibt, da sich der Verbalstamm selbst als *hintervokalisch, ungerundet, konsonantisch, stimmlos* offenbart.

Das bisher zum Verbum gesagte gilt natürlich nur für die Bildung von temporalen und modalen Kategorien. Als kaum vorhersagbar dürften hingegen die Möglichkeiten der Kausativ- oder Passivbildung gelten; hier fehlen nicht nur eindeutige formale Kriterien, sondern es ist vielfach auch rein semantisch begründet, ob eine solche abgeleitete Bildung überhaupt existiert oder existieren kann. Deshalb ist es ratsam, solche abgeleiteten Bildungen zunächst als eigene Verben zu fassen; als Pauschalregel mag dabei gelten, daß alles als eigenes Verb behandelt werden kann, was einen eigenen Infinitiv hat.

Ganz ähnliche, aber nicht völlig identische Regelungen sind auch bei Nominalstämmen zu berücksichtigen. Zunächst gibt es auch hier wieder eine Unterscheidung

a) *vordervokalisch / hintervokalisch*: Auch hier gilt prinzipiell die Regel, wonach der Vokal der letzten Stammsilbe die Vokalqualität der Suffixe bestimmt (vgl. z.B. *bay* 'Herr' mit Dat. *bay-a* vs. *bey* 'Herr' mit Dat. *bey-e*); allerdings gibt es hier Ausnahmen (z.B. *saat* 'Stunde' mit Dat. *saat-e*), die in keiner Weise aufgrund ihrer formalen Struktur vorhersagbar sind. Ob ein Nominalstamm vorder- oder hintervokalisch ist, muß also zusätzlich angegeben werden. - Ebenso wie bei den Verben gibt es weiter die Dichotomie

b) *gerundet / ungerundet*: Diese ist im Gegensatz zur obigen Unterscheidung eindeutig am Vokal der letzten Stammsilbe ablesbar (vgl. z.B. *bey* 'Herr' mit Akk. *bey-i* vs. *köy* 'Dorf' mit *köy-ü* oder *bay* 'Herr' mit Akk. *bay-ı* vs. *boy* 'Größe' mit *boy-u*). - Von grundlegender Bedeutung ist dann die Unterscheidung

c) *konsonantisch / vokalisch*: Sie hat entscheidenden Einfluß auf die Form sowohl mit Vokal anlautender als auch mit Konsonant anlautender Suffixe, wobei jeweils mehrere Unterkategorien zu beachten sind. Für konsonantisch auslautende Nominalstämme sind dies die Differentiationen

ca) *stimmlos / stimmhaft*: Sie regelt, wie bei Verbalstämmen, den Anlaut von Suffixen wie der Lokativ- oder Ablativendung, deren -d- an einen auslautenden stimmlosen Konsonanten assimiliert wird (vgl. z.B. *ay* 'Mond, Monat' mit Lok. *ay-da* vs. *kitap* 'Buch' mit *kitap-ta* oder *ev* 'Haus' mit Lok. *ev-de* vs. *sepet* 'Korb' mit *sepet-te*). Bei okklusivem Stammauslaut ist zusätzlich ebenso wie beim Verbum die folgende Unterscheidung zu beachten:

cb) *sonorisierend / nicht sonorisierend*: Ob ein Stamm auf Verschlußlaut diesen vor vokalisch anlautenden Suffixen stimmhaft werden läßt (vgl. z.B. *ceket* 'Jacke' mit Akk. *ceket-i* vs. *çeşit* 'Sorte' mit *çeşid-i* oder *köpek* 'Hund' mit Akk. *köpeğ-i* vs. *yük* 'Last' mit *yük-ü*), läßt sich nicht vorhersagen, wenn man als Stamm die jeweilige Nominativform nimmt. Wie beim Verbum ist es ausgeschlossen, als Stamm jeweils die sonorisierte Variante (also *çeşid-, köpeğ-*) anzugeben, da Stämme auf stabile stimmhafte Okklusive existieren (z.B. *ad* 'Name', *dağ* 'Berg', *rab* 'Herr'). - Weitere Sonderfälle entstehen durch die Dichotomie

cc) *geminiert / nicht geminiert*: Daß bei bestimmten Nominalstämmen, die auf einfachen Konsonanten endigen, dieser vor mit Vokal anlautenden Suffixen geminiert wird (vgl. z.B. *hat* 'Linie' mit Akk. *hatt-ı* vs. *at* 'Pferd' mit *at-ı* oder *hak* mit Akk. *hakk-ı* vs. *ok* 'Pfeil' mit *ok-u*, mit zusätzlicher Sonorisierung z.B. *zıt* 'Gegensatz' mit Akk. *zıdd-ı*), ist wiederum aus der Nominativform nicht ableitbar. Auch hier wäre es denkbar, den Stamm stattdessen in der Form zu notieren, wie er vor der Akkusativendung erscheint (also *hatt, at, hakk, ok, zıdd*). - Ähnliches gilt letztlich für die Dichotomie

cd) *synkopierend / nicht synkopierend*: Vom Nominativ ausgehend ist nicht vorhersagbar, ob ein Wort den Vokal der letzten Silbe vor dem Antritt vokalisch anlautender Suffixe synkopiert oder nicht (vgl. *gümüş* 'Silber' mit Akk. *gümüş-ü* vs. *göğüs* 'Brust' mit *göğs-ü*). Denkbar wäre hier, den Stamm in der Form zu verzeichnen, die er im Akkusativ annimmt (also *gümüş-*, aber *göğs-*); da der der Synkope unterliegende Vokal den Regeln der Vokalharmonie unterliegt (also den oben aufgestellten Kategorien vordervokalisch / hintervokalisch und gerundet / ungerundet), wäre er in jedem Fall vorhersagbar (also *göğs- > göğüs* 'Brust', *ağz- > ağız* 'Mund', *oğl- > oğul* 'Sohn', *şehr- > şehir* 'Stadt')[2]. Die nötige Eindeutigkeit ergibt sich weiter daraus, daß die bei der Synkope entstehenden Konsonantengruppen nicht in den Wortauslaut treten können (im Gegensatz zu "echten" Konsonantengruppen wie *-nk* in *renk* 'Farbe' oder *-rç* in *borç* 'Schuld').

Für *vokalisch* auslautende Nominalstämme gelten die folgenden Kategorialisierungen:

ce) als *normal* können solche Stämme auf Vokal gelten, bei denen, formalistisch gesprochen, vor den vokalisch anlautenden Endungen des Dativs und Akkusativs ein *-y-*, vor der Genetivendung ein *-n-* und vor der Possessivendung der 3. Person Singular ein *-s-* "eingeschoben" wird (vgl. z.B. *oda* 'Stube' mit Akk. *oda-yı* oder *gezi* 'Ausflug' mit Akk. *gezi-yi*). Dem stehen jedoch folgende Sonderfälle gegenüber:

cf) Stämme, bei denen kein Konsonanteneinschub erfolgt (z.B. *cami* 'Moschee' mit Akk. *cami-i* [neben *cami-yi*]); da es sich hierbei ursprünglich um Stämme auf arabisches ʿAyn handelt, könnten diese als *aynhaltig* bezeichnet werden. Sie sind aufgrund der Nominativform ebensowenig vorhersagbar wie

cg) Stämme, bei denen der stammauslautende Vokal vor vokalisch anlautenden Suffixen synkopiert (und durch einen Apostroph ersetzt) wird (z.B. *nevi* 'Art, Spezies' mit Akk. *nev'i*); auch hier liegt ein arabisches ʿAyn zugrunde, und man könnte zur Unterscheidung vom vorherigen Typ von *apostrophierend* sprechen. Historisch handelt es sich natürlich um eine Synkope wie bei den Stämmen unter cd), so daß man auch hier die Variante *nev'-* als Stamm einsetzen könnte; dies würde die Regel erfordern, daß der Apostroph (also das ursprüngliche ʿAyn) bei der Bildung des Nominativs, Lokativs usw. (*nevi, nevi-de*) durch ein *i* ersetzt werden muß (eine solche Regel muß natürlich eine Abgrenzung von Eigennamen des Typs *Ankara* mit Lok. *Ankara'da* gewährleisten). Einen weiteren Sonderfall unter vokalisch auslautenden Stämmen bilden

---

[2] Das gilt auch für Fälle wie *vakt- > vakit* 'Zeit', da solche Wörter ohnehin als vordervokalisch gekennzeichnet werden müssen (vgl. Akk. *vakt-i*).

ch) Stämme auf Vokal, an die die Akkusativendung in "possessivischer" Form, d.h. mit "eingeschobenem" -*n*- antritt (z.B. *demiryolu* 'Eisenbahn' mit Akk. *demiryolu-nu*). Hierbei handelt es sich meist um univerbierte Possessivausdrücke, so daß man sie als *possessivisch* bezeichnen kann (daneben allerdings auch Pronomina wie *bu* 'dieser' mit Akk. *bu-nu*). Zu beachten ist, daß sie wiederum an der Form des Nominativs nicht erkennbar sind (vgl. z.B. *basımevi* 'Druckerei' mit Akk. *basımevi-ni* vs. *gezi* 'Ausflug' mit Akk. *gezi-yi* oder *nevi* 'Art' mit Akk. *nev'-i*). Dasselbe gilt letztlich für das unregelmäßige Wort

ci) *su* 'Wasser' und seine Komposita (z.B. *akarsu* 'fließendes Wasser'), bei denen vor den Possessivendungen und der Genetivendung ein -*y*- eingeschoben wird (vgl. *su-yun* Gen. 'des Wassers' mit *şu-nun* Gen. 'dessen').

Wie beim Verbum, so fallen auch beim Nomen Kategorialisierungen der Suffixe an, die mit den hier aufgelisteten Regelungen korrelieren. Zunächst unterscheiden sie sich ebenfalls aufgrund der Anzahl der Varianten, die sie bilden; die Bandbreite erstreckt sich von zwei Varianten (z.B. beim Pluralsuffix -*lar*- / -*ler*-) über vier (z.B. bei der Lokativendung -*da* / -*de* / -*ta* / -*te*), sechs (bei der Dativendung -*a* / -*e* / -*ya* / -*ye* / -*na* / -*ne*), zwölf (bei der Akkusativendung -*ı* / -*u* / -*i* / -*ü* / -*yı* / -*yu* / -*yi* / -*yü* / -*nı* / -*nu* / -*ni* / -*nü*) bis zu dreizehn (beim Possessivsuffix der 3. Person Singular: -*ı* / -*u* / -*i* / -*ü* / -*sı* / -*su* / -*si* / -*sü* / -*nı* / -*nu* / -*ni* / -*nü* / -*yu*). Wie beim Verbum hängt die Wahl der jeweiligen Variante aber ihrerseits wieder von der lautlichen Struktur des vorausgehenden Stammes ab, so daß sie immer eindeutig vorhersagbar ist; benötigt wird auch hier nur ein "Archimorphem". Man vergleiche z.B. die folgenden Regelungen:

a) nach dem Merkmal *vordervokalisch* / *hintervokalisch* bei einem gegebenen Verbalstamm wechseln im Suffix die Vokale -*e*- / -*a*- bzw. -*i*- / -*ı*-;

b) nach dem zusätzlichen Merkmal *gerundet* / *ungerundet* wechseln -*i*- / -*ü*- bzw. -*ı*- / -*u*- (während -*e*- und -*a*- keinem Wechsel unterliegen);

c) nach dem Merkmal *konsonantisch auslautend* / *vokalisch auslautend* besteht z.B. die Akkusativendung entweder aus einfachem Vokal oder ist um einen Konsonanten erweitert (-*i*, -*ı*, -*ü*, -*u* / -*yi*, -*yı*, -*yü*, -*yu*, -*ni* usw.);

d) aufgrund des Merkmals *aynhaltig* bei *vokalisch* auslautenden Stämmen fällt der "eingeschobene" Konsonant z.B. vor der Akkusativendung wieder aus (-*si* > -*i*);

e) nach dem Merkmal *stimmlos* / *nicht stimmlos* (bzw. *okklusiv* / *nicht okklusiv*) bei *konsonantischen* Stämmen wechseln mit Verschlußlaut anlautende Suffixe zwischen stimmlos und stimmhaft (z.B. -*t*- und -*d*- bei der Ablativendung) usw.

Das avisierte Computerprogramm benötigt im Bereich des Nomens also einige Zusatzinformationen mehr als beim Verbum, wenn es zu jedem gegebenen Stamm die korrekten Formen erzeugen bzw. analysieren können soll: Schon die Differenzierung zwischen *vordervokalisch* und *hintervokalisch* ist aufgrund der Stammform nicht mehr eindeutig möglich; bei *konsonantischem* Stammauslaut sind weiter *sonorisierende, geminierende* und *synkopierende* Stämme zu kennzeichnen, und bei *vokalischen* Stämmen *aynhaltige, apostrophierende, possessivische* sowie der Sonderfall *su.*

Bisher wurde nur über Verben und Nomina gesprochen. Natürlich gibt es daneben aber auch noch andere Wortarten, die eine eigene Behandlung erfordern. Dabei ist zu beachten, das sie sich äußerlich, etwa aufgrund der Lexikonform, in keiner Weise von Nominalstämmen zu unterscheiden brauchen; man vergleiche z.B. die Partikel *acaba* 'etwa' mit *araba* 'Wagen' oder das Adverb *ait* 'zu .. gehörig' mit *bit* 'Laus'. Für das avisierte Computerprogramm können diese Unterscheidungen nun in verschiedener Weise verarbeitet werden. Zum einen wäre es denkbar, die verschiedenen Wortarten als solche zu kodieren und dann im Programm selbst die Regelungen zu verankern, in welcher Weise sie jeweils abgewandelt werden können; dies würde z.B. implizieren, daß eine Information vorgegeben sein müßte, wonach von einem Adverb wie *ait* Prädikatsformen der 3. Person Singular (*ait-tir* 'es ist zugehörig') sinnvoll bildbar sind, kaum jedoch von einer Fragepartikel (z.B. [†]*acaba-dır*)[3].

Nun gibt es allerdings auch bei den verschiedenen Nominalbildungen durchaus systematische Beschränkungen in der Formenbildung, die zu berücksichtigen sind. So bilden z.B. die Pronomina *bazı, biri* und *kimi* keine Possessivformen der beiden ersten Personen Singular; der Stamm *üzer-* tritt zwar in Formen wie *üzer-ine, üzer-inde* auf, nicht jedoch allein (quasi als Nominativ) usw.

Noch problematischer wird die Frage der bildbaren Formen, wenn man semantische Aspekte berücksichtigt. So ist z.B. fraglich, ob ein Wort wie *millet* 'Nation' sinnvoll Prädikatsformen der beiden ersten Personen Singular bilden kann (**millet-im* 'ich bin die/eine Nation'?) oder ob es einen Kontext gibt, wo eine Form **çocuğ-umuz-um* 'ich bin unser Kind' ihren Platz hätte.

Diese Fragen sind für das angestrebte Computerprogramm sowohl dort relevant, wo es darum geht, einen Vorrat von korrekten türkischen Wortformen zu *erzeugen*, als auch im Hinblick auf die *Analyse* gegebener Textmaterialien, da diese Analyse ja auch auf eine Korrektur eventueller Lesefehler abzielen soll und somit helfen soll, hinter einem eventuell als *acabadır* gelesenen Wort das wahrscheinlichere *arabadır* zu vermuten. Deshalb erscheint es zweckmäßig, die Formenbildung zunächst überhaupt restriktiv zu handhaben, d.h. Formen, die aus systematischen oder semantischen Gründen zweifelhaft sind, zunächst einmal nicht durch das Programm generieren zu lassen. Auf eine Unterscheidung etwa zwischen

---

[3] Von metasprachlichen Verwendungen wie *acaba-dır* 'es ist, sc. das Wort, *acaba*', auf die mich M. Erdal anläßlich meines Vortrags hinwies, kann dabei zunächst abgesehen werden.

Nomina, Pronomina, Adverbien etc. kann dabei sogar verzichtet werden, da diese aus den nötigen Zusatzangaben über bildbare Formen ohnehin hervorgeht; statt- dessen brauchen nur noch Verben und Nicht-Verben einander gegenübergestellt zu werden.

Im Zusammenhang mit den Kategorialisierungen der Wortstämme ist bereits die Frage angeklungen, wie die Daten für das Computerprogramm am günstigsten aufbereitet werden können, d.h., welche Codierung zu wählen ist. Das übergeord- nete Prinzip dürfte dabei in einer möglichst platzsparenden Notation bestehen; denn es ist ja beabsichtigt, das Programm für Benutzer normaler PCs mit ihrem begrenzten Arbeitsspeicher verfügbar zu machen. Dabei ist zu bedenken, daß allein für finite Verbalformen im Türkischen rund 500 Endungsprototypen existieren, für Nominalformen sogar rund 1500, wenn man alle denkbaren Kombinationen von Possessivsuffixen, Kasusendungen und Prädikatsformen berücksichtigt (vgl. die Ausschnitte in den Tafeln I und II).

Es versteht sich von selbst, daß es sinnlos wäre, das Programm einfach mit einer (vielleicht alphabetisch sortierten) Liste aller auf diese Weise bildbaren Wortformen operieren zu lassen[4], zumal der Vorrat ja beliebig erweiterbar sein soll (um Wörter bzw. Formen, die nicht zum Grundwortschatz gehören, sondern erst in den zu analysierenden Texten auftreten). Stattdessen sollen Stämme und Suffixe getrennt verwaltet werden, wobei es darauf ankommt, die den oben ausgeführten grammatischen Regelungen entsprechenden Kategorialisierungen ebenfalls möglichst platzsparend zu codieren.

---

[4]   Diesbezügliche Überlegungen (allerdings im Hinblick auf maschinelle Übersetzung) bereits bei Vietze – Zenker – Warnke: *Rückläufiges Wörterbuch der türkischen Sprache*. Leipzig, 1975, 6.

Nominale Formenbildung (Ausschnitt)

kadınımız	kadınımızın	kadınımıza	kadınımızda	kadınımızdan
? kadınımızım	? kadınımızının	? kadınımızayım	kadınımızdayım	kadınımızdanım
kadınımızsın	? kadınımızınsın	? kadınımızasın	kadınımızdasın	kadınımızdansın
kadınımızdır	kadınımızındır	kadınımızadır	kadınımızdadır	kadınımızdandır
? kadınımızız	? kadınımızınız	? kadınımızayız	kadınımızdayız	kadınımızdanız
kadınımızsınız	? kadınımızınsınız	? kadınımızasınız	kadınımızdasınız	kadınımızdansınız
? kadınımızdırlar	kadınımızındırlar	kadınımızadırlar	kadınımızdadırlar	kadınımızdandırlar
? kadınımızdım	? kadınımızındım	? kadınımızaydım	kadınımızdaydım	kadınımızdandım
kadınımızdın	? kadınımızındın	? kadınımızaydın	kadınımızdaydın	kadınımızdandın
kadınımızdı	kadınımızındı	kadınımızaydı	kadınımızdaydı	kadınımızdandı
? kadınımızdık	? kadınımızındık	? kadınımızaydık	kadınımızdaydık	kadınımızdandık
kadınımızdınız	? kadınımızındınız	? kadınımızaydınız	kadınımızdaydınız	kadınımızdandınız
? kadınımızdılar	kadınımızındılar	kadınımızaydılar	kadınımızdaydılar	kadınımızdandılar
? kadınımızmışım	? kadınımızınmışım	? kadınımızaymışım	kadınımızdaymışım	kadınımızdanmışım
kadınımızmışsın	? kadınımızınmışsın	? kadınımızaymışsın	kadınımızdaymışsın	kadınımızdanmışsın
kadınımızmış	kadınımızınmış	kadınımızaymış	kadınımızdaymış	kadınımızdanmış
? kadınımızmışız	? kadınımızınmışız	? kadınımızaymışız	kadınımızdaymışız	kadınımızdanmışız
kadınımızmışsınız	? kadınımızınmışsınız	? kadınımızaymışsınız	kadınımızdaymışsınız	kadınımızdanmışsınız
? kadınımızmışlar	kadınımızınmışlar	kadınımızaymışlar	kadınımızdaymışlar	kadınımızdanmışlar
? kadınımızsam	? kadınımızınsam	? kadınımızaysam	kadınımızdaysam	kadınımızdansam
kadınımızsan	? kadınımızınsan	? kadınımızaysan	kadınımızdaysan	kadınımızdansan
kadınımızsa	kadınımızınsa	kadınımızaysa	kadınımızdaysa	kadınımızdansa
? kadınımızsak	? kadınımızınsak	? kadınımızaysak	kadınımızdaysak	kadınımızdansak
kadınımızsanız	? kadınımızınsanız	? kadınımızaysanız	kadınımızdaysanız	kadınımızdansanız
kadınımızsalar	kadınımızınsalar	kadınımızaysalar	kadınımızdaysalar	kadınımızdansalar

Tafel I   (?: fragwürdige Formen)

Was zunächst die Codierung der Stämme betrifft, so ist es sinnvoll, die Zusatz-angaben in computergerechter Weise in kleinstmögliche Informationseinheiten, sog. Bits, zu "verpacken". Dabei lassen sich die wichtigsten der nach dem bisher gesagten nötigen Informationen durchaus in einem einzigen Zeichen mit acht Bits (d.h. einem Byte) pro Stamm unterbringen. Wenn man davon ausgeht, daß sich in jedem Bit eine Entscheidung zwischen den zwei Zuständen "ja" und "nein" niederschlägt, so läßt sich das z.B. in Form eines Baumdiagramms darstellen, wo jeder Knoten ein Bit und seine Abzweigungen nach links bzw. rechts den positiven bzw. negativen Zustand darstellen (s. Abb. 1). Dabei fällt auf, daß die vorgege-nen acht Entscheidungen bei verbalen Stämme nur z.T. genutzt sind, bei nominalen Stämmen hingegen noch weitere Unterscheidungen wünschenswert wären.

Verbale Formenbildung (Ausschnitt)

acıkın	acıkıyormuşsun	acıkıyoruzdur	acıktılardı	acıkırlarsaymış
acıkınız	acıkıyormuş	acıkıyorsunuzdur	acıktıysam	acıksana
acıksın	acıkıyormuşuz	acıkıyorlardır	acıktımsa	acıksanıza
acıksınlar	acıkıyormuşsunuz	acıkmıyorumdur	acıktıysan	acıkma
acıkıyorum	acıkıyorlarmış	acıkmıyorsundur	acıktınsa	acıkmayın
acıkıyorsun	acıkıyormuşlar	acıkmıyordur	acıktıysa	acıkmayınız
acıkıyor	acıkmıyormuşum	acıkmıyoruzdur	acıktıysak	acıkmasana
acıkıyoruz	acıkmıyormuşsun	acıkmıyorsunuzdur	acıktıksa	acıkmasanıza
acıkıyorsunuz	acıkmıyormuş	acıkmıyorlardır	acıktıysanız	acıkmasın
acıkıyorlar	acıkmıyormuşuz	acıkmışımdır	acıktınızsa	acıkmasınlar
acıkmıyorum	acıkmıyormuşsunuz	acıkmışsındır	acıktılarsa	acıkmadım
acıkmıyorsun	acıkmıyorlarmış	acıkmıştır	acıktıysalar	acıkmadın
acıkmıyor	acıkmıyormuşlar	acıkmışızdır	acıkırım	acıkmadı
acıkmıyoruz	acıkmışmışım	acıkmışsınızdır	acıkırsın	acıkmadık
acıkmıyorsunuz	acıkmışmışsın	acıkmışlardır	acıkır	acıkmadınız
acıkmıyorlar	acıkmışmış	acıkmıştırlar	acıkırız	acıkmadılar
acıkmışım	acıkmışmışız	acıkıyormuşumdur	acıkırsınız	acıkmamışım
acıkmışsın	acıkmışmışsınız	acıkıyormuşsundur	acıkırlar	acıkmamışsın
acıkmış	acıkmışmışlar	acıkıyormuştur	acıkırdım	acıkmamış
acıkmışız	acıkmışlarmış	acıkıyormuşuzdur	acıkırdın	acıkmamışız
acıkmışsınız	acıkmışsam	acıkıyormuşsunuzdur	acıkırdı	acıkmamışsınız
acıkmışlar	acıkmışsan	acıkıyorlarmıştır	acıkırdık	acıkmamışlar
acıkıyordum	acıkmışsa	acıkıyormuşlardır	acıkırdınız	acıkacağım
acıkıyordun	acıkmışsak	acıkmıyormuşumdur	acıkırlardı	acıkacaksın
acıkıyordu	acıkmışsanız	acıkmıyormuşsundur	acıkırdılar	acıkacak
acıkıyorduk	acıkmışlarsa	acıkmıyormuştur	acıkırmışım	acıkacağız
acıkıyordunuz	acıkıyorsam	acıkmıyormuşuzdur	acıkırmışsın	acıkacaksınız
acıkıyorlardı	acıkıyorsan	acıkmıyormuşsunuzdur	acıkırmış	acıkacaklar
acıkmıyordum	acıkıyorsa	acıkmıyorlarmıştır	acıkırmışız	acıkmayacağım
acıkmıyordun	acıkıyorsak	acıkmıyormuşlardır	acıkırmışsınız	acıkmayacaksın
acıkmıyordu	acıkıyorlarsa	acıktım	acıkırlarmış	acıkmayacak
acıkmıyorduk	acıkıyorsalar	acıktın	acıkırsam	acıkmayacağız
acıkmıyordunuz	acıkmıyorsam	acıktı	acıkırsan	acıkmayacaksınız
acıkmıyorlardı	acıkmıyorsan	acıktık	acıkırsa	acıkmayacaklar
acıkmıştım	acıkmıyorsa	acıktınız	acıkırsak	acıkmam
acıkmıştın	acıkmıyorsak	acıktılar	acıkırsanız	acıkmazsın
acıkmıştı	acıkmıyorsanız	acıktımdı	acıkırlarsa	acıkmaz
acıkmıştık	acıkmıyorlarsa	acıktındı	acıkırsammış	acıkmayız
acıkmıştınız	acıkmıyorsalar	acıktıydı	acıkırsanmış	acıkmazsınız
acıkmışlardı	acıkıyorumdur	acıktıktı	acıkırsaymış	acıkmazlar
acıkmıştılar	acıkıyorsundur	acıktınızdı	acıkırsakmış	
acıkıyormuşum	acıkıyordur	acıktıydılar	acıkırsanızmış	usw.

Tafel II

Deshalb kann zunächst daran gedacht werden, bei den Verben noch zusätzliche Informationen unterzubringen, die z.B. die wortbildungsmäßige Stellung eines Verbalstamms betreffen; so könnten Markierungen für Kausativa, Passiva, reziproke Bildungen u.ä. vorgesehen werden, die im Hinblick auf die durch das Programm zu leistenden Auswertungen bedeutsam werden können. Denkbar ist darüber hinaus, generell noch ein zweites Informationsbyte (also weitere acht Bits = Einzelinformationen) vorzusehen; dieses könnte bei den nicht verbalen Stämmen die fehlenden Subkategorialisierungen sowie evtl. Wortbildungsinformationen aufnehmen, bei Verben zusätzliche Angaben zur Rektion, die v.a. im Hinblick auf idiomatische Wendungen interessant sein dürften. An der günstigsten und zugleich aussagekräftigsten Codierung wird derzeit noch gearbeitet.

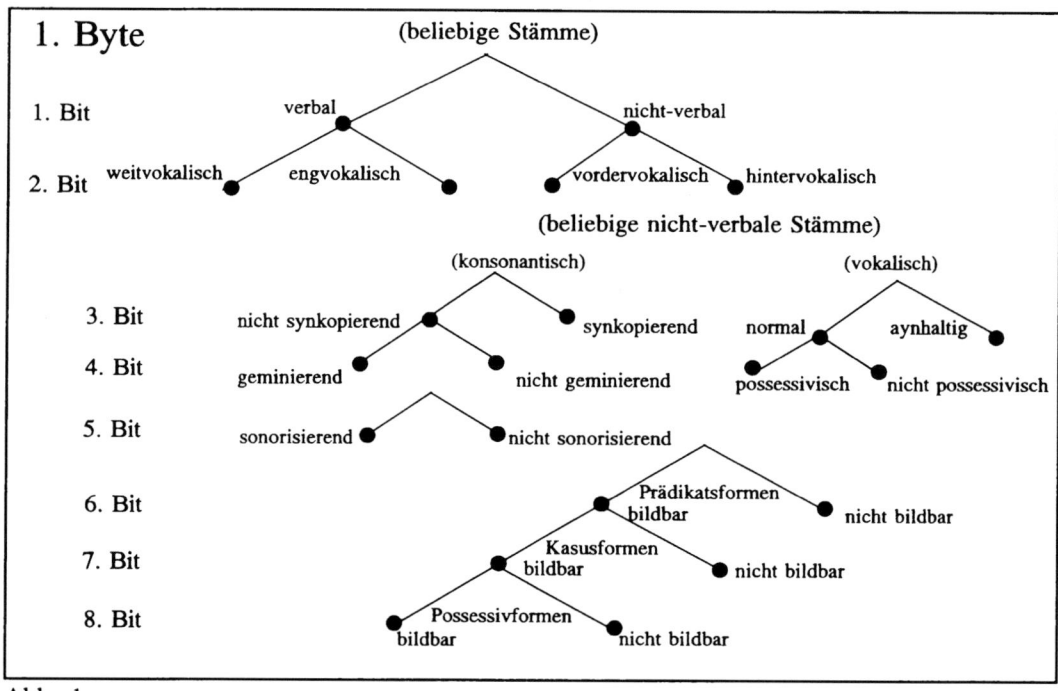

Abb. 1

Bei der Codierung der Suffixverbände sind zwei prinzipiell unterschiedliche Verfahren denkbar, ein analytisches und ein synthetisches.
Das analytische Verfahren würde darin bestehen, daß jedes Suffixelement für sich gespeichert würde (wiederum als "Archimorphem", d.h. in einer "unmarkierten" Form) und das Programm die Regeln über die Variations- und Kombinations-

möglichkeiten enthalten würde; ein solches Verfahren kann für das Nomen etwa durch folgende Aufstellung verdeutlicht werden:

	im		*dim*
	in	*in*	*din*
ler	*i*	*e*	*di*
	imiz	*i*	*dik*
	iniz	*de*	*diniz*
	leri	*den*	*dilar*

Eine derartige Codierung hätte den Vorteil, daß die Gesamtmenge der zu berücksichtigenden Suffixe gut überschaubar bliebe; außerdem würde das Programm so als Nebeneffekt auch statistische Auswertungen im Hinblick auf die einzelnen Morpheme gestatten[5]. Dem stünden jedoch dreierlei Nachteile gegenüber: Zum einen sind die lautlichen Vorgänge bei der Kombinatorik komplex; so wären innerhalb der Kombinationen wieder ganz ähnliche Kategorialisierungen anzuwenden wie an der Grenze zwischen Stamm und Suffix (man vgl. z.B. die Variation beim Perfektsuffix in den Verbänden *-iyor-dum, -mış-tım* und *-se-ydim*). Zum zweiten unterliegen die Kombinationsmöglichkeiten nicht immer systematischen Regelungen hinsichtlich ihrer Anordnung: so gibt es z.B. die Kombination *-imiz-den-dir* (Possessivsuffix – Ablativendung – Prädikatsendung 3. Ps. Sg.), aber nicht [†]*-den-dir-imiz*, [†]*-dir-den-imiz* usw., es gibt *-mış-tir* (Inferentialsuffix – Prädikatsendung 3. Ps. Sg.), aber nicht [†]*-dir-miş*, eine Verdoppelung von *-ler-* (Pluralsuffix) ist ausgeschlossen (also *-ler-i* statt [†]*-ler-leri*, nominales Pluralsuffix – Possessivsuffix 3. Ps. Pl.) usw. Zum dritten sind gewisse Kombinationen, wie oben bereits angedeutet, aus semantischen Gründen fragwürdig oder ausgeschlossen; so ist z.B. *-im-dir* geläufig (Possessivsuffix 1. Ps. Sg. – Prädikatsendung 3. Ps. Sg.), während *-im-iz* kaum auftreten dürfte (Possessivsuffix 1. Ps. Sg. – Prädikatsendung 1. Ps. Pl.; das entsprechende gilt auch für die 2. Person), und die Kombination einer Prädikatsendung mit der Lokativendung kann als normal gelten (z.B. *-de-yim*), während die Kombination mit der Akkusativendung ausgeschlossen erscheint ([†]*-i-yim*). Diese Beschränkungen in das Programm selbst einzubauen, bedeutet nicht nur einen relativ hohen Programmieraufwand, sondern wird sich in jedem Fall auch auf die bei jeder Einzelanalyse anfallende Rechenzeit auswirken.

Bei einer "synthetischen" Codierung würde demgegenüber jeder vorkommende Suffixverband als ganzer gespeichert, wobei es wiederum genügen würde, je-

---

[5] Vgl. die diesbezüglichen Untersuchungen von J. E. Pierce in *Anthropological Linguistics* 3, 1961, 31 – 42 und 4, 1962, 30 – 41.

weils eine Variante als "Archimorphem" zu verwenden. Für das Verbalsystem käme so z.B. eine Liste wie die in Tafel III wiedergegebene zustande.

Auch dieses Verfahren hätte einen Nachteil, nämlich daß die Gesamtmenge der zu verwaltenden Suffixverbände außerordentlich groß ist; es handelt sich, wie gesagt, um ca. 500 Prototypen für Verbalendungen und ca. 1500 für Nomina (inkl. Prädikatsformen). Dieser Nachteil würde jedoch dadurch aufgewogen, daß die Regeln für die interne Kombinatorik, nachdem die Liste einmal erzeugt ist, weitgehend ignoriert werden können und die Regeln für die externe Kombinatorik, d.h. die Anbindung an gegebene Wortstämme, aufgrund der für diese vorzugebenden Kategorialisierungen relativ leicht zu fassen sind. Insgesamt scheint das "synthetische" Verfahren daher den Vorzug zu verdienen.

iyorum	iyordum	iyormuşum	mişim	mişmişim
iyorsun	iyordun	iyormuşsun	mişsin	mişmişsin
iyor	iyordu	iyormuş	miş	mişmiş
iyoruz	iyorduk	iyormuşuz	mişiz	mişmişiz
iyorsunuz	iyordunuz	iyormuşsunuz	mişsiniz	mişmişsiniz
iyorlar	iyorlardı	iyorlarmış	mişler	mişmişler
miyorum	iyordum	iyormuşlar	miştim	mişlermiş
miyorsun	miyordun	miyormuşum	miştin	mişsem
miyor	miyordu	miyormuşsun	mişti	mişsen
miyoruz	miyorduk	miyormuş	miştik	mişse
miyorsunuz	miyordunuz	miyormuşuz	miştiniz	mişsek
miyorlar	miyorlardı	miyormuşsunuz	mişlerdi	mişseniz
		miyorlarmış	miştiler	mişlerse
		miyormuşlar		usw.

Tafel III

Um die Informationsmenge, die mit Hilfe des Analyseprogramms gewonnen werden kann, von vorneherein möglichst groß zu halten, ist es erforderlich, auch bei der Wahl des "synthetischen" Verfahrens jeden einzelnen Suffixverband mit zusätzlichen Angaben zu versehen, durch die seine grammatische Funktion erkennbar wird. Eine solche zusätzliche Codierung kann zugleich die Lemmatisierung der aus den zu untersuchenden Texten gewonnenen Wortindizes erleichtern, indem sie eine automatische Reihung der Wortformen (z.B. *kadın, kadının, kadını, kadına, kadında, kadından*, d.h. Nominativ, Genetiv, Akkusativ, Dativ, Lokativ, Ablativ bei den Kasusformen) zu erzielen gestattet, die von der "computergerechten" rein alphabetischen Anordnung (vgl. z.B. *kadın, kadına, kadında, kadından, kadını, kadının*) abweicht. Auch an dieser Codierung wird derzeit noch gearbeitet.

Eugene Helimski

SAMOYEDIC LOANS IN TURKIC: CHECK-LIST OF ETYMOLOGIES

1. [SAMOYEDIC > TURKIC – RELIABLE]

PTu *kaδï 'pine-tree': Tofa, Tuva xadï, Lower Iyus Turkic xajï (Rassadin 185), Khakas (qara)γazï (Koibal, after R II 151), (xara)xazï (Kacha, after RusKhakasSl 814), Chuvash xïr, xïrӑ. See also Räsänen VEWT 218, where Turkmen kajŋ 'pine-tree' is mentioned as being contaminated by Turkic kajïŋ 'birch'. Contrary to Egorov ESChYa 314, Yakut xarïja 'fir' does not belong here (it is connected with such names of conifers as Chagatay, Kazakh karaγaj – Räsänen UAW 26, VEWT 235).

PSam *kaətiə (probably pronounced as *[kādî]) 'spruce': Nenets xaδï, Enets kaδio (Tundra), kaδie (Forest), Selkup qādé (Narym – CL 39), qeače (Upper Ob – Ibid.). This word is derived from PSam *kaət 'spruce' (Janhunen SW 61), which is related to Fi kuusi, Vogul *kӑwt, Ostyak *kӑл, etc. and goes back to PUr form, reconstructed as *kowsə (Collinder FUV 30, CompGr 407), *kaxsï (Janhunen JSFOu 77: 240; Sammallahti UL 538), *kuse ~ *kose (Rédei UEW 222).

The Uralic name of spruce could also be the source of Mong xusi 'Siberian cedar' and Tung *xasi(kta) 'fir / spruce' (cf. also Buryat xasūri 'spruce'), see Sauvageot Rech. 96 – 97; Räsänen UAW 26; TMS I 56; Rédei UEW 222. As distinct from *kaδï, these forms do not exhibit any traces of (late) PSam phonetic developments (*-s- is preserved). See Róna-Tas ChuvSt 160 – 161, UL 745; Terentyev SFU XXV: 275 – 276 (with references). The borrowing of conifer names from Uralic into Altaic seems to be connected with the natural process of conifers' spreading from Western Siberia eastwards (attested in the data of petrified pollen analysis). However, the historical and geographical background of this particular borrowing could consist in the penetration of Turkic tribes, originally located perhaps in Western Mongolia, to the North, into the taiga areas already settled by the Proto-Samoyeds, see Helimski Dial. 9, SLRPS 88.

2. [SAMOYEDIC > TURKIC – RELIABLE]

PTu *kīl´ 'sable' > Common Turkic *kīš > Old Uighur, Middle Turkic, Chagatay, Tuva kiš, Yakut kīs, Kazakh, Khakas kis, Tatar kəš (Räsänen VEWT 272; Clauson 752).

PSam *ki 'sable' (Janhunen SW 69; Helimski JSFOu 81: 67): Enets (derivative) síni (Tundra, 18th cent.), Selkup šī (Narym – CL 91), Mator ki. Kamas šili

(C), Koibal Kamas *ssillae* (Pallas), *cыле* (Spasskij) can reflect PSam **kilV* or **kil'V*.

Räsänen MSFOu 98: 129, VEWT 479 and (following him) the present author (Helimski Dial. 11, SLRPS 91) and V. A. Terentyev (SFU XXV: 277) treat this PSam zoonym as related to the following FU words: LappN *gad'fe* (**kāδvē*) 'mustela erminea feminina', Vogul **kāl'* 'female', Ostyak **kɔ̌jəɣ* 'female (esp. of sable, fox)', Hu *hölgy* '(Old Hu) ermine, (Modern Hu) lady'. Their source was re-constructed as PFU **käδ'wä* (Collinder CompGr 411), which does not account for Hu *h-* (usually **k-* before back vowels) or as **kaδ'wa* (**kaδ'wɜ*) (UEW 116), which contradicts the front quality of the first vowel in the daughter languages (al-so to Lapp *a* < **ā* < **ä*). If we give up the often repeated, but never proven ideas concerning the phonetic structure of PFU/PUr proto-forms, then it is possible to consider also the possibility of something like PUr **kaüδ* (**'female of fur-bearing animal'?). In any case, the external (FU) cognates make it plausible to postulate the development: PSam **ki* < **kij* < **kil'* < **kEδ'*. An intermediate stage of this de-velopment (cf. Sammallahti UL 485), **kil'*, is reflected by the borrowed PTu form. The direction of this phonetic evolution is evidenced also by the above mentioned PSam derivative – **kilV* or **kil'V* – which preserved the lateral in the non-final po-sition. Cf. similar cases with PUr laterals lost in PSam word-finally, but preserved word-medially in derivatives: PUr **pele-* 'to be frightened' (UEW 370) > PSam **pij-* (Janhunen SW 124) + PSam **pilɜ-* in Nganasan *hil'i-tim* 'I have fear'; PUr **tule-* 'to come' (UEW 535) > PSam **toj-/*tuj-* (Janhunen SW 164) + PSam **tulɜ*, **tultɜ-* in Selkup *tulï-š'-* 'to reach, to approach', *tultï-* 'to bring in'.

On the relationship between the PTu and PSam forms (in connection with the problem of Turkic "rhotacism - zetacism") see also Helimski JSFOu 83: 263 (with a diagram).

The opposite direction of borrowing – into PSam from PTu (or from Bulgar Turkic, which obviously runs counter to the fact that Bulgar Turkic languages were never attested anywhere in Central Asia or Siberia) is suggested e. g. in Joki LSS 290 – 291; Janhunen MSFOu 158: 126; Róna-Tas UL 743 (with references to earlier works). But no convincing argumentation (phonetic or cultural and histori-cal) in favour of this suggestion has been produced. The same can be said also about A. J. Joki's reluctance to accept M. Räsänen's PUr etymology.

3. [URALIC > TURKIC – RELIABLE; SAMOYEDIC > TURKIC – ACCEPTABLE]

PTu **tït* 'larch': Old Turkic *tït*, Yakut *tït*, Tuva *dït*, etc. (Räsänen VEWT 479; Clauson 449), cf. also Siberian Tatar *tetaɣac* 'cedar' (Ahatov 101).

PSam. *tit*e*ŋ* 'Siberian cedar' (in Janhunen SW 160 reconstructed as *tit*ə*jəŋ*),
derived from the stem *tit- < PUr *sïksï 'Siberian cedar' (Janhunen JSFOu 77:
236; Sammallahti UL 540; see also Rédei UEW 445 – 446).

The PTu word can be with confidence qualified as a loan from Uralic. As in
the case with the borrowed word for 'spruce/fir' (see No. 1 above), the borrowing
can be correlated with the natural historical process of conifers' spread from
Western Siberia eastwards. There are, however, at least two options for the identi-
fication of the immediate source in Uralic: either as an early PSam form still lack-
ing the suffixal element *-(*e*)ŋ* (Janhunen MSFOu 158: 127; Terentyev SFU XXV:
277 – 278; Róna-Tas UL 746), or as an Ob Ugrian dialect which, similar to PSam,
underwent the development *s > t, cf. Vogul *tēt, Southern Ostyak *tï*γ*ət (Räsänen
VEWT 479; Rédei UEW 445). The first one among these two options looks more
plausible, at least due to the analogy with No. 1 and to the fact that the final stage
of the Ob Ugrian dialectal phonetic development *s > *ϑ > *t could hardly have
occurred early enough to produce a form that penetrated into PTu.

It deserves attention that the same Uralic tree-name was borrowed even twice
– and in more archaic phonetic outlooks – into Tungusic: as *suktu 'cedar' (TMS
2: 122) and as *takti- 'cedar' (TMS 2: 154), see Helimski SLRPS 88.

4. [SAMOYEDIC ~ TURKIC – RELIABLE]

PTu *bäkirä 'sturgeon': Turkmen dial. bekire / bekre, Uzbek dial. bäkrä,
Qaraqalpaq bekire, Kazakh bekïre ('a kind of river fish'), bekrä ('севрюга, stellate
sturgeon', R IV 1577), Bashkir bikrï, etc. (Räsänen VEWT 68; ESTYa II 108).

PSam *wekana (Janhunen SW 174) / *wek3r(3) 'sturgeon'; the second variant
is reflected only as Selkup qəqïr (Tas), quegar (Narym, Upper Ob – CL 33). The r
~ n alternation in suffixal syllables, strikingly – but accidentally – similar to the IE
heteroclisis, is not typical of Samoyedic (cf. nonetheless at least one similar
example: Selkup word for 'snare' with its dialectal forms česən ~ čehər ~ kēsən ~
kēžər, etc., see CL 101; PH 160). This ichtyonym has no internal (Samoyedic) or
Uralic etymology; the Turkic word also seems to be etymologically opaque.

See Ramstedt KWb 41; ESTYa II 108. Like the authors of these works, we do
not see presently any possibility to define the ultimate source of the apparently
similar PTu and PSam forms, so that the borrowing from Samoyedic into Turkic
remains only one of the possible solutions. In any case, it is hardly reasonable to
compare PSam *wekana with Mong. ba*γ*ana 'column, pillar' (!?), see Janhunen
MSFOu 158: 124.

5. [SAMOYEDIC > TURKIC – ACCEPTABLE BUT DOUBTFUL]

PTu *jaδa- 'on foot': Chagatay *jaja-* 'to wade across', *jajan* 'on foot', Middle Turkic *jadaγ* 'unmounted', Chuvash *śuran* 'on foot', etc. (Räsänen VEWT 177; Clauson 887; ESTYa IV 68 – 69 with three etymological options for the Turkic forms: as borrowings from Middle Persian *piyādag* 'unmounted', as cognates of Mong. *jadaγu* 'poor, enfeebled', or as derivatives from a hypothetical verbal stem *jaδa- 'to walk').

PSam *jatə- 'to walk, to meet' (Janhunen SW 38 – 39), possibly going back to PUr *juta- 'to go, to walk' (Rédei UEW 106) and, at any rate, related to numerous FU verbs of moving on foot, which contain an initial *j- (see Rédei UEW 88, 100, 102, 109, 850, 851).

Samoyedic-Turkic comparison is acceptable only if we reject the Persian and Mong. etymological options for the Turkic forms. Even in this case, however, the borrowing from PSam into PTu is not the only solution possible: we have to consider also other possibilities, including even that of a common Nostratic origin.

See Rédei UEW 106 (Uralic ~ Turkic).

6. [SAMOYEDIC > TURKIC – ACCEPTABLE]

PTu *kaja 'cliff, rock' (Middle Turkic, Chagatay, Uighur, etc., see Räsänen VEWT 221; Clauson 674 – 675). The word has been traditionally compared with Mong. *xada* 'rock' (Ramstedt Einf. I 46, 89, 97; Poppe VglGr 95, 124; Räsänen VEWT 221). But the phonetic correspondence between Turkic *j and Mong. *d in the intervocalic (not initial!) position remains completely out of place in any existing version of the comparative Altaic phonetics, and both the postulation of an unique consonant alternation (Ramstedt) and the idea of inter-Turkic borrowings from such a Turkic language, in which *d (*δ) had *j* as its regular reflex (Poppe), look enough arbitrary. The correspondence in question cannot be accounted for also by deriving the Turkic forms from Mong. or vice versa.

PSam *koəjə 'hill, elevated watershed': Nenets *xōj* (Tundra), *kōj* (Forest), Enets *kuoo* (Tundra), Nganasan *kuəd´ə*, Selkup *qə̄* (Tas). It was suggested (though not unanimously accepted) to treat this word as a cognate of Hu *hegy* 'mountain, hill', going back to PUr *kaδ´a (Rédei UEW 115).

Samoyedic-Turkic comparison looks phonetically and semantically plausible (though not completely irreproachable). If we accept it together with the above Uralic etymology of the PSam word, then Turkic *kaja is to be qualified as a Samoyedic loan.

7. [SAMOYEDIC > TURKIC – ACCEPTABLE, TURKIC > SAMOYEDIC – DOUBTFUL]

PTu *kās 'bark of a tree': Old Uighur kas, Middle Turkic kāz (an erroneous spelling with z instead of s), kās- ; modern Turkic languages have mainly only derivatives of this stem, like xasta- 'to bark a tree' (Räsänen VEWT 243; Clauson 665). Attempts have been made to trace the Turkic word back to Altaic *kar´V (-ä-) 'bark of a tree' (Starostin Alt. 38, 128, 186, 285 with references), but the archaic Turkic data show clearly enough (as indicated by G. Clauson), that the original second element is *s, which cannot go back to *r´. It appears that *kās is to be separated from quasi-synonymous Turkic *kaδïr, *kaδïr´ (see Räsänen VEWT 218; cf. Starostin op. cit.).

PSam *käsa 'bark of a tree' (Janhunen SW 65). Though the well known comparison of this form with PFU *ko(ń)ćk3 'bark of a tree' (Rédei UEW 179 – 180, with a question mark) is not included in the lists of the most reliable PUr etymologies by J. Janhunen and P. Sammallahti, the phonetic problems do not look insurmountable. There are also many other examples of PSam *ä (contrary to the conventionalities of this reconstruction, it was most probably an open middle-back vowel!) going back to PUr *a/*o, as well as the examples with a post-consonantal *k present in PFU but not in PSam forms (this may be at least partly due to suffixal enlargement in PFU).

See Castrén KoibKrg (Selkup ~ Turkic); Róna-Tas UL 746 (Samoyedic > Turkic).

8. [SAMOYEDIC > TURKIC – ACCEPTABLE]

PTu *kāδ 'snowstorm': Middle Turkic kāδ, Turkmen gaj, Turkish kaj ('rain with snow'), Tuva xat ('wind') (Räsänen VEWT 217; Clauson 593). Starostin Alt. 289 compares this word with Tung. *xedün 'wind' to reconstruct Altaic *k´ādV, but the meaning 'wind' in Tuva appears to be innovative, which makes this Altaic etymology a bit vulnerable from the semantic viewpoint.

PSam *kacu 'snowstorm' (in Janhunen SW 57 reconstructed as *kacə; cf. Helimski Lab. 125). In view of *c (which only later coincided with *t in the majority of Samoyedic idioms) it is not possible to support the derivation of this word from PUr *kuδ3 'snowfall' (Rédei UEW 194). The comparison with Fi kide 'snow-flake', Mari kačək 'fresh-fallen snow' (Collinder FUV 24 – 25; Terentyev SFU XXV: 275) is more plausible, but still it lacks reliability: the reconstruction of *kič(č)u, (?) *kič(č)e (Terentyev) does not account for an unusual vocalic correspondence between Fi and PSam, the meanings stand rather far apart (for the peoples accustomed to snowy winters), and it is highly questionable whether the

Mari word belongs here – more probably it can be related to the onomatopoetic
Mari *kəčək, kəčä* 'squeaky, creaking under one's feet'.

Menges CAJ 5: 148; Róna-Tas CIFU-5: 382 and Terentyev SFU XXV: 275
suggest the borrowing from Samoyedic into Turkic. Naturally, this explanation is
incompatible with the above mentioned Altaic etymology for the Turkic forms.

9. [SAMOYEDIC > TURKIC – ACCEPTABLE]

PTu *tāla-* 'to rob, plunder, destroy' (see for details Räsänen VEWT 458; Clauson
492; ESTYa III 135 – 137). The word has many derivatives, as e. g. Old Turkic
talaš- 'to fight, to argue, to quarrel', *talïm* 'rapacious, audacious' (DTS 528 – 529),
and is borrowed as Mong. *tala-* 'to rob, plunder, destroy'.

PSam *talä-* 'to steal' (Janhunen SW 150) from PUr *sala-* 'to stay hidden, to
steal' (Rédei UEW 430 – 431). Unlike some examples cited above, this Uralic etymology raises no doubts (see Janhunen JSFOu 77: 222; Sammallahti UL 540); its
network of derivatives in Samoyedic is also big enough (Janhunen SW 150 – 151).

It is absolutely acceptable from the phonetic viewpoint to suggest a borrowing
(at a relatively early time) from Samoyedic into Turkic, but the idea encounters
semantic problems. The Samoyedic forms refer to the domain of everyday life,
while PTu *tāla-* is known mostly as a military term. Therefore the suggested
etymology must be qualified as acceptable at best, and it will be reasonable to
refrain from tentative comments on the possible – potentially very interesting for a
historian – backgrounds for such borrowing.

10. [SAMOYEDIC > TURKIC – DOUBTFUL, SAMOYEDIC > YAKUT – ACCEPTABLE]

PTu *gāt* (or *kāt*) 'berry': Middle Turkic *kāt*, Altaic, Khakas dial. *qat*, Tuva *kat*,
etc. (R II 275; Räsänen VEWT 241; Clauson 593 – 594; TuvRusSl 231).

PSam *keptu* 'black currant' (in Janhunen SW 66 reconstructed as *keptə*,
Terentyev SFU XXV: 276).

The interpretation of the Turkic word as a Samoyedic loan, suggested by V.
Terentyev (ibid.), does not look convincing. There are phonetic difficulties: while
the development *pt > t* in Turkic is perceivable, it is much more difficult to
account for the word-initial *g-* (its normal reflex in Tuva being *k-*, cf. *k-* > Tuva
x-) and the length of vowel (attested, according to G. Clauson, in Middle Turkic).
The presumption that the borrowed name of black currants became the general ap-
pellation of all berries also does not strengthen this etymology.

It is, however, quite probable that Yakut *xaptaɣas* 'red currant' (> Evenki *kaptaɣas*, see TMS 1: 377) goes back to a Samoyedic source.

11. [URALIC > TURKIC – ACCEPTABLE, SAMOYEDIC > TURKIC – DOUBTFUL]

PTu (?) *jüdi* / *jüde* > Chuvash *šĕr*, *šŏr* 'night' (Räsänen VEWT 201: very doubtful comparison with Turkic *jїr* 'left side, north'; Egorov ESChYa 212: without an etymology).

PSam *üət3* (? *üt3*) 'evening' (Helimski JSFOu 81: 56 – 57) from PUr *jüt3* 'evening, night' (Rédei UEW 99).

The idea of borrowing into Old Bulgar Turkic from Samoyedic has been suggested in Agyagási FUDebr 1 as an alternative to the opinion that the Chuvash word is of Proto-Mari origin, cf. Mari *jüt* 'night', going back to the same PUr etymon (Adamović UAJb 5: 74 – 75). Still, M. Adamović's suggestion looks much more plausible – perhaps it needs only minor additional comments in order to overcome the problem of chronology. (PTu *j-* became an affricate before the beginning of Bulgar-Permic, resp. Bulgar-Mari linguistic contacts, and therefore K. Agyagási considers it impossible to derive Chuvash *š-* from Mari *j-*. But if the Old Bulgar Turkic system of consonants contained no *j-*, this consonant could easily be substituted with *ǰ-*, further developing into Chuvash *š-*. Besides, one can think also of a Finno-Ugrian source, which was not directly identical to Proto-Mari, but also had a reflex of PUr *jüt3*). The (para-)Proto-Mari option is, besides, completely irreproachable from the viewpoint of semantics.

12. [SAMOYEDIC > TURKIC – DOUBTFUL]

Ptu *bün* 'soup': Middle Turkic *mün*, *bün*, etc. (Joki LSS 228 – 229; Clauson 347).

PSam *weń3* 'soup': Nenets *wїjji* (Forest), Enets *bue*, Selkup *keńi* (Taz), Kamas *mïjɛ* (D), Mator *мэе* (Spasskij) (Janhunen SW 174).

The phonetic distance between Turkic and Samoyedic forms is so great, that the numerous attempts to treat *weń3* as a Turkic loan (Paasonen Beitr. 291; Donner MSFOu 49: 57 – 58; Joki op. cit. – with strong doubts) or *bün* as a borrowing from Samoyedic (Róna-Tas UL 746) never looked convincing: it would be much better to see here an accidental and, besides, only partial resemblance. Perhaps certain etymological perspectives are given by A. J. Joki's idea that both forms can be ultimately of Chinese origin (and connected with Sino-Korean *mjen* 'soup').

13. [SAMOYEDIC > TURKIC – ERRONEOUS, TURKIC > SAMOYEDIC – RELIABLE]

PTu *junt 'horse': Old Turkic junt, with sporadic and not quite regular continuations in modern Turkic languages (Räsänen VEWT 211; Clauson 946).

PSam *junt3 'horse': Nenets juno ~ juna (Tundra), Enets d'uda (Tundra), etc. (Janhunen SW 49; the variation in the quality of the stem final vowel may result from the non-etymological nature of this vowel, see Janhunen MSFOu 158: 125).

Usually, the Samoyedic word for horse is treated, with good reasons, as a Turkic loan (Paasonen Beitr. 90, 269; Donner JSFOu 49: 6; Joki LSS 138; Janhunen op. cit.; Róna-Tas UL 744, etc.). A different standpoint is that of Denis Sinor, who views the scarcity of Turkic data (even though the word is well attested in Old Turkic) as an indication that the word *junt is not genuine, and treats it as a regional item of the Sayan area going back to the same source as PSam *junt3 (Sinor CAJ 10), while in another paper he even discusses it among other presumable Samoyedic loans in Turkic (Sinor HUS III/IV: 771).

14. [SAMOYEDIC > TURKIC – ERRONEOUS, URALIC > TURKIC – DOUBTFUL]

Turkic Kem ~ Käm 'Yenisei' (the river name used in all Turkic and some non-Turkic languages of Southern Siberia, see Vásáry ST).

It is not possible to agree with I. Vásáry (op. cit.; see also Sinor HUS III/IV: 771), who tried to derive this hydronym from a Samoyedic source presumably close to Selkup kï 'river'. The phonetic implausibility of this etymology (Selkup kï goes back to PSam *kï 'middle; river-bed' < (?) PUr *[kole] < Nostratic *golH3, see Helimski KSIGIYa and Janhunen SW 68) is combined with the fact that the genuine Samoyedic name for Yenisei was undoubtedly *Jentɜs3 (Janhunen SW 43; see also Helimski SLRPS 91 – 92). Besides, I. Vásáry (following some of his predecessors) postulates the connection between Kem, Käm and FU hydronyms and terms of hydrogeography like Fi Kemi, Fi kymi 'river', Udmurt Kam 'Kama', etc. (see in this connection Vasmer II 172; Rédei UEW 229 – 230). At any rate, there are no indications, that this connection – if real – was mediated by Samoyedic.

15. [SAMOYEDIC > TURKIC – ERRONEOUS]

Chuvash ăvă 'tinder' (dial. iva, ïv, ū) – according to Róna-Tas UL 746, may go back to PTu *puju (> *huju > *uju).

PSam *puja 'tinder' (Janhunen SW 131).

The Chuvash word has a completely satisfying internal Turkic etymology: it appears to be derived from Chuvash ǎv- 'to rub, to crush' (Egorov ESChYa 39), for a semantic parallel cf. Russ. *тереть* 'to rub' : *трут* 'tinder' (Vasmer II 110). As long as this Chuvash verb is related to Common Turkic *uɣ-*, *ū-* 'to rub, to crush' (Räsänen VEWT 510), there can be ultimately also an etymological link to Mong *uul(a)* 'tinder' (Räsänen VEWT 508). Naturally, all these forms have nothing to do with PSam *puja.

16. [SAMOYEDIC (OLD MATOR) > TURKIC – RELIABLE]

Yakut, Tuva *tūt* 'fur-lined skis (for hunting)'.

PSam *tutə 'skis' (preserved only in Enets *tuδo* and Nganasan *tutə*) from PUr *sukse (Janhunen JSFOu 77: 236; Rédei UEW 450). It must be mentioned, that "typical" Samoyedic skis are fur-lined (skis with bare wooden surface have other designations).

J. Janhunen, who suggested this etymology, believes that the word could be borrowed into the common ancestor of Tuva and Yakut – North Eastern Turkic – from a non-attested (Old) Mator continuation of PSam *tutə* (Janhunen JSFOu 82: 295 – 296). This solution is plausible, though not absolutely necessary: the word could be borrowed into PTu (or into its Proto North Eastern dialect) also from PSam or from Early Proto Northern Samoyedic (still spoken in the area adjacent to the Samoyedic proto-home in non-Arctic Siberia).

17. [OLD SELKUP > TURKIC – DOUBTFUL]

Altay *qām* 'handful, cupped hand' (Tub., Leb. – R II 478).

Selkup *qɔ̄mï* 'armful' (Tas) < *qāmə, PSam *käma (Janhunen SW 63 – 64), probably going back to PUr *kom3(r3) 'handful, cupped hand' (Rédei UEW 175 – 176).

According to Dybo Zaim. 212, the Altay word can be an (Old) Selkup borrowing. More plausible is, however, the treatment of *qām* as a genuinely Altay derivative of the verb *qaw-* 'to seize', with a contraction from *qawïm* (Baskakov Leb. 153).

18. [OLD SELKUP > TURKIC – DOUBTFUL]

Old Qyrghyz *qaša* 'iron', cf. also Dagur Mong *qasō, xasō, xaϑō* id. (Ligeti AOH 1: 150ff.).

Selkup *kə̄sï* 'iron' (Tas) < Common Selkup **kʷɛsə* < PSam **wesä* 'iron' (Janhunen SW 175) < PUr (Rédei UEW 560 – 561; Sammallahti UL 541).

Róna-Tas UL 748 follows Ligeti AOH 1 (see also Ligeti 423) and views the Old Qyrghyz form as an Old Selkup loan in Turkic (originating from a substrate or from contacts). To substantiate this idea, he reconstructs Old Selkup *qasa*. But this reconstruction appears to be at variance with the data of Selkup and Samoyedic historical phonetics: though the reconstructed form **kʷɛsə*, cited above, is only approximative, but the development from PSam **e* to Selkup *ə̄* certainly could not produce an *a*-vowel at any intermediate stage. Besides, even this *ad hoc* reconstruction does not account for Old Qyrghyz *š* in place of PSam, Selkup *s*. Therefore it is difficult to see in this pair of words anything else than an accidental (and only partial) phonetic resemblance.

19. [(OLD) MATOR > TURKIC – DOUBTFUL, TURKIC > MATOR – RELIABLE]

North Eastern Turkic 'nape of the neck, occiput': Tuva *čitke*, Khakas *čĭtke / nĭtke*, *itkä* (Qyzyl), *netkä* (Sagay), Shor *nitkä / čitkä*, Chulym *jitkä*, Altay *d´itkä, jitke* (Leb.), see Räsänen VEWT 203; ESTYa IV 191.

Mator *nitkä* (*ниткиде*, with the possessive suffix of 3.Sg.) 'nape of the neck, occiput' (Spasskij).

According to a conjecture in V. M. Illich-Svitych's manuscripts, accepted and further developed by A. V. Dybo (Zaim. 212), the Turkic forms can represent a loan from PSam **nitka* – a cognate of Fi *niska* 'nape of the neck', preserved only in the Mator language. But the enormous – and apparently showing no other cognates – gap between the Baltic Finnic and Mator forms, together with the fact that Mator in the early 19th century was full of loans from Turkic (while a borrowing in the opposite direction was a rare occurrence) make it much more probable, that the Turkic word is genuine.

20. [(OLD) KAMAS > TURKIC – DOUBTFUL, TURKIC > KAMAS – RELIABLE]

PTu **tān* 'cold wind' (Middle Turkic, Khakas – see Clauson 510; Joki LSS 309).

Kamas *than* 'North' (C), *tᶜañ* 'mild cold wind in winter; North, northern' (D).

Without any serious argumentation, D. Sinor (HUS III/IV: 771) suggests the idea of treating the Turkic word as a borrowing from Kamas. In fact, everything indicates that this is a much more common case of a word borrowed in the opposite direction, see Joki LSS 309; Räsänen VEWT 460.

21. [OLD SELKUP> TURKIC – ERRONEOUS]

Turkic: Chagatay etc. *qotan* 'cattle-pen' (Räsänen VEWT 284).
   Selkup *qōttï* 'town' (Tas), *qoač* id. (Narym, CL 34) < PSam **wac* 'fence, enclosure' (Janhunen SW 171) < PUr **woča* (Rédei UEW 577 – 578).
   It is absolutely impossible to agree that an Old Selkup form **qotə* could penetrate into Turkic (Old Qyrghyz) and further into Mong (*qota ~ qotan* 'fence; town', later borrowed back into Turkic languages), cf. Róna-Tas UL 748. It will be enough to mention, that the development *č > t* in Selkup is a very recent (occurring only in the 20th century!) dialectal innovation, and therefore the presumed Old Selkup form could not exist (while other Samoyedic languages, which transformed PSam **c* into *t* earlier, never experienced the gutturalization of PSam **w*). There are no reasons to give up the old explanation, according to which Turkic, Mong *qota(n)* is a wide-spread Eurasian *Wanderwort*, related to Iranian **kata- < *kota-* ('dwelling, edifice, construction'), see Illich-Svitych OSNYa I 317; Joki UrIdg 272. PUr **woča* and its descendants have naturally nothing to do with this archaic cultural term.

22. [MATOR > TURKIC – DOUBTFUL, TURKIC > MATOR – ACCEPTABLE]

Tuva *buluk* 'ice-coating, icy edge', Leb. *puluγ* 'ice-coating (frozen layers of ground)' (TuvRusSl 122; R IV 1375); apparently Tofa *bulaq* 'ice-coating near a water-spring' (Rassadin 72, 6) also belongs here, being however contaminated by Turkic *bulaq* 'water-spring' (cf. ESTYa II 257).
   Mator /*buluk*/ 'ice' (Helimski JSFOu 81: 84). This word used to be compared with Selkup *ulqa* (~ *qulqa*) 'ice' (Taz), *улгó* 'ice, hail' (Lower Chaya) (Setälä FUFA XII: 105; Donner MSFOu 49: 53). This comparison cannot be accepted: Selkup **ulqo, *qulqo* must be qualified as a borrowing from a Yeniseic compositum **xul-qo*, cf. Ket *ūl'* (Arin *kul*) 'water', *qo* 'ice' (the author owes to J. Alatalo the idea of this etymology).
   Even if the possibility of a substrate borrowing from Mator into Turkic cannot be completely rejected, there is a more plausible alternative explanation: *buluk*, *puluγ* can be viewed as archaic genuine Turkic words, derived from PTu **būz* 'ice' (the absence of *-z* before the suffix *-luk, luγ* has other parallels in Turkic word formation, cf. Uighur *silär* 'you (Pl.)' instead of **sizlär*, Yakut *bulūs* 'glacier'; probably it results from the loss of the first element in the original cluster of two liquids: **r'l > l*).

23. [MATOR > TURKIC – ACCEPTABLE]

Tofa *č'oγdï* and *qara ǰ'oγdï ~ joγdï* – names of two Tofa clans (Rassadin 5; according to M. Castrén: *Tjogde, Kara Tjogde*; cf. also Buriat *Zügde* 'Karagas = Tofa').

Mator /*čagǝdi*/ 'old; man, husband, master' from PSam **jǝk(3)t^l3* (Helimski JSFOu 81: 60, NyK 88: 123).

The meaning of the Mator word presents it as a very probable source of the Tofa (Karagas) ethnonym, which was often suspected to be of Samoyedic origin (Radloff 205 – 206; Rassadin 92). The labialized vowel of the first syllable in the Turkic forms remains, however, unclear.

24. [MATOR > TURKIC – ACCEPTABLE, MATOR ~ TURKIC – RELIABLE]

Tofa *ča"pqïš* 'bat', Tuva *ča"skï*, Kangat *čas kiš* (Rassadin 194; TuvRusSl 521; manuscript by G. Mueller, 18th cent.). Anomalous variation in the phonetic shapes of Turkic words suggests that they may be borrowed.

Mator /*čapkopso(n)*/ 'bat' (Karagas dialect; Helimski JSFOu 81: 69). This word looks like a genuinely Samoyedic one, and it is possible even to single out (tentatively) the well-known nominal suffix *-pso(n)* < PSam **-ps3n*, though the preceding stem remains opaque.

The borrowing from Mator into Turkic is therefore quite plausible (Helimski NyK 88: 132).

25. [MATOR > TURKIC – ACCEPTABLE]

Tofa *čarpïŋ* 'slightly thawing snow-crust' (Rassadin 194). There appear to be no etymological counterparts in other Turkic languages.

The possible substrate source of this word could be a non-attested Mator form, which was etymologically close to Taz Selkup *č'ɔrpï* < **č'ārpǝ* 'firm ice-crust (especially near lakes)', cf. further Uralic names of snow-coating and snow-crust (their relationships are not completely clear) like Lapp *čar^ava-* 'so hart gefrorener Schnee, dass man darüber gehen kann' (Lule), Komi чарӧм 'наст', hence – through Russian dial. чарым – also Altay *čarïm* 'наст' (Rédei UEW 465; Vasmer IV 317 – 318).

26. [MATOR > TURKIC – RELIABLE]

Tofa *ir´e* 'ancestor; bear', Tuva *ire* 'great-grandfather, (Todzha) grandfather, husband's father', *irej* 'grandfather, old man; (figuratively) bear' (Rassadin 92; TuvRusSl 210; Chadamba Todzh. 73).

Mator ("lingua monticolis Sajanensibus") *irei* 'bear' (Pallas Zoogr.) from PSam **ir3-* (**iräj*) 'grandfather, old man' (Janhunen SW 27).

The direction of substrate borrowing raises no doubts, see Menges CAJ 5: 143; Rassadin, op. cit. (erroneously Joki LSS 257 – 258).

27. [MATOR > TURKIC – RELIABLE]

Tuva *kada* 'aunt, (Todzha) grandmother, husband's mother' (Chadamba Todzh. 73; Tatarincev VTF 108).

The very probable source of this word is the non-attested Mator counterpart of PSam **kata* 'elder female relative (grandmother, aunt, mother-in-law)' (Janhunen SW 62). The expected phonetically normal Mator reflex must have been **kada*. – See Tatarincev, op. cit.

28. [MATOR > TURKIC – ACCEPTABLE, MATOR ~ TURKIC – RELIABLE]

Tofa *h´eŋme* 'dried meat chopped fine', Tuva *heŋme* 'dried meat, fish' (Rassadin 188).

Mator *köŋmä*, (Taigi dialect) *kémngnä* 'уликта, dried meat' (Helimski JSFOu 81: 80).

It seems that the only argument in favour of treating the Tofa-Tuva words as borrowings from Mator is the problematic, barely attested Mator /ke-/ 'to dry, to cure' (? – only in Karagas *geímomsa* 'уликта, dried meat' – ibid.). This is hardly sufficient for taking the etymology for granted (but cf. Janhunen JSFOu 82: 295).

29. [MATOR > TURKIC – RELIABLE]

Tuva *-(lï)ški(-lar)*, the suffix (complex), which derives – only from terms of kinship – the collective nouns with the general meaning 'group of persons (of family members), united by the corresponding degree of kinship', e. g. *avalïškïlar / avaškïlar* 'mother with her children' from *ava* 'mother' (GrammTuv 171). No counterparts in other Turkic languages are known.

The probable source could be the non-attested Mator suffix (complex) with the same meaning, going back to PSam **sə-kəj* (**sə-kəń*), cf. such connective-reciprocal markers (of dual: the connective-reciprocal forms are especially common in dual) as Nenets -s-xa", Enets -so-xo", Nganasan -d´ə-gəj, Selkup (Taz) -sï-qä̃-qï (see Hajdú SamSchr. 71 – 114 and Helimski SFU XIII: 303 – 304, where this Samoyedic-Turkic etymology was suggested).

30. [MATOR > TURKIC – RELIABLE]

Tuva dï"jba 'wedge' (Todzha, see Chadamba Todzh. 76 – but cf. Tuva šaančak 'wedge' in other dialects).

Matur /täjbä/ (майбе) 'nail' (Spasskij) from PSam *t^{l}äjwä 'nail, wedge' (Janhunen SW 154, cf. also Nenets Tundra тива = тīwa, see RusNenSl 114).

It is remarkable that the vowel of the first syllable became in Tuva pharyngalized.

31. [MATOR > TURKIC – RELIABLE]

Tofa tarhïš 'one-year-old reindeer calf (derogative name)' (Rassadin 233).

Mator (non-attested) *targaj / *targəš- (with a phonetic alternation which is regular in Mator) from PSam *cərkəj- 'reindeer calf' (Janhunen SW 31 – 32). See Helimski JSFOu 83: 266, note 5. The absence of the presumed item among the known lexical remains of Mator is hardly a problem, because the Samoyedic background makes it possible to reconstruct its expected phonetic shape accurately enough. It is interesting that the borrowed word acquired (undoubtedly already in Tofa) a pejorative sense.

32. [MATOR > TURKIC – RELIABLE]

Khakas xama, xāma 'падаль; подлый, гадкий / carrion; foul, loathsome', qāma (Sagay, Koibal, Kacha), qamï (Kacha) 'Vieh, Aas (Schimpfwörter)' (KhakasRusSl, R II 478, 483; cf. Räsänen VEWT 228, without etymological treatment).

Mator /kajma/ or /kājma/ 'dead' (Helimski JSFOu 81: 75). One can think also of other non-finite forms derived from PSam *kaə- 'to die' (Janhunen SW 56 – 57), for example Mator */kami/ or */kāmi/ (~ Nenets xawï 'умерший, погибший'), */ka"ma/ or */kā"ma/ (~ Nenets xa"ma: tï xa"ma 'то, что осталось после убитого оленя').

The semantic evolution ('dead, dead animal' → 'carrion' → 'foul, loathsome') is absolutely trivial and could occur before as well as after the borrowing took place.

33. [MATOR > TURKIC – ACCEPTABLE]

Tuva *mïndï* 'female reindeer' (Räsänen VEWT 337, with no obvious Turkic counterparts or sources).

Mator *méinde* 'rangifer cicur' (Taigi and Karagas dialects – Helimski JSFOu 81: 67), *mijinde* 'олень' (Karagas dialect – ibid. 91). These forms probably reflect a Samoyedic compositum **məjan t´eə* lit. 'reindeer of the terrain' (cf. PSam **məja* 'Erde, Gelände' and **t´eə* 'Rentier' – Janhunen SW 85, 155), cf. a compositum with the same semantic (partly also etymological) structure: Selkup *mačïn ɔ̆tä* 'wild reindeer' (Upper Taz; *mači* 'forest' < Sam **məja*; *ɔ̆tä* 'reindeer').

According to the records from the 18th century quoted above, the Mator word could have the phonetic shape [*meində, meindε*] or even [*mïïndï*], so that phonetically the comparison creates no problems. However, the meaning attested in the Tuva language – 'female reindeer' instead of expected 'wild reindeer' – may raise certain doubts concerning the validity of this etymology.

34. [KAMAS > TURKIC – RELIABLE]

Khakas *ka* 'elk' (Kacha dialect, 19th cent. – N. A. Kostrov, see Borgoyakov Ist. 63). Probably this is an occasional loan – cf. Khakas *pulan* 'elk' of Common Turkic character (ESTYa II 260).

Koibal Kamas *ka* 'elk' (Spasskij), cf. PSam **ka* id. (Janhunen SW 56).

Cf. Nos. 35 and 36 (with comments) below.

35. [KAMAS > TURKIC – RELIABLE]

Khakas *mugne* (*мугнэ*) 'wolverine, glutton' (Kacha dialect, 19th cent. – N. A. Kostrov, see Borgoyakov Ist. 63). Probably this is an occasional loan – cf. Khakas *xunu* 'wolverine' with numerous Common Turkic parallels (Räsänen VEWT 300).

Koibal Kamas *mugna* 'wolverine' (Spasskij) from PSam **wiŋkəncä* id. (Janhunen SW 56).

Cf. also Nos. 34 and 36 (with comments).

36. [KAMAS > TURKIC – RELIABLE]

Khakas *tät* (*тятъ*) 'otter' (Kacha dialect, 19th cent. – N. A. Kostrov, see Borgoyakov Ist. 63). Probably this is an occasional loan – cf. Khakas *xamnos* 'otter' with numerous Common Turkic parallels (Räsänen VEWT 228).

Koibal Kamas *tät* 'otter' (Spasskij), cf. PSam (?) **töt* id. (Helimski JSFOu 81: 92 with references).

All three zoonyms from the Kacha dialect (Nos. 34 – 36), apparently coming from the Koibal dialect of Kamas, are represented uniquely in Kostrov's word-list, and probably were not later preserved in the dialects of Khakas. Therefore their state as borrowings (rather than foreign expressions) is questionable; it is highly probable that the Kacha speaker interviewed by N. A. Kostrov was a person with Samoyedic (Koibal) ethnic background.

37. [KAMAS > TURKIC – ACCEPTABLE]

Khakas *sidĭk*, (Sagay) *sedik* 'hard, difficult' (KhakasRusSl 186; R IV 485). The word appears to be isolated in Turkic; the original vowel is *e*, as in the Sagay dialect.

Kamas *sed-em* 'hard, difficult' (D) from PSam **sec-* id. (Janhunen SW 139). The comparison raises certain doubts due to the difference between the suffixal elements in Kamas and Khakas.

* * *

The above etymologies do not exhaust the list of Turkic words, for which Samoyedic etymologies have been suggested. There seems, however, to be no great need to treat in any details a number of cursory and careless comparisons, which are clearly contradicted by the data of the phonetic history, like the comparisons of Tofa *kēš-*, *hēš-* 'to say' with PSam **ket-*, Tofa *ot* 'boot-top' with Nenets *xutï* 'boot', Tuva *čáva* 'wife of elder brother' with Nenets *ńaba*, Tuva *xuna-* 'to take off' with PSam **kanta-* 'to take away', Tuva *xāj* 'nose' with PSam **pïja*, Tofa *hötpä* 'hook' with Selkup *kota*, Tofa *ālagaš* 'little (not much), seldom' with Nenets *ōl´uku* 'small', Tuva *t´ände* 'earlier' with Kamas *šan* 'old times' (Menges CAJ 5: 142 – 149). It is hardly necessary to look for Samoyedic etymologies (contrary to Rassadin 92) of such Tofa words as *aba* 'mummy' (cf. Middle Turkic *aba*), *sō* 'birch-bark bucket' (cf. R IV 512).

On the other hand, a lot of interesting results can be expected from a detailed etymological study of the Dolgan vocabulary (which undoubtedly contains some Nganasan, possibly also other Northern Samoyedic[1] borrowings), and also from a

---

[1]   See now: Хелимский, Е. А.: "Нганасанские заимствования в долганском языке. К выходу в свет долганского словаря М. Стаховского". – *Таймырский этнолингвистический сборник*, вып. 1, Москва 1994: 234 – 237.

search for Selkup lexical loans in Chulym Turkic and in some adjacent Siberian Tatar dialects. The present paper, however, leaves these areas of research beyond its scope.

References

Adamović UAJb 5 = Adamović, M.: "Umstrittene tschuwaschische Etymologien".
– *UAJb NF* 5 (1985): 74 – 97.

Agyagási FUDebr 1 = Agyagási, K.: "Az 'éjszaka' jelentésű szó a csuvasban".
– *Folia Uralica Debreceniensia* 1 (1989): 19 – 24.

Ahatov = Ахатов, Г. Х. *Диалект западносибирских татар*, Уфа 1963.

Baskakov Leb. = Баскаков, Н. А.: *Диалект лебединских татар-чалканцев
(куу-кижи)*, Москва 1985.

Borgoyakov Ist. = Боргояков, М. И.: *Источники и история изучения
хакасского языка*, Абакан 1981.

C = Castrén, M.A.: *Wörterverzeichnisse aus den samojedischen Sprachen*, St.
Petersburg 1855.

Castrén KoibKrg = Castrén, M. A.: *Versuch einer koibalischen und karagassischen Sprachlehre*, St. Petersburg 1857.

Chadamba Todzh. = Чадамба, З. Б.: *Тоджинский диалект тувинского языка*,
Кызыл 1974.

CL = Castrén, M. A. / Lehtisalo, T.: *Samojedische Sprachmaterialien* (= *MSFOu*
122), Helsinki 1960.

Clauson = Clauson, G.: *An Etymological Dictionary of Pre-Thirteenth-Century
Turkish*, Oxford 1972.

Collinder CompGr = Collinder, B.: *Comparative Grammar of the Uralic
Languages*, Uppsala 1960.

Collinder FUV = Collinder, B.: *Fenno-Ugric Vocabulary*, Uppsala 1955.

D = Donner, K.: *Kamassisches Wörterbuch*, Helsinki 1944.

Donner MSFOu 49 = Donner, K.: *Über die anlautenden labialen Spiranten und
Verschlußlaute im Samojedischen und Uralischen* (= *MSFOu* 49), Helsinki
1920.

DTS = *Древнетюркский словарь*, Ленинград 1969.

Dybo Zaim. = Дыбо, А. В.: "Заимствования из уральских языков в анатомической лексике алтайских языков". – *Лингвистическая
реконструкция и древнейшая история Востока*, ч. 1, Москва 1989: 210
– 215.

Egorov ESChYa = Егоров, В. Г.: *Этимологический словарь чувашского языка*,
Чебоксары 1964.

ESTYa = Севортян, Э. В. [et al.]: *Этимологический словарь тюркских языков*,
I – IV, Москва 1974 – 1989.

GrammTuv = Исхаков, Ф. Г. / Пальмбах, А. А.: *Грамматика тувинского
языка*, Москва 1961.

Hajdú SamSchr. = Hajdú, P.: *Samojedologische Schriften* (= *Studia Uralo-Altaica*
VI), Szeged 1975.

Helimski Dial. = Хелимский, Е. А.: *Историческая и описательная диалектология самодийских языков* (Дисс.), Тарту 1988.

Helimski JSFOu 81 = Helimski, E.: "Two Mator-Taigi-Karagas Vocabularies from the 18th Century". – *JSFOu* 81 (1987): 49 – 132.

Helimski JSFOu 83 = Helimski, E.: "On the Interaction of Mator with Turkic, Mongolic, and Tungusic: A Rejoinder". – *JSFOu* 83 (1991): 257 – 267.

Helimski KSIGIYa = Хелимский, Е. А.: "Селькупские дополнения к ностратическим этимологиям". – *Конференция по сравнительно-исторической грамматике индоевропейских языков*, Москва 1972: 85 – 86.

Helimski Lab. = Хелимский, Е. А.: "Реконструкция прасеверносамодийских (ПСС) лабиализованных гласных непервых слогов". – *Конференция "Проблемы реконструкции", 23 – 25 октября 1978 г.*, Москва 1978: 123 – 126.

Helimski NyK 88 = Хелимский, Е. А.: "Etymologica 1 – 48 (Материалы по этимологии маторского языка)". – *NyK* 88 (1986): 119 – 143.

Helimski SFU XIII = Хелимский, Е. А. [Rez.:] P. Hajdú: *Samojedologische Schriften.* – *Советское финно-угроведение* XIII/4 (1977): 301 – 305.

Helimski SLRPS = Хелимский, Е. А.: "Самодийская лингвистическая реконструкция и праистория самодийцев". – *Сравнительно-историческое изучение языков разных семей: Лексическая реконструкция. Реконструкция исчезнувших языков*, Москва 1991: 86 – 99.

Illich-Svitych OSNYa = Иллич-Свитыч, В. М.: *Опыт сравнения ностратических языков*, I – III, Москва 1972 – 1984.

Janhunen JSFOu 77 = Janhunen, J.: "Uralilaisen kantakielen sanastosta". – *JSFOu* 77 (1981): 219 – 274.

Janhunen JSFOu 82 = Janhunen, J.: "On the Interaction of Mator with Turkic, Mongolic, and Tungusic". – *JSFOu* 82 (1989): 287 – 297.

Janhunen MSFOu 158 = Janhunen, J.: "Samoyed-Altaic Contacts – Present State of Research". – *MSFOu* 158 (1977): 123 – 129.

Janhunen SW = Janhunen, J.: *Samojedischer Wortschatz: Gemeinsamojedische Etymologien*, Helsinki 1977.

Joki LSS = Joki, A. J.: *Die Lehnwörter des Sajansamojedischen* (= *MSFOu* 103), Helsinki 1952.

Joki UrIdg = Joki, A. J.: *Uralier und Indogermanen* (= *MSFOu* 151), Helsinki 1973.

KhakasRusSl = Баскаков, Н. А. / Инкижекова-Грекул, А. И.: *Хакасско-русский словарь*, Москва 1953.

Ligeti = Ligeti, L.: *A magyar nyelv török kapcsolatai a honfoglalás előtt és az Árpád-korban*, Budapest 1986.

Ligeti AOH 1 = Ligeti, L.: "Mots de civilisation de Haute Asie en transcription chinoise". – *AOH* 1 (1950): 141 – 185.

Menges CAJ 5 = Menges, K. H.: "Die türkischen Sprachen Süd-Sibiriens III, 2". – *CAJ* 5 (1959): 97 – 150.

Paasonen Beitr. = Paasonen, H.: *Beiträge zur finnischugrisch-samojedischen Lautgeschichte*, Budapest 1917.

Pallas = Pallas, P. S.: *Zoographia Rosso-Asiatica*, I – III, Petropoli 1811.

PH = Hajdú, P.: "Pápai Károly szelkup szójegyzéke". – *NyK* 54 (1952): 141 – 184.

Poppe VglGr = Poppe, N.: *Vergleichende Grammatik der altaischen Sprachen*, Teil I: *Vergleichende Lautlehre*, Wiesbaden 1960.

R = Радлов, В. В.: *Опыт словаря тюркских наречий*, I – IV, Санкт-Петербург 1893 – 1911.

Radloff = Radloff, W.: *Aus Sibirien*, Leipzig 1893.

Ramstedt Einf. = Ramstedt, G. J.: *Einführung in die altaische Sprachwissenschaft* (= *MSFOu* 104:1 – 3), I – III, Helsinki 1957 – 1966.

Ramstedt KWb = Ramstedt, G. J.: *Kalmückisches Wörterbuch*, Helsinki 1935.

Räsänen MSFOu 98 = Räsänen, M.: "Beiträge zu den altaisch-slavischen Berührungen". – *MSFOu* 98 (1950): 125 – 131.

Räsänen UAW = Räsänen, M.: *Uralaltaische Wortforschungen* (= *Studia Orientalia* XVIII:3), Helsinki 1955.

Räsänen VEWT = Räsänen, M.: *Versuch eines etymologischen Wörterbuchs der Türksprachen*, I – II, Helsinki 1969 – 1971.

Rassadin = Рассадин, В. И.: *Фонетика и лексика тофаларского языка*, Улан-Удэ 1971.

Rédei UEW = Rédei, K.: *Uralisches etymologisches Wörterbuch*, I – III, Budapest 1986 – 1991.

Róna-Tas CIFU-5 = Róna-Tas, A.: "On the Earliest Samoyed-Turkic Contacts". – *Congressus Internationalis Fenno-Ugristarum* 5, pt. 3, Turku 1981: 337 – 345.

Róna-Tas ChuvSt = Róna-Tas, A.: "The Periodization and Sources of Chuvash Linguistic History". – *Chuvash Studies*, Budapest 1982: 113 – 169.

Róna-Tas UL = Róna-Tas, A.: "Turkic Influence on the Uralic Languages". – D. Sinor (Ed.): *The Uralic Languages: Description, History and Foreign Influences*, Leiden e. a. 1988: 742 – 780.

RusKhakasSl = Чанков, Д. И. (Ред.): *Русско-хакасский словарь*, Москва 1961.

RusNenetsSl = Пырерка, А П. / Терещенко, Н. М.: *Русско-ненецкий словарь*, Москва 1948.

Sammallahti UL = Sammallahti, P.: "Historical Phonology of the Uralic Languages". – D. Sinor (Ed.): *The Uralic Languages: Description, History and Foreign Influences*, Leiden e. a. 1988: 478 – 554.

Sauvageot Rech. = Sauvageot, A.: *Recherches sur le vocabulaire des langues ouralo-altaïques*, Budapest 1929.

Setälä FUFA XII = Setälä, E. N.: "Über Art, Umfang und Alter des Stufenwechsels im Finnisch-Ugrischen und Samojedischen". – *FUF Anz.* XII (1912): 1 – 128.

Sinor CAJ 10 = Sinor, D.: "Notes on the Equine Terminology of the Altaic Peoples". – *CAJ* 10 (1965): 307 – 315.

Sinor HUS III/IV = Sinor, D.: "Samoyed and Ugric Elements in Old Turkic". – *Harvard Ukrainian Studies* III/IV (1979 – 1980): 768 – 773.

Spasskij = Spasskij, G. I., quoted after: Potapov, L. P.: "Zum Problem der Herkunft und Ethnogenese der Koibalen und Motoren". – *JSFOu* 59 (1957): 57 – 104 (see also Helimski JSFOu 77: 103 – 106).

Starostin Alt. = Старостин, С. А.: *Алтайская проблема и происхождение японского языка*, Москва 1991.

Tatarincev VTF = Татаринцев, Б. И.: "О научном наследии Н. Ф. Катанова и его месте в тюркской и тувинской филологии". – *Вопросы тувинской филологии*, Кызыл 1983: 101 – 109.

Terentyev SFU XXV = Терентьев, В. А.: "Древнейшие заимствования из самодийских языков в тюркские". – *Советское финно-угроведение* XXV/4 (1989): 274 – 280.

TMS = Цинциус, В. И. (Ред.): *Сравнительный словарь тунгусо-маньчжурских языков*, I – II, Ленинград 1975 – 1977.

TuvRusSl = Тенишев, Э. Р. (Ред.): *Тувинско-русский словарь*, Москва 1968.

UEW – see Rédei UEW.

Vásáry ST = Vásáry, I.: "<u>Käm</u>, an Early Samoyed Name of the Yenisey". – L. Ligeti (Ed.): *Studia Turcica*, Budapest 1971: 469 – 482.

Vasmer = Фасмер, М.: *Этимологический словарь русского языка*, I – IV, Москва 1964 – 1973.

Lars Johanson

WIE ENTSTEHT EIN TÜRKISCHES WORT?

Synchrone Ursprungsetymologie und diachrone Wortgeschichte

Wie ein türkisches Wort entsteht, ist eine Frage von erheblicher Reichweite. Da sie
die Genese betrifft, gehört sie in die *Etymologie*, die Ermittlung der ersten Zuord-
nung eines Inhalts zu einem dafür geschaffenen Wortkörper. Die Feststellung, mit
welchen Segmenten und nach welchen Regeln der Schöpfungsakt stattgefunden
hat, ist eine synchron-deskriptive Aufgabe. Unsere folgenden Überlegungen basieren auf der Annahme, daß die Lehren, die aus *bekannten Schöpfungsakten* zu ziehen sind, bei der etymologischen Arbeit und bei der Rekonstruktion unbekannter
älterer Sprachstufen von Nutzen sind. Kenntnisse der Schöpfungsakte sind auch
eine Voraussetzung für die diachrone *Wortgeschichte*, das Studium der Entwicklung von Wörtern im Zeitablauf. Diesbezügliche Erfahrungen mit historischen
Türksprachen sind wiederum erforderlich für eine einigermaßen realistische Beurteilung vorgeschichtlicher Entwicklungen.

Auf unsere Frage kann es auch Antworten geben, welche die Genese als einen
Übergang in eine gewisse diachrone Phase bestimmen: Ein erster türkischer
Wortschatz ist sprachgeschichtlich damit entstanden, daß sich aus einer „Proto"-
Einheit ein Urtürkisch herausgelöst und relative Eigenständigkeit erlangt hat. Die
Benennung der betreffenden Protosprache – „Altaisch" oder einfach „Vortürkisch"
– wechselt bekanntlich mit dem jeweiligen Standpunkt des Betrachters in der *Ur-
verwandtschaftsfrage*.

Ein Hauptgrund für unsere Fragestellung liegt gerade in der Urverwandt-
schaftsdiskussion. Das Postulat einer Ursprache wie der altaischen ist eine starke
Annahme, für die ein straffer theoretischer Beweisapparat erforderlich ist. Zur Rekonstruktion von Urformen sind inhaltlich, lautlich, morphologisch, zeitlich und
sprachgeographisch einwandfreie Wortgleichungen erforderlich. Es erscheint uns
wichtig, daß die bisher aufgestellten Prinzipien und Axiome auch weiterhin diskutiert und die angewandten Kriterien in bezug auf ihren *Beweis-* bzw. *Indizienwert*
überprüft werden.

Urverwandtschaft

Hierzu sind einige Vorbemerkungen erforderlich. Die Probleme der altaischen Beziehungen sind vor allem wegen des Mangels an alten Quellen schwierig. Die Materialien des Altaisten sind keineswegs vergleichbar mit denen, die etwa dem Indo-

germanisten zur Verfügung stehen. Dennoch hat die von Gustav John Ramstedt begründete und von Forschern wie W. Kotwicz, N. N. Poppe, K. H. Menges, O. Pritsak, R. A. Miller, J. Street u.a. weitergeführte komparative Altaistik ein Hypothesengebäude errichtet, das in seinen kühnsten Versionen nicht nur Türkisch, Mongolisch und Tungusisch, sondern auch Koreanisch und Japanisch einbezieht, das aber auch in seinen gemäßigten Formen, die sich auf Türkisch, Mongolisch und Tungusisch beschränken, umstritten geblieben und von etlichen Forschern abgelehnt worden ist.

Die Kritiker führen Gemeinsamkeiten und Ähnlichkeiten zwischen den erwähnten Sprachen auf Kontakteinflüsse zurück und konzentrieren sich auf Rekonstruktion des Prototürkischen, Protomongolischen usw. Vieles, was Altaisten auf die gemeinsame Ursprache zurückführen, schreiben Nichtaltaisten Entlehnung zu. Probleme der Variation lösen Altaisten häufig durch Ansetzen unterschiedlicher ursprachlicher Phoneme und Formen, während Nichtaltaisten dazu neigen, verschiedene Entlehnungsschichten anzunehmen. Da dem Türkischen meist eine besonders aktive Rolle bei den Sprachkontakten zugeschrieben wird, sieht in der Tat das rekonstruierte Prototürkisch dem rekonstruierten Altaisch oft auch auffallend ähnlich.

Die Diskussion der altaischen Frage ist jedoch so stark von Polarisierung und Polemik geprägt gewesen, daß sie oft abstoßend gewirkt hat. Bei der „Ja-Nein-Altaistik" ging es nur um Annahme oder Ablehnung der Urverwandtschaft, „almost as in two-party politics" (Sinor 1990, ix). Beim tatsächlichen Stand unserer Kenntnisse ist gewiß eine offenere, weniger dogmatische Haltung angemessen. Der Unterschied zwischen Altaisten und den Kritikern dürfte aber in vielen Fällen auch geringer gewesen sein, als es den Anschein hat. Wer möchte nicht Sprachverwandtschaft positiv beweisen können? Es gibt wohl kaum einen Skeptiker, dem nicht primär dieses Ziel vorgeschwebt und der nicht pro-altaistische Argumente sorgfältig geprüft und auch selbst gesucht hätte. So hat sich z.B. J. Benzing bei seiner grundsätzlich kritischen Haltung für gute altaistische Argumente sehr offen gezeigt. Ohne eine altaische Protosprache anzunehmen, hat sich G. Doerfer in gewissen Detailfragen den Ramstedt'schen Positionen deutlich genähert und betont heute immer mehr ihren Wert: „We must be grateful to the ingenious founder of Altaistics as a science for discovering so many sound laws which are valid to this date" (1985, 135). A. Róna-Tas, der die Urverwandtschaft weder bejaht noch verneint, hält viele altaische Annahmen für anregend und nützlich, auch wenn sie seiner Ansicht nach nicht immer zur Aufdeckung der tatsächlichen Beziehungen beigetragen haben (1986; vgl. Johanson 1991c).

Manchmal scheint die Verständigung allerdings durch terminologische Unterschiede bzw. Unklarheiten erschwert zu werden. Während Kritiker wie Doerfer nur dann von Urverwandtschaft sprechen, wenn die betreffenden Sprachen aus einer gemeinsamen Ursprache stammen, verwenden Altaisten wie R. A. Miller den

Terminus „in its generally accepted sense of a larger super-stock relationship" (1991b, 301). So bleibt es manchmal unklar, wie weit *der tatsächliche Dissens* geht. Ist z.B. das Konzept einer „larger super-stock relationship" zu guter Letzt vergleichbar mit Gy. Némeths Gedanken an eine sich von Osteuropa bis Ostasien erstreckende Sprachenkette, in der die Übereinstimmungen zwischen den Nachbargliedern auf Kontakt („eine enge urzeitliche Verbindung") und/oder Verwandtschaft („eine urzeitliche Spracheinheit") zurückgehen (1947, 86 f.)?

Die Grenzen der Beweiskraft

Bei aller Kriterienstrenge und Skepsis sollte die Suche nach Beweisen und Indizien für Verwandtschaft und Verbundenheit des Türkischen mit anderen Sprachen nicht aufgegeben werden. Zu dieser konstruktiven und innovativen Aufgabe ist allerdings eine kritische Offenheit erforderlich, in der Argumente *pro* und *contra* erlaubt sind und gegeneinander abgewogen werden können, ohne daß die Kritik von vornherein als destruktiv ausgelegt wird.

Lohnend wäre zunächst vor allem eine sachliche und intellektuell redliche Prinzipiendiskussion über grundsätzlich mögliche Erkenntnisse und über die *Grenzen der Beweiskraft* gewisser Argumente. Wichtig ist die Unterscheidung zwischen (1) Faktoren, die eine Elementgleichung nicht positiv zu beweisen vermögen, und (2) denjenigen, die die betreffende Gleichung tatsächlich widerlegen. Gegen diese elementare Distinktion wird häufig verstoßen, indem Faktoren der ersten Kategorie als Faktoren der zweiten Kategorie, d.h. als Beweise gegen Verwandtschaft behandelt werden.

Es wird manchmal geltend gemacht, daß die Verwandschaftsfrage erst nach Feststellung sicherer Korrespondenzen gestellt werden dürfe. Eher ist sie immer wieder, in jeder Phase der vergleichenden Arbeit, tentativ zu stellen. Über die Notwendigkeit einer strengen Beweisführung anhand stichhaltiger Argumente sollte auch nicht vergessen werden, Argumente mit Indizienwert zu suchen und auszuwerten. Zu vermeiden ist eine Situation, in der *einerseits* mangelnder Beweiswert als Gegenbeweis gewertet wird, während *andererseits* jeder Indizienwert verkannt wird.

Im folgenden sollen u.a. einige vorläufige Überlegungen zum betreffenden Themenkreis angestellt werden, und zwar nicht mit dem Ziel, die eine oder andere These zu beweisen, sondern ausschließlich, um einige Argumente zu besprechen und zu gewichten.

Wortschöpfung

Unter einem türkischen Wort verstehen wir eine frei gebrauchte Lexemform, die syntaktisch relativ mobil ist, die auch ohne Kontext als komplette sinnvolle Äußerung verwendet werden kann, zwischen deren Teilen relativ starke Kohäsion besteht und deren Einheit oft auch akustisch (durch Wortbetonung, phonetisch markierte Grenzen, Lautharmonie usw.) markiert wird. Die Lexemform ist einfach oder komplex. Die Bildung neuer komplexer Formen erfolgt auf der Basis bereits vorhandener Mittel: Stammlexeme, Ableitungsmorpheme und Kombinationsregeln. Die Beherrschung dieser Mittel erlaubt eine schöpferische Aktivität, die, obwohl sie weitaus mehr Restriktionen unterliegt, der Bildung von Sätzen aus Wörtern ähnelt.

Die für den Schöpfungsakt zuständige Grammatik motiviert das Wort, sorgt für regelgeleitete, transparente Beziehungen zwischen Inhaltselementen und ihrem Ausdruck, für Ableitung der Wortbedeutung aus Teilbedeutungen. Mit einem endlichen Inventar von Einheiten und Regeln kann ein im Prinzip offenes Wortinventar entstehen. Die Produkte reichen von kurzlebigen Augenblicksbildungen bis zu usuellen Wortprägungen, die von der Sprechergemeinschaft konventionalisiert werden und als Neuerungen in den gemeinsamen Kode eingehen. Obwohl individuelle Sprecher nicht neue Wörter in dem Maße erzeugen, wie sie ständig aktiv neue Sätze synthetisieren, besitzen sie zumindest die rezeptive Kompetenz, regelgeleitete Bildungen zu analysieren.

In der komplexen türkischen Morphologie dienen Stämme als Eingabeformen für produktive Bildungsregeln. Neue Wörter entstehen durch Lexembildung und grammatische Flexion. Eine hochgradige Transparenz ist typisch bereits für das älteste uns bekannte Türkisch; die Probleme der Segmentierung und der Allomorphie sind verhältnismäßig gering. Lexembildung umfaßt erstens Kombination von Lexemstämmen zu Komposita (mit typischer Betonungsstruktur), zweitens Ableitung durch wortartspezifische Formantien. Stämme fallen im Türkischen meist mit Formen zusammen, die als Wörter verwendet werden können. So ist z.B. ein deriviertes Lexem wie *išči* 'Arbeiter' mittels einer produktiven Lexembildungsregel aus zwei Morphemen, dem Stammmorphem *iš* 'Arbeit' und dem Ableitungsmorphem *-či,* gebildet. Grammatische Flexion ist das Ergebnis von Regeln zum Ausdruck gewisser satzstruktureller Operationen. Flexionsmorpheme signalisieren z.B. den Status des Wortes in größeren Strukturen oder Kongruenz mit anderen Satzelementen. Sie treten meist in geschlossenen und strukturierten Paradigmen auf; die von ihnen vertretenen morphosyntaktischen Kategorien werden in den syntaktischen Positionen, wo sie vorkommen können, obligatorisch realisiert. Eine konsequente Trennung zwischen wortbildenden und flexionalen Suffixen ist allerdings nicht möglich. Einige schwanken in ihrer Verwendung; so dienen z.B. lexembildende Formantien gelegentlich auch syntaktischen Zwecken.

Etymologie

Die ursprüngliche Form-Inhalt-Zuordnung mag später demotiviert werden. Produktive Formantien und/oder Regeln werden unproduktiv, die darauf basierenden Bildungen verlieren an Transparenz einschließlich inhaltlicher Voraussagbarkeit.

Wenn die Demotivierung einer Bildung die etymologische Neugier des Turkologen erweckt, so muß er die motivierende Ursprungsgrammatik suchen. Das zu etymologisierende Einzelwort ist an eine geordnete Grammatik anzuschließen, die die Systemeigenschaften einer realen Sprache besitzt und den angemessenen Zusammenhang zwischen Ausdrucksmitteln und Inhalt bietet. Diese Grammatik mag einer nur *hypothetisch zu rekonstruierenden Sprachstufe* angehören.

Vielen alten türkischen Wörtern, deren Geschichte noch so gut bekannt sein mag, fehlt eine Etymologie, da sie nicht als Komplexe zu identifizieren sind, z.B. *al-* 'nehmen', *bol-* 'werden', *är* 'Mann', *saɣ-* 'melken', *sūt* 'Milch', *sā-* 'denken, zählen'. Auch wenn sie sich durch vergleichende Rekonstruktion als ursprünglich komplex erweisen sollten, ist die Wortgestalt, die als Basis der Ableitung gedient hat, unbekannt und kann nur als *Wurzel* angegeben werden, z.B. **qa-* 'sich vereinen' in *qat* 'Seite, Nähe', *qat-* 'anschließen'. Wurzeln werden konstruiert, um Ableitungen plausibel zu machen, was durchaus legitim ist. Gerade einige Wörter, die gute Kandidaten für altaische Korrespondenzen zu sein scheinen (**al-* usw.), weisen allerdings einfache Strukturen auf, die sich nicht etymologisieren lassen. Zu Rekonstruktionszwecken können tentativ auch entsprechende semantische Elemente angesetzt werden, etwa ein **qa* 'Nähe, Einheit'. Wurzeln dürfen allerdings nicht als *reale Elemente im Sinne einer Ursprungsgrammatik* verstanden werden. Die ältere Turkologie behandelte sie oft als kleinste Inhaltsträger und schrieb ihnen abstrakte Grundbedeutungen zu, z.B. 'schreiten' für *at, ay, az, ar* oder 'offen' für *ač, at, ay* (Vámbéry 1878). Die durch Wurzeletymologie aufgestellten Inhalte sind auf jeden Fall nie mit tatsächlichen Wortbedeutungen zu verwechseln.

Voreinzelsprachliche Strukturen

Zahlreiche demotivierte türkische Wortbildungen lassen sich jedoch auf eine *rekonstruierte Ursprungsgrammatik* zurückführen. Diese mag älter oder jünger sein. Eine mögliche größere voreinzelsprachliche Einheit wie die altaische dürfte weit zurückliegen und früh, vielleicht zwei oder drei Jahrtausende vor Christi Geburt zerfallen sein (s. Ramstedt 1957, 15). Die mit der Auflösung der altaischen Einheit entstandenen Ursprachen, etwa das Urtürkische, müssen später – u.a. angesichts ihrer unterschiedlichen Lautsysteme – lange Einzelentwicklungen durchgemacht haben. Eine mögliche uralaltaische Einheit müßte bereits in der Altsteinzeit

(– 8.000 v. Chr.) aufgelöst worden sein. Sprachwandel erfolgt meist so schnell, daß die Spuren genetischer Beziehungen nach kurzer Zeit undeutlich werden. Hat ein mutmaßlich altaisches Wort im Türkischen seine alte Struktur beibehalten, so mag es unmöglich sein, dies im strikt etymologischen Sinne zu beweisen. Dies gilt z.B. für türkische Segmente wie *art, arqa* 'Rücken', *aɣïz* 'Mund', *adaq* 'Fuß', und zwar unabhängig davon, ob wir sie als altaisch einschätzen oder nicht. Die ersten Segmente mögen mit mong. *aru* 'hinter', das zweite mit kor. *aguri* 'Mund', und jap. *ago* 'Unterkiefer' zusammengeführt werden oder nicht; das dritte mag über alt. **padaq* mit indoeur. **ped-*, dravid. **paṭ* etc. identifiziert werden oder aber als Ableitung mittels eines deverbalen Suffixes **-(g)āk* (zur Bezeichnung von Körperteilen) aufgefaßt werden. In jedem Fall vertreten sie alte Strukturen, deren Ursprungsgrammatik nicht mehr rekonstruiert werden kann.

Dieser Umstand ist allerdings keine Legitimation für noch unklarere innertürkische Pseudoetymologien wie etwa die Erklärung von *aɣïz* als denominaler Ableitung von *ag* 'Zwischenraum' oder von *adaq* als deverbaler Ableitung von einem *(y)ad-* 'ausbreiten', wobei nicht nur die angenommenen Primärstämme und Suffixe, sondern auch die Beziehungen zwischen ihnen obskur bleiben.

Kriterien

Bei Wortgleichungen ist die *Zurückführbarkeit auf eine Grammatik* als striktes Beweismittel notwendig. Seit W. Bang sind zur Beurteilung altaischer und anderer Gleichungen strenge wortschatzetymologische Prinzipien formuliert und Kriterien zur Unterscheidung von Verwandtschaft, Entlehnung und Sonderentwicklung aufgestellt worden. U.a. bei J. Benzing (1953; Johanson & Schönig [Hgg.] 1988), G. Doerfer (1963; 1973) und A. Róna-Tas (1986), Ščerbak (1970; 1977) finden sich wichtige Kriterien phonetischer, morphologischer, geographischer und historisch-kultureller Art.

Vor allem wird verlangt, daß die rekonstruierbaren Formen mutmaßlich verwandter Wörter lautlich und semantisch miteinander im Einklang stehen. Rein struktureller Ähnlichkeit wird keinerlei Beweiswert beigemessen. Aus anderen Sprachen kopierte Einheiten müssen identifiziert und vom genetischen Vergleich ausgenommen werden. Als Indizien für Entlehnung in Sprache A aus Sprache B gilt u.a., daß nur das B-Wort eine gute Etymologie hat oder zum Grundwortschatz gehört, daß die A-Bedeutung spezialisiert ist usw. Wichtig für die vorgeschlagenen Gleichungen sind auch chronologische und geographische Argumente. So spricht es z.B. für Entlehnung, wenn ein A und B gemeinsames Wort erst nach dem Zerfall einer ehemaligen zeitlich-räumlichen Einheit entstanden ist.

Auch vorgeschlagene Ableitungen müssen natürlich in zeitlicher und räumlicher Hinsicht plausibel sein. Vergleiche zwischen Wörtern aus mehreren Sprachen setzen aber auch Kenntnisse der wortstrukturellen Verhältnisse dieser Sprachen voraus. Zur sicheren Identifikation von Ableitungen müssen sowohl Stämme als auch Suffixe bekannt sein. Die Regeln der Ableitung müssen korrekt sein, u.a. auch in bezug auf die Unterscheidung zwischen denominalen und deverbalen Suffixen. Werden Wortteile verglichen, so muß deren Zusammenhang mit dem Rest des betreffenden Wortes verständlich sein. Entstehen Konflikte in dieser Hinsicht, so sollten bessere Lösungen gesucht werden.

Es heißt manchmal, es sei gefährlich, mit rekonstruierten Formen zu operieren, solange die Existenz einer Ursprache und deren Besonderheiten nicht feststünden. Derartige Auffassungen gehen möglicherweise auf Mißverständnisse der Rolle der rekonstruierenden Sprachwissenschaft zurück. Diese ist keine Wortgeschichte, die Veränderungen der einmal geschaffenen Form-Inhalt-Zuordnung studiert und auf Texten basieren muß. Sie rekonstruiert Ursprachen – bzw. im glottogonischen Sinne die Vorgeschichte von Ursprachen – aufgrund von Vergleichen. In ihrer Hypothesenbildung geht sie über die ältesten sprachlichen Belege hinaus und ist insofern „spekulativ", als die Einheiten, mit denen sie operiert, nicht immer an der sprachlichen Wirklichkeit nachprüfbar sind. In sich selbst und in ihrem Verhältnis zu den bekannten Sprachfakten muß sie aber widerspruchslos sein. Rekonstruierte Formen und Sprachstufen sind ausdrücklich hypothetische Konstrukte, dringend notwendige Instrumente, die keine „Gefahr" darstellen, wenn sie nicht mißbraucht und mit Belegtem verwechselt werden. Die Basis der Vergleiche bilden auf jeden Fall belegte Sprachfakten. Oft wird übersehen, daß ein rekonstruiertes System – wie Altaisch, aber auch schon Prototürkisch – nie den Anspruch erhebt, mit einer tatsächlich existierenden Sprache identisch zu sein.

„Anorganische" Entwicklungen

Wichtige Faktoren sind auch „anorganische" Entwicklungen verschiedener Art. Reine Stammbaumrelationen reichen nicht aus, um die geschichtlichen Beziehungen, geschweige denn die vorgeschichtlichen zu erklären. Die Gemeinsamkeiten und Unterschiede der zentraleurasischen Sprachen können nur unter Berücksichtigung hochkomplizierter arealer Interaktionen, ethno- und glottogenetischer Prozesse mit ständigen Verschiebungen der Gruppierungen, Sprachmischung, Sprachwechsel usw. verstanden werden. Relevant sind damit Fragestellungen, die nicht ausschließlich der Urverwandtschaft gelten, etwa kontaktlinguistische und arealtypologische Probleme wie Lehnbeziehungen, typologische Ähnlichkeiten, areale Besonderheiten, gemeinsame Substrateinflüsse, konvergente Entwicklungen usw. Auch eine vergleichende Altaistik hat sich in diesem Sinne um ergänzende und nuancierende Aspekte zu kümmern, um differenziertere Ansätze auf Kosten einer simplifizierenden Behandlung der komplexen dialektalen, arealen und historischen Fakten.

Kopieren aus anderen Sprachen

Unzählige neue türkische Wörter entstanden in Sprachkontakten durch Kopieren aus anderen Sprachen. Oft liegen lange Entlehnungsketten vor, deren einzelne Glieder nicht immer festgestellt werden können. So konnten z.B. Kulturwörter arabischer, persischer und abendländischer Herkunft sehr früh durch ganz Asien gelangen, etwa *mal* 'Besitz', 'Vieh', *ĵeb* 'Tasche', *nom* 'Lehre', 'Buch'.

Mißachtung der Tatsache, daß eine Kopie – unabhängig vom Grad der Anpassung – nie mit der Vorlage identisch ist, führt bei komparativen Studien oft zu Irrtümern. Auch wird oft übersehen, daß die Bedeutung, um derentwillen ein Wort kopiert wurde, nie mit der des Originals ganz identisch ist. Beim Kopieren findet in der Tat *ein neuer Schöpfungsakt* statt. Bei komplexen Wörtern ist die etymologisch motivierende Grammatik – die ursprüngliche Form-Inhalt-Zuordnung – jedoch eine fremde, d.h. stammt aus der direkten oder indirekten Gebersprache. In der Nehmersprache bleibt die Komplexität des Originals oft sogar unberücksichtigt. So bleiben Fremdelemente für viele Sprachbenutzer unmotiviert und opak. Die Bevorzugung von Eigenschöpfungen, wie sie bereits z.B. im Altuigurischen, Karachanidischen und Altosmanischen als Tendenz zu beobachten ist, kann insofern als „puristisch" gelten, als sie eine Neigung zu motivierten Bildungen ausdrückt. Aber auch Wörter, die aus sprachpolitischen Gründen aus längst abgeschlossenen oder auch imaginären sprachlichen Entwicklungsstufen kopiert werden, um als Neologismen zu dienen, z.B. ttü. *olanak* 'Möglichkeit', sind natürlich keine normalen Ergebnisse innersprachlicher Entwicklung, sondern gehen allenfalls auf fremde Ursprungsgrammatiken zurück. Wird dagegen ein ganzes neologistisches Lexembildungssystem geschaffen, so stellt auch deren künstliche Entstehung kein Hindernis für normale Schöpfungsakte dar.

Kopien verraten oft durch ihre Lautstruktur und Betonung ihre fremde Vorlage (etwa ttü. *ma´•sa* 'Tisch' mit Zusammenfall von Hochton [´] und Druck [•]). Sie werden aber auch mehr oder weniger angepaßt, wodurch Unterschiede gegenüber dem ursprünglichen Wortschatz oft verwischt werden; sie entwickeln sich wie einheimische Wörter und nehmen wie diese an späteren Neuerungen teil. Um alte Lehnwörter zu identifizieren, ist es wichtig, auf deren Eigentümlichkeiten zu achten, soweit sie in älteren Quellen graphisch widergespiegelt werden, und ihnen nicht standardisierte, angepaßte Wortgestalten zu unterstellen (vgl. Menges 1980).

Die Kopien müssen von den organisch entwickelten Wörtern unterschieden werden, wobei die oben erwähnten strengen Prinzipien für Wortgleichungen anzuwenden sind. Ein gutes Beispiel für Verstöße gegen mehrere wichtige Kriterien bietet die Erklärung des tuwinischen *ča"s* 'Niederschlag' als Kontraktionsprodukt von einem **yaɣ-iš* (Clauson 1972, 908a). Drei Gegenargumente können angeführt werden: (1) Die Ableitung auf -°*š* ist untypisch für das Nordosttürkische. (2) Das [š] hätte erhalten bleiben müssen. (3) Das Wort hat (entgegen Clausons Angabe „ça:s") keinen Langvokal, aber Glottalisation, die eine folgende Fortis signalisiert (Johanson 1986). Hier liegt in Wirklichkeit die Kopie einer mongolischen Vorlage *cas* 'Schnee' vor.

Obwohl es methodisch richtig ist, Resultate von Kontakteinflüssen zu identifizieren und auszujäten, um genetische Übereinstimmungen festzustellen, wäre es natürlich falsch zu behaupten, daß einander entsprechende Wörter nur dann auf eine gemeinsame Ursprache zurückgehen *können*, wenn Entlehnung ausgeschlossen ist. Die türkischen Lehnelemente im Mongolischen – auch gewisse Parallelen, die auf Kontakte aus der Zeit vor dem Mongolensturm zurückgehen mögen – widerlegen z.B. nicht die Hypothese, daß Türkisch und Mongolisch urverwandt seien. Ebenso stellt etwa der Befund, daß türkische, mongolische und tungusische Übersetzungsäquivalente für gewisse Einheiten im sog. Grundwortschatz einander nicht entsprechen (s. Clauson 1969), ein Indiz, aber keinen Beweis gegen Urverwandtschaft dar.

Komplementäre Forschungsrichtungen

Es ist gewiß legitim, Gemeinsamkeiten altaischer Sprachen, etwa „identische" Wörter und Suffixe zusammenzustellen, ohne zunächst ursprachliche Formen rekonstruieren zu wollen, und ohne Rücksicht darauf, ob sie genetisch oder durch historisch-geographische Kontakte bedingt sind. Diese Möglichkeit rechtfertigt aber nicht eine ablehnende Haltung gegenüber der rekonstruktiven Arbeit mit hypothetischen Sprachen. Die genetisch-vergleichende und die kontaktlinguistische Forschung stehen im komplementären Verhältnis zueinander. Sinor hält Poppe vor, dieser sei in seiner vergleichenden Grammatik der altaischen Sprachen (1960) „not content with establishing word correspondences that fall into a regular phonetic pattern"; er arbeite bereits für Mongolisch mit zwei hypothetischen Sprachen, Vormongolisch, Urmongolisch, und versuche, über diese eine „noch hypothetischere" altaische Ursprache zu erreichen (1963, 134). Wozu sollte aber ein Komparatist Wortgleichungen mit regelmäßigen Lautentsprechungen aufstellen, wenn nicht zu rekonstruierenden Zwecken?

Die Warnung vor vereinfachenden Versuchen, komplexe sprachliche Beziehungen zu klären, gilt auch für eine Kontakt- und Arealforschung, die sich zu viel zutraut. Gemeinsamkeiten, die nicht mit den strengen genetischen Kriterien zu erklären sind, werden oft zu sorglos irgendeinem Kontakteinfluß zugeschrieben. Ähneln sich z.B. zwei Kasussuffixe, ohne auf eine gemeinsame Urform zurückführbar zu sein, so wird oft zu schnell eines davon als Kopie des anderen erklärt. Diese Praxis ist nicht immer unbedingt weniger simplistisch als unkritische Versuche, Morpheme genetisch miteinander zu verbinden. Die Frage, unter welchen Bedingungen Elemente im Sprachkontakt aus einer Sprache in die andere kopiert werden, erfordert nicht weniger differenzierte Überlegungen als die Fragen der Urverwandtschaft.

Lehren aus der Wortgeschichte

Spätere, historische Schöpfungsakte, durch die türkische Wörter nachweislich entstanden sind, können uns viel über die Genese älterer Wörter lehren. In ähnlicher Weise können wir anhand der Wortgeschichte, dem Studium belegter diachroner Entwicklungen, wichtige Schlüsse in bezug auf vorgeschichtliche Vorgänge ziehen. Besonders aufschlußreich sind auch in dieser Hinsicht gewisse „anorganische" Entwicklungen.

Der „organische" Anschluß eines komplexen Wortes an die ursprünglich motivierende Grammatik kann in unterschiedlicher Weise verlorengehen. Bei der erwähnten Demotivierung der ursprünglichen Form-Inhalt-Zuordnung verlieren die Bildungen an Transparenz. Einmal vorhandene Bildungen schwinden, oder sie unterliegen semantischem Wandel. Produktive Formantien und/oder Regeln werden begrenzt produktiv oder unproduktiv; gewisse Bildungssuffixe werden obsolet. Einmal tote Bildungsmittel können auch wiederbelebt werden, etwa durch neologistische Maßnahmen. Möglich sind auch evolutiv anomale Bildungen etwa im Sinne von Neuschöpfungen mit kopierten Bildungssuffixen. Ein älterer Primärstamm kann schwinden, während eine Ableitung von ihm erhalten bleibt, etwa ttü. *ıssız* 'öde, einsam, ohne Besitzer' (< *eδi* 'Herr' + Privativsuffix).

Auch andere Unregelmäßigkeiten sind möglich. Neue Wörter entstehen auch durch kombinatorische Teilstrukturkopien, etwa sog. Lehnübersetzungen. Gerade die Grammatik, die wir für die Ursprungsetymologie suchen und die die Regeln für die Kombination geliefert hat, kann also selbst z.T. kopiert sein. Fehlende Motivierung führt auch oft zu volksetymologischen Versuchen, opake Bildungen durch Bezug auf bekannte Segmente und Regeln zu motivieren. Dabei werden unmotivierte Wörter oder Wortteile durch solche ersetzt, die eine Motivierung erkennen lassen. Hierin liegt natürlich eine zusätzliche potentielle Fehlerquelle bei etymologischen Bemühungen. Ein Beispiel für diesbezüglich problematische Wörter ist *tilmač* 'Dolmetscher' als vermutlich nur scheinbare Ableitung von *til* 'Sprache'.

Möglich sind auch verschiedene Arten von Klassenwechsel. Die Zugehörigkeit zu den Klassen der wortbildenden und flexionalen Suffixe kann erfahrungsgemäß instabil sein. Ramstedt zufolge fehlte dem Altaischen allgemein eine klare diesbezügliche Unterscheidung. Wie dem auch sei, sind noch in historischer Zeit

Lexembildungssuffixe zu Flexionssuffixen geworden, etwa mong. *-ΓAi* 'zu etwas gehörig' > Genitiv *-Ā*; *-tAi* 'versehen mit' > Instrumental/Komitativ *-tAi*. Was die Unterscheidung von denominalen und deverbalen Suffixen betrifft, so ist es schwieriger festzustellen, ob Klassenwechsel stattgefunden hat und ob einzelne Suffixe (wie etwa *-[°]š* und *-rA*) sowohl deverbal als auch denominal funktioniert haben. Ramstedt zufolge wurden im Altaischen Nomen und Verb nur in der Flexion, nicht aber in der Wortbildung unterschieden. Ein dritter Punkt ist der lautharmonische Klassenwechsel. Obwohl das Türkische Silben streng nach dem phonologischen Merkmal [±vorn] klassifiziert, haben Primärstämme gelegentlich die Klasse gewechselt, z.B. *iš* 'Arbeit' > *iš*.

Wandel und Variation

Aus den bekannten historischen Prozessen ist vor allem ersichtlich, daß der Wortschatz ständigem Wandel unterliegt und daß neben der Entstehung neuer Wörter alte Wörter schwinden bzw. Bedeutungswandel unterliegen. Bei der Verbreitung von Neuerungen sind immer Unregelmäßigkeiten festzustellen, Variation, die zur Heterogeneität führt. Neuerungen betreffen oft nur Teile einer Sprechergemeinschaft. Das gilt nicht zuletzt für lautliche Tendenzen, die den Wortschatz in unterschiedlichem Tempo durchdringen und sich oft auch nicht zu Lautgesetzen entwickeln. Zur Kürzung der primär langen türkischen Vokale und zu den damit verbundenen phonetischen Entwicklungen s. Johanson 1992b. Róna-Tas führt z.B. den sog. Rhotazismus (*z* > *r*) und Lambdazismus (*š* > *l*) auf eine urtürkische Dialektvariation zurück (1986, 11 ff.). In gewissen, vor allem frequenten Einzelwörtern mag der Lautwandel verzögert werden oder ausbleiben, so daß Verstöße gegen die normalen lautlichen Isoglossen festzustellen sind. Durch Veränderungen, die als Tendenzen anfangen, entstehen auch Dubletten, oft mit Bedeutungsunterschieden.

Hieraus ergibt sich für die genetische Frage, daß Unregelmäßigkeiten als Reste alter Dialektvariation und Koexistenz alter und neuer Merkmale durchaus zu erwarten sind. Auch in der Altaistik ist von komplexen internen und externen Beziehungen der Einzelsprachen auszugehen. Eine motivierende voreinzelsprachliche Bildungsregel kann sich in Tochtersprache A stärker, in Tochtersprache B weniger stark gewandelt haben. Ein altes gemeinsames Wort kann z.B. in A die alte Struktur, die in B noch zu erkennen ist, verloren haben und opak geworden sein. In A mögen so die Einheiten und/oder Regeln fehlen, die zu einer bestimmten Wortgleichung erforderlich wären. So läßt sich kein gemeinsames Etymon beweisen, aber — was manchmal übersehen wird — auch *kein Gegenbeweis* liefern. Wenn ein komplexes Wort, das den Sprachen A und B gemeinsam zu sein scheint, nur in B eine gute Etymologie aufweist, so mag dies, wie Bang hervorhob, ein Argument für

Entlehnung aus B in A sein. Es ist aber eben nur ein Indiz und kein Beweis. Die gesuchte Grammatik mag dennoch eine ältere, voreinzelsprachliche sein, die sich in B nur weniger stark gewandelt hat. Es wäre somit unrichtig zu behaupten, daß Wörter nicht urverwandt sein *können*, wenn sie nur in einer der zu vergleichenden Sprachen analysierbare Ableitungen sind.

Ebenso wenig gerechtfertigt wäre der Schluß, daß jeweils nur Primärstämme und Suffixe verglichen werden dürfen. Wie erwähnt, kommen auch Neuschöpfungen mit kopierten Bildungssuffixen vor. Dabei werden zuerst ganze komplexe Wörter kopiert, z.B. mong. *erseg* 'mannstoll' aus dem Türkischen; später wird eine darin vertretene Wortbildungseinheit, hier-*sAG*, produktiv und bildet neue Ableitungen von einheimischen Stämmen, z.B. mong. *eme-seg* 'Schürzenjäger' (Clauson 1959, 185). Kopierte Bildungssuffixe können sogar eine höhere Frequenz als ihre Vorlagen haben, z.B. das aus dem Usbekischen kopierte tadschikische *-miš*.

Lautliche Kriterien

Entscheidend für den Beweis der Urverwandtschaft zweier Sprachen ist, daß die Elemente ihrer ältesten rekonstruierbaren Lautsysteme übereinstimmen. Für die ältesten türkischen, mongolischen und tungusischen Systeme konnte dieser Nachweis im strengen Sinne bisher nicht erbracht werden. Die bestehenden Widersprüche lassen sich auch nicht durch Ansetzen einer großen Anzahl protosprachlicher Phoneme überbrücken. Zu bemerken ist allerdings, daß sogar das Prototürkische diesbezüglich problematisch ist. Nicht einmal die lautlichen Fakten der bekannten älteren und jüngeren Türksprachen lassen sich stammbaumgerecht auf ein homogenes Prototürkisch zurückführen. Bereits hier begegnen uns Entsprechungen, die nicht restlos mit den postulierten lautlichen Regeln übereinstimmen, d.h. Probleme, die *mutatis mutandis* für die Rekonstruktion einer altaischen Ursprache relevant sind. Der Beweis eines gemeinsamen Urprungs zweier Wörter erfordert gewiß, daß ihre rekonstruierbaren Formen lautlich miteinander im Einklang stehen. Beweismangel kann aber nicht automatisch als Gegenbeweis gelten.

Wenn das angebliche „altaische Gesetz der Vokalharmonie" gilt, so können, wie Benzing (s. Johanson & Schönig [Hgg.], 1988, 25) zu Recht bemerkt hat, nur Wörter derselben Vokalklasse etymologisch zusammengehören. Diese Regel wird beim Etymologisieren oft außer acht gelassen (z.B. in Ramstedt 1949). Welche Bedeutung kommt ihr aber insgesamt zu? U. E. ist das bereits erwähnte lautharmonische Problem weitgehend falsch eingeschätzt worden. Die einzige Konstante im Türkischen ist hier die Klassifikation von Silben in bezug auf das Kriterium [±vorn]. Alle anderen lautharmonischen Erscheinungen scheinen oberflächlicher und weniger generell zu sein; sie stellen also keine starken Argumente dar, was die Frage der altaischen Urverwandtschaft betrifft. *Das Tungusische klassifiziert nicht einmal nach dem Merkmal [±vorn], sondern nach [±hoch].* Sogar innerhalb des Türkischen wechseln, wie erwähnt, Primärstämme manchmal die Klasse. Die Möglichkeiten des Vokalklassenwechsels müssen in vorgeschichtlichen Perioden nicht unbedingt geringer gewesen sein.

Abwesenheit im Ost-Alttürkischen

Stämme und Suffixe, die im Rahmen etymologischer Hypothesen rekonstruiert werden, dürfen nicht *ad hoc* zu realen Elementen erklärt werden. Zur sicheren Identifikation einer Ableitung müssen sowohl Stämme als auch Suffixe bekannt sein. Das Fehlen dieses Nachweises bedeutet jedoch nicht unbedingt die Widerlegung der betreffenden Etymologie.

Vor allem braucht die Grammatik, welche die Ursprungsetymologie eines gegebenen komplexen Wortes motiviert, nicht unbedingt in der *ost-alttürkischen* Wortbildung, wie sie uns bekannt ist, produktiv zu sein. Der Befund, daß eine Etymologie anhand des dort vorgefundenen Materials nicht positiv beweisbar ist, sagt über andere und frühere Sprachzustände nichts Entscheidendes aus.

Abwegig wäre der Schluß, daß keine Ableitung im etymologischen Sinne vorliegen könne, wenn keine entsprechende ost-alttürkische synchrone Ableitung bekannt ist. Die Tatsache, daß dort ein opakes Verhältnis *qïr-* : *qïz* herrscht und kein denominales Suffix *+Kin* bekannt ist, schließt allenfalls *qïrqïn* 'Jungfrau' als synchrone Ableitung von *qïz* 'Mädchen' aus, nicht aber die prinzipielle Möglichkeit, *qïrqïn* mit *qïz* etymologisch zu verbinden. Der Umstand, daß kein produktives deverbales Suffix bekannt ist, mit dem sich *aδru-* 'übertreffen' von *aδïr-* 'trennen' ableiten ließe, entkräftet nicht Ramstedts altaistischen Vergleich dieser Wörter. Obwohl das Ost-Alttürkische kein produktives Suffix *-rä-* aufweist und kein *ögrä-* in historischer Zeit belegt ist, ist nicht einmal eine Bildung wie *ö-g+rä-n-* 'lernen' im etymologischen Sinne ganz auszuschließen (*ö-* 'denken' + Nominalsuffix *-g* = *ög* 'Verstand' + *-rä* + Medialsuffix, d.h. 'für sich in den Sinn tun'). Ohne gerade für diese Etymologie zu plädieren, wollen wir darauf hinweisen, daß die Möglichkeiten, gesamttürkische Etymologien anhand des Ost-Alttürkischen zu entkräften, *begrenzt* sind.

Wortbildung durch Komposition

Wie läßt sich die Entstehung türkischer Wörter in diachroner Sicht beschreiben? Um allgemeinere evolutive und typologische Regularitäten nicht aus dem Auge zu verlieren, sollten wir die wortexterne Struktur von der wortinternen nicht zu wasserdicht trennen. Einer der Entstehungswege beginnt in Wortkombinationen, die komplexe Inhalte analytisch ausdrücken und in denen eine engere semantische Beziehung zwischen Gliedern entsteht, indem eines von ihnen Generalisierung unterliegt, d.h. weniger spezifisch verwendet wird. Oft sind insofern Isomorphismen zwischen Ausdruck und Inhalt festzustellen, als die semantische Beziehung zwischen den freien Einheiten mit engerer formaler Kohäsion verknüpft ist.

Beispiele hierfür sind Nominalkomposita verschiedener Art, die durch Kompositumbetonung, eventuell Possessivsuffix und andere Zeichen von Kohäsion als solche gekennzeichnet sind und deren erstes Glied generisch und numerusindifferent ist, z.B. ttü. *e˙l çantası* 'Handtasche' *ba˙şbakan* 'Ministerpräsident'. Weitere Beispiele sind Kompositionen Nomen + Verb, in denen das Nomen eine nichtspezifische Subjekt-, Objekt- oder andere generelle Funktion besitzt, z.B. ttü. *ya˙rdı˙m etmek* 'helfen'; vgl. den ost-alttürkischen Typ *qaɣan olor-* 'sich als Qaghan hinsetzen', der „in die Richtung einer Kompositionsbildung" weist (Menges 1991, 330).

Auf der Ausdrucksseite ist manchmal eine gewisse Abnutzung festzustellen, z.B. wie beim Ausfall des Possessivsuffixes in türkeitürkischen Nominalkomposita, etwa *ba˙şörtü* 'Kopftuch'. Die engere Beziehung mag graphisch durch Zusammenschreibung (ohne Leerstelle im Schriftbild) usw. signalisiert werden, z.B. ttü. *kita˙bevi* 'Buchhandlung', *pa˙rketmek* 'parken' (vgl. dt. *kopfstehen*). Die präskriptiven Regeln hierfür wechseln und die Praxis schwankt erheblich. Auch in der Türkei herrscht bis heute keine Einigkeit darüber, ob und wann eine engere semantische Beziehung graphisch zu kennzeichnen sei, z.B. in *yü˙kse˙kokul* 'Hochschule', *yo˙laçmak* 'führen [zu etwas]' (< 'Weg öffnen').

Die ursprünglich transparenten Bildungen mögen auch zunehmend opak werden. Der Komplex ist nicht mehr regelmäßig semantisch motiviert, sondern stellt eine Inhaltseinheit dar, die nicht aus den Bedeutungen ihrer Bestandteile abzuleiten ist. So kann z.B. *sivrisinek* 'Stechmücke', das zwei Morpheme enthält, durch keine produktive Regel aus *sivri* 'spitz' + *sinek* 'Fliege' gebildet werden, sondern verhält sich inhaltlich wie ein einfaches Wort im Lexikon.

In Komposita der erwähnten Typen ist zweifellos der Ursprung etlicher Bildungen, die später durch Suffixe abgeleitete oder einfache Lexeme darstellen. Zum Typ *kert˚kön-* 'glauben' s. unten.

Entwicklungskontinuum

Lexikalische Einheiten, die auf einer Entwicklungsstufe freie Wörter sind, können in andere Wörter integriert werden und sich so zu gebundenen Formantien entwickeln. Dabei verlieren sie an semantischer Komplexität. Diese Reduktion korreliert mit einer höheren Verwendungshäufigkeit und meist auch mit einem weniger komplexen Ausdruck, einer gewissen Abnutzung. Bei dieser Delexikalisierung bzw. Grammatikalisierung finden wir, was die Kombinationen von Inhaltselementen mit *Inhaltsträgern betrifft, nicht selten das Entwicklungskontinuum Wort > Partikel > Suffix > 0* (mit Zwischentypen). (Zu der mit der Grammatikalisierung verbundenen Umkehr der satzsyntaktischen Modifikationsverhältnisse s. Johanson 1973, 103 ff. = 1991a, 22 ff.).

Eine von zwei benachbarten freien Einheiten kann sich zu einer weniger eigenständigen Einheit entwickeln, die einer geschlossenen Klasse angehört und an ihre Position fester gebunden ist. Solche grammatischen Hilfswörter sind u.a. Postpositionen, Kopulapartikeln und andere Einheiten, die Aspektotempus, Modus, Negation usw. ausdrücken. Sie können auch formal mit lexikalischen Wörtern zusammenfallen (z.B. *son* 'Ende', als Postposition 'nach'). Später mag sich das Hilfswort zur gebundenen Einheit entwickeln. Es existieren auch Grenzfälle, Morpheme mit freien und gebundenen Varianten (ttü. *ile* : -(y)lA, *beri* : -beri usw.). In der diachronen Entwicklung sind etliche Suffixe so entstanden, u.a. für neue Kasus, z.B. *tapa* 'findend' > tuwinisch -DIβA (Direktiv); *birlä* 'mit' > tschuwaschisch -pa (Komitativ). Ähnliches gilt z.B. auch für das Mongolische, etwa -n (Konverb) + a 'sein' + m[u] (Präsens) > -nam.

Eine Einheit auf dem Weg vom freien Lexem zum Suffix ist das zweite Element des komplexen ost-alttürkischen Lexems *kert°kön-* (KYRTKWN-) 'glauben' (auch in *kert°könč* 'Glaube' etc.). Erdal hält die Ableitung für unklar und lehnt *kertü+k-ün-* mit dem Argument ab, daß Verben auf -(X)K- nicht durch -(X)n- erweitert werden (1991, 605). Hier sehen wir jedoch eine Verbindung von [kertw] 'wahr' und dem Verb [kön-] 'sich richten, sich halten, folgen, anerkennen', also insgesamt etwa 'als wahr anerkennen' (Johanson 1979, 102 Fn. 14). Die konkreteste Bedeutung von *kön-* ist offenbar 'gerade sein'; man vergleiche das deutsche *sich richten (nach)* (germ. *rehtian zu *rehta 'gerade[gerichtet]').

Formale Besonderheiten der Suffixentwicklung

Suffixe unterliegen oft weiterer Verallgemeinerung. Ihre phonologische Gestalt ist weitgehend restringiert, indem sie z.B. selten länger als eine Silbe sind und manchmal sogar nur aus einem minimalen Segment bestehen. Die Generalisierung erfolgt im Türkischen u.a. auch durch Lautharmonie im Sinne intersyllabischer Homogenisierung von Stamm- und Suffixsilben (Johanson 1991b; 1993). Ausnahmen davon (z.B. ttü. -[y]ken) mögen auf einen relativ frühen Entwicklungsstand im Suffigierungsprozeß hinweisen.

Bei Suffixen ist zu bemerken, daß durch Lautwandel entstehende morphonologische Unregelmäßigkeiten hier oft durch regularisierende analogische Umgestaltung vermieden werden. Zur normalen lautlichen Divergenz in verwandten

Sprachen kommen bei gebundenen Morphemen Verallgemeinerungen hinzu, die
bei Primärstämmen fehlen. Dies ist bei der Etymologisierung zu beachten. Verstöße gegen eine sonst gültige lautgesetzliche Entwicklung widerlegt also nicht unbedingt die genetische Identität von zwei in A und B vorliegenden Suffixen. Lautge-
setzlich müßte z.B. einem ost-alttürkischen Lokativsuffix *-dA* in vielen späteren
türkischen Sprachen ein **-yA* entsprechen. Im Suffixanlaut kann ein jakutisches *t*
entgegen normalen Lautgesetzen einem ost-alttürkischen *š* oder *z* entsprechen. So
könnte auch die mongolische Finitform auf *-bA*, obwohl ihr Labial intervokalisch
hätte schwinden müssen, dem türkischen Konverb auf *-°p* entsprechen. Obwohl der
alttürkische Aorist von *ula-* 'zusammenfügen' *ulayur* lauten müßte, mag Bangs Erklärung des türkischen Pluralsuffixes aus **ula-r* nicht ganz abwegig sein, und
zwar, wenn für dieses fortgeschrittene Stadium der Grammatikalisierung eine ungewöhnlich frühe Kontraktion angenommen werden darf. Auch bei diesem Problem wollen wir nicht für eine bestimmte Lösung plädieren, sondern nur darauf
hinweisen, daß für die Entwicklung in Suffixen nicht immer normale lautgesetzliche Argumente gelten.

Evolutive Anomalien der eben besprochenen Art, die Rekonstruktion und
genetische Vergleiche erschweren, scheinen besonders charakteristisch für das
Türkische zu sein, das durch seine ganze bekannte Geschichte hindurch immer
wieder zur vereinfachenden Regularisierung seiner Paradigmen, zur Tilgung bzw.
Veränderung „markierter" Strukturen neigte. Hierauf kommen wir zurück.

Desuffigierung

Schließlich kann ein Suffix unproduktiv werden. So ist im Türkischen (außer im
Jakutischen) der Instrumental auf *-In* als produktiver Kasus schon längst ausge-
storben und liegt nur in versteinerten Formen (etwa *yaz-ïn* 'im Sommer') vor. Das
Suffix kann auch mit dem Stamm zu einem Morphem verschmelzen, zu einer opa-
ken Gestalt, deren Bedeutung als Ganzes gelernt werden muß und die auf keiner
aktuell gültigen Ableitungsgrammatik mehr beruht, sondern etymologisiert werden
muß.

Betonung

Den Stationen des möglichen Entwicklungskontinuums entsprechen meist auch
spezifische Betonungsverhältnisse. Oben wurde schon die Kompositumbetonung
erwähnt. Hilfswörter sind typischerweise enklitische, unbetonbare Einheiten, die
sich dem vorangehenden Lexem eng anschließen (etwa ttü. *beni´•m gibi* 'wie ich',
seni´•n için 'für dich', *o•nda´n dolayı* 'deswegen'. Auch wenn sie suffigiert wer-

den, so liegt die Betonung normalerweise auf der letzten vorangehenden betonbaren Silbe, z.B. ttü. *uça ́•kla* (< *uça ́•k ile*) 'mit dem Flugzeug', *va ́•rdı* (< *va ́•r idi*) 'war vorhanden'. Ältere Suffixe sind dagegen meist betonbar. Ausnahmen von der Ultimabetonung mögen also auf den enklitischen Charakter des suffigierten Elements und auf seine relativ rezente Entwicklung aus einem Hilfswort hinweisen (vgl. Johanson 1981, 12). So mag die Betonung des Negators -*mA*-, etwa in ttü. *gé•lmedi* 'kam nicht' ein Indiz für eine jüngere Entwicklung aus einem Hilfswort sein, eventuell einem Verbum negativum (etwa **kälim ä-di*; vgl. ewenkisch *é*- und die Spuren in mong. *ese*-).

Nicht jedes unbetonbare Suffix impliziert aber diese Genese. Die nie ultimabetonten Zeitadverbien mit früherem Instrumental wie *ya ́•zïn* 'im Sommer' sowie die Privativadverbien auf -*sïz* + Instrumental (*a ́•ŋsïzïn* 'plötzlich', -*maqsïzïn* 'ohne zu') beweisen nicht unbedingt, daß das Instrumentalsuffix ein Enklitikon gewesen ist. Menges zufolge dient die Unbetonbarkeit hier der Unterscheidung von der Form des Akkusativ der 3. Person der possessivischen Deklination (1991). U. E. dürfte ein recht weit verbreiteter adverbialer Betonungstyp (etwa ttü. *ya ́•lnız* 'nur' gegenüber *ya•lnı ́z* 'allein', *a ́•rtïk* 'endlich' gegenüber *a•rtï ́k* 'Rest') hier die entscheidende Rolle spielen.

Beispiele

Beispiele für das erwähnte Entwicklungskontinuum sind freie Pronomina, die sich zuerst zu enklitischen und dann zu gebundenen Subjektvertretern entwickelt haben, z.B. die diachronische Kette von *bar-a-men* 'ich gehe' bis zu *bara-m* verfolgt haben (zu diesem „development toward true suffixation" s. Menges 1968, 74 und 141f.). Die ganze Breite der Entwicklung liegt vor, wenn bei der verbalen Aktionsartbildung Gerundien und Hilfsverben, die zu *Postverbien* grammatikalisiert worden sind, zu komplexen Formen verschmelzen. Daraus haben sich dann auch Aspektotempora, Präsens- und Perfektformen, entwickelt, deren Suffixe gelegentlich eine formale Abnutzung bis zu Null aufweisen, z.B. *yaza turur* >> *yaza* 'er schreibt'; *yazïp turur* >> *yazïp* 'er hat geschrieben'.

Wenn durch die postverbiale Kombination von Gerundien und Hilfsverben Aktionsart und Aspektotempus morphologisch zusammenzufallen scheinen, kann die drohende Polysemie durch Akzentunterschiede verhindert werden. In einem von Demir (1993) beschriebenen anatolischen Dialekt sind die Formen *ya ́zïp duru* 'er schreibt dauernd' (Aktionsart) und *yazï ́p duru* 'er schreibt gerade' (Aspektotempus) nur durch Betonungsunterschiede zu trennen. Typischerweise hat in der letztgenannten und zuletzt entstandenen Form das Hilfswort *duru* eine deutlich enklitische Betonung mit unmittelbar vorangehendem Hochton. Ein mögliches Beispiel für die ganze Entwicklung wäre das türkische Dativsuffix, das, wie Doerfer

(1977) vermutet, aus einem ursprünglich selbständigen Wort mit der Bedeutung
'Nähe' (vgl. atü. *qā* 'Familie') entstanden sein mag (etwa *baŋa* 'mir' < *bän-qa*).

Kreislauf

Das Entwicklungskontinuum stellt somit insgesamt einen Kreislauf dar. Ein und
dieselbe Inhaltskombination kann mehr oder wenig analytisch oder synthetisch
ausgedrückt werden. Der Sprachwandel impliziert nicht nur Abnutzung, Vereinfachung oder Opakisierung von ursprünglich transparenten Bildungen und Schaffung
neuer Wörter aus den Trümmern der alten, sondern auch gegenläufige Tendenzen
zur Motivierung durch neue Lexemkombinationen und Paraphrasen, die anstelle
derjenigen Ausdrücke verwendet werden, die weniger motiviert, allzu opak und
isoliert geworden sind.

Für die genetischen Beziehungen hat dies u.a. die Konsequenz, daß Elemente,
die sich in verschiedenen Phasen des Kreislaufs befinden, miteinander etymologisch verbunden sein können. Einer freien Einheit der Ursprache mag in der
Tochtersprache eine weniger selbständige entsprechen. Angesicht dieser Tatsache
ist es völlig natürlich und legitim zu prüfen, ob Suffixe, insbesondere mehrsilbige,
etymologisch aus kleineren Elementen bestehen. Gerade dies wird jedoch heute
häufig kritisiert. Es heißt u.a., die älteren Versuche, Suffixe aus selbständigen
Wörtern herzuleiten, würden bedeuten, daß alle Sprachen auf den isolierenden Typ
zurückgehen müßten. Diese Kritik trifft aber nicht zu, denn es wurde ja nie angenommen, daß die ganze Morphologie einer Sprache gleichzeitig auf derselben Stufe stehe. Ein Entwicklungskontinuum im angedeuteten Sinne stellt einen ständigen,
aber ungleichmäßigen Kreislauf dar, in dem die einzelnen Elemente sich zu einer
gegebenen Zeit in verschiedenen Phasen befinden.

Dort, wo ursprünglich freie Inhaltsträger mit Nachbarn in der Redekette
verschmolzen sind, mag die Morphemfolge im Wort eine frühere Wortfolge im
Satz widerspiegeln und über die chronologische Entwicklung der Suffixe Auskunft
geben. Die Wortmorphologie ist aber nicht nur eine versteinerte Satzsyntax, da
auch andere Strukturierungsprinzipien, u.a. kopierte Kombinationsmuster, wirksam
sind. So kann ein Suffix der Sprache A mit einem der Sprache B auch dann
genetisch identisch sein, wenn es eine andere relative Position im Wort einnimmt.
Die relativ lockere Nominalflexion weist unterschiedliche Reihenfolgen der
(1) Plural-, (2) Possessiv- und (3) Kasussuffixe auf, z.B. Gemeintürkisch 1-2-3,
Tschuwaschisch 2-1-3, Mongolisch, Ewenkisch 1-3-2.

Suffixgleichungen

Eine vergleichende Altaistik muß sich auf ältere Schichten von Übereinstimmungen konzentrieren, die weniger wahrscheinlich auf Entlehnung beruhen. Übereinstimmungen in der gebundenen Morphologie gelten zu Recht als wichtige Indizien genetischer Verwandtschaft. Etliche Entsprechungen lexembildender und grammatischer Suffixe wurden nachgewiesen. Auch Skeptiker geben zu, daß es bei gewissen identischen Suffixen schwer falle, an Entlehnung zu denken, und daß solche Gemeinsamkeiten die Wahrscheinlichkeit einer Urverwandtschaft erhöhten. Andererseits sind, wie erwähnt, gerade bei gebundenen Elementen nicht-lautgesetzliche Entwicklungen, Reduktion, Verallgemeinerung und Analogie zu erwarten, was die Rekonstruktion und den Beweis genetischer Identität erheblich erschwert.

Auch hier sollte besondere Aufmerksamkeit denjenigen Elementen gewidmet werden, die weniger wahrscheinlich entlehnt sind. Lehnelemente beweisen nicht, daß Sprachen nicht verwandt sind, müssen aber zum Zweck der genetischen Rekonstruktion aussortiert werden. Benzings oft wiederholte Mahnung ist vollauf gültig: „Wir müssen vorerst nicht Wortgleichungen, sondern Kriterien zur Ausscheidung des Lehngutes festlegen". Nun meinen etliche Forscher, die zwischen Türkisch und z.B. Mongolisch bestehenden Ähnlichkeiten innerhalb der gebundenen Morphologie auf Entlehnung zurückführen zu können. Die Argumentation hierfür bezieht sich aber eher auf die Nominalflexion und andere Bereiche, in denen sich Sprachen relativ leicht von anderen beeinflussen lassen. Zu den Suffixen, die am wenigsten kopiert werden, gehören die der Verbalflexion. Besonders primärstammnahe türkische Suffixe scheinen – wegen der starken Kohäsion im hochsynthetischen Verbsystem – relativ stabil zu sein. Formantien der Aktionsarten und Genera verbi, die fest in die komplexe wortsyntaktische Kombinatorik eingebunden sind und die Plätze zwischen Primärstamm und Negationssuffix einnehmen, sind wichtige Elemente der Lexembildung, oft auch von zentraler syntaktischer Relevanz. Angesichts der obigen diachronen Annahme, daß die wortinterne Morphemfolge die chronologische Entwicklung der Suffixe widerspiegeln mag, kommt einer primärstammnahen Stellung besondere Bedeutung zu. Auch wenn die Suffixreihenfolge nicht unbedingt immer die Reihenfolge der Entstehung reflektiert, besteht eine gewisse Wahrscheinlichkeit dafür, daß primärstammnahe Suffixe ein hohes Alter besitzen.

Durch die fortschreitende Abnutzung sind sie zugleich entsprechend gefährdet. Die primären Aktionsarten sind heute im Türkischen schwach vertreten, meist unproduktiv, sogar weitgehend verschwunden. So ist der Bedarf an periphrastischen Aktionsarten im Sinne der Postverbien entstanden. Durch Abnutzung gefährdete Kategorien können auch formal verstärkt oder durch deutlichere Elemente ersetzt werden; zur Ersetzung der türkischen -*t*-Kausativa s. Johanson 1978. Wo sie trotz der Umgestaltungen, denen jedes Verbalsystem unterliegt, erhalten sind, besitzen sie einen hohen Wert für genetische Vergleiche. Finden wir in diesem „intimen" Bereich der Verbalmorphologie systematische Übereinstimmungen zwischen Sprachen – materielle und inhaltliche Ähnlichkeit von Morphemen, kongruente komplexe Kombinationsmuster –, so sind dies starke Indizien für Verwandtschaft. Bei den von Ramstedt (1912) zusammengestellten und den von Poppe (1973) rekonstruierten Elementen ist Miller zufolge Entlehnung ausgeschlossen, „once we inspect the forms and their functions within the morphology" (1991a). Vgl. auch Johanson 1992a, 125 f.

Nivellierung, Divergenz und Konvergenz

Die primärstammnahen Elemente wären so eventuell Ausnahmen von der für das Türkische typischen Regularisierungstendenz, die Rekonstruktion und genetische Vergleiche erschwert. Schon von den ersten Phasen seiner Geschichte an besitzt das Türkische ein hohes Maß an Regelmäßigkeit und Einfachheit; später hat es immer wieder Spuren alter Unregelmäßigkeiten mittels neuer Vereinheitlichungen verwischt. Trotz der natürlichen historischen Divergenz der Türksprachen ist es oft zur Nivellierung durch Koinebildung gekommen, wobei manche alte Unterschiede getilgt worden sind.

Typisch für verwandte Sprachen ist allmähliche Divergenz: je weiter man sie zurückverfolgt, um so ähnlicher erscheinen sie. Gegen die altaische Theorie wurde oft behauptet, daß es mit Türkisch und Mongolisch umgekehrt stehe: Mongolisch sei mit der Zeit dem Türkischen ähnlicher geworden.

Auch dieses Argument ist jedoch von begrenzter Beweiskraft und widerlegt nicht die Möglichkeit einer türkisch-mongolischen Urverwandtschaft. Beim Versuch, sich eine normale Divergenz der altaischen Sprachen vorzustellen, verursacht die türkische Komponente allerdings gewisse Probleme, die dadurch erklärt werden könnten, daß das Türkische bereits in seiner ersten bekannten Form eine Koine war, eine ausgeglichene und „progressive" Sprachform, die regelmäßiger und einfacher war als die beitragenden Varietäten, indem regionale Unterschiede nivelliert und markierte Varianten hier weitgehend geschwunden waren. Bereits das erste uns bekannte Türkisch mag also stark nivelliert gewesen sein, während die Nivellierung des Mongolischen viel später einsetzte. Die so erfolgte späte Konvergenz schließt nicht aus, daß die Sprachen früher so divergiert sind, wie es von verwandten Sprachen zu erwarten ist (s. Johanson 1992a, 122 f.).

Wort- und Satzstruktur

Die oben angedeuteten wort- und satzstrukturellen Verhältnisse sind u.E. somit alles andere als unwesentlich für die genetische Frage. Die an sich richtige These, daß reine Strukturähnlichkeit für die Verwandtschaftsfrage keinen unmittelbaren Beweiswert besitze, hat leider auch dazu geführt, daß kombinatorische Verhältnisse im Wort und Satz in heutigen Diskussionen über Sprachverwandtschaft meist völlig unbeachtet bleiben. Miller schreibt: „The overall syntactic parallels and similarities among all the Altaic languages are so great and so immediately striking that—in a curious variety of the logic of inverse argumentation—they are, today at least, virtually never mentioned in any of the literature, whether pro- *or* anti-Altaic" (1991b, 308). Es wird recht allgemein angenommen, daß strukturelle Ähnlichkeiten leicht von Sprache zu Sprache kopiert werden und infolgedessen über Urverwandtschaft nichts aussagen können. Wie erwähnt, sollte die Argumention für Kopiervorgänge jedoch *nicht weniger strengen Prinzipien* unterliegen als die für genetische Beziehungen. Wenn die strukturellen Ähnlichkeiten des Türkischen mit anderen Sprachen des eurasischen Großareals strikt und differenziert – unter Berücksichtigung sozialer Faktoren sowie der interaktiven und implikativen Beziehungen der betreffenden Strukturqualitäten – untersucht werden, so mag es sich herausstellen, daß einige von ihnen einen erheblichen *Indizienwert* besitzen.

Schlüsse

Wie entsteht ein türkisches Wort? Fassen wir kurz einige Ergebnisse zusammen: Im Mittelpunkt der obigen Erwägungen standen die Möglichkeiten zur Etymologisierung komplexer Wörter und zur Rekonstruktion ihrer Ursprungsgrammatik. Diskutiert wurden Schöpfungsakte und Demotivierung von Bildungen, anorganische Entwicklungen, Unregelmäßigkeiten als Folge von Wandel und Variation sowie Kopien, die auf fremde Ursprungsgrammatiken zurückgehen und zugleich Neuschöpfungen darstellen.

Im Zusammenhang mit diesen Ausführungen wurden gewisse Argumente für und gegen eine Urverwandtschaft des Türkischen mit anderen Sprachen besprochen. Vor allem wurde die Notwendigkeit einer Unterscheidung zwischen Indizienwert und Beweiskraft betont. Hingewiesen wurde auch auf die durch Anomalien verursachten Rekonstruktionsprobleme. Angedeutet wurde ein Entwicklungskontinuum, bei dem ein und dieselbe Inhaltskombination mehr oder wenig analytisch oder synthetisch ausgedrückt wird, d.h. durch Wortbildungen, die von der Komposition zweier freier Elemente bis zur Einverleibung des zweiten Elements in das erste reichen. So können auch Elemente, die sich in verschiedenen

Phasen des Kreislaufs befinden, einander etymologisch entsprechen. Hingewiesen wurde auch auf die begrenzte Beweiskraft ost-alttürkischer *argumenta e silentio*.

Die vergleichende Altaistik sollte, was die Verwandtschaftsfrage betrifft, ihre Aufmerksamkeit auf gemeinsame Elemente konzentrieren, die mutmaßlich älteren Schichten angehören und weniger wahrscheinlich entlehnt sind. Trotz der oft irregulären Suffixentwicklung bleiben gewisse Suffixgleichungen in dieser Hinsicht besonders wichtig. Auch Argumente mit Indizienwert sollten aber systematisch gesucht und ausgewertet werden. Zu vermeiden ist vor allem die intellektuell unbefriedigende und praktisch unfruchtbare Situation, daß einerseits Beweismangel als stichhaltiger Gegenbeweis eingeschätzt wird, während andererseits Indizienwerte verkannt werden.

Literatur

Benzing, J., 1953. *Einführung in das Studium der altaischen Philologie und der Turkologie.* Wiesbaden.

Clauson, G., 1959. The earliest Turkish loan words in Mongolian. In: *Central Asiatic Journal* 4, 174 – 187.

–, 1969. A lexicostatistical appraisal of the Altaic theory. In: *Central Asiatic Journal* 13, 1 – 23.

–, 1972. *An etymological dictionary of pre-thirteenth-century Turkish.* Oxford.

Demir, N., 1992. *Postverbien im Türkeitürkischen unter besonderer Berücksichtigung eines südanatolischen Dorfdialekts.* (Diss. Univ. Mainz.)

Doerfer, G., 1963. *Türkische und mongolische Elemente im Neupersischen. 1. Mongolische Elemente im Neupersischen. (Akademie der Wissenschaften und der Literatur. Veröffentlichungen der Orientalischen Kommission,* 16.) Wiesbaden.

–, 1973. *Lautgesetz und Zufall. Betrachtungen zum Omnicomparatismus.* Innsbruck.

–, 1977. Zu türk. *bana* 'mir', *sana* 'dir'. In: *Central Asiatic Journal* 21, 208 – 214.

–, 1985. The Mongol-Tungus connections. In: *Language Research* 21, 135 – 144.

Erdal, M., 1991. *Old Turkic word formation: A functional approach to the lexicon* 1 – 2. (*Turcologica,* 7.) Wiesbaden.

Johanson, L., 1973. Sprachbau und Inhaltssyntax am Beispiel des Türkischen. In: *Orientalia Suecana* 22, 82 – 106. (Auch in Johanson 1991a, 1 – 25.)

–, 1978. Die Ersetzung der türkischen -*t*-Kausativa. In: *Orientalia Suecana* 5 – 26, 106 – 133. (Auch in Johanson 1991a, 170 – 197.)

–, 1979. *Alttürkisch als 'dissimilierende Sprache' (Abhandlungen der Akademie der Wissenschaften und der Literatur, Mainz, Geistes- und sozialwissenschaftliche Klasse,* 1979: 3.) Wiesbaden.

–, 1981. *Pluralsuffixe im Südwesttürkischen. (Abhandlungen der Akademie der Wissenschaften und der Literatur, Mainz, Geistes- und sozialwissenschaftliche Klasse,* 1981: 9.) Wiesbaden.

–, 1986. Zur Konsonantenstärke im Türkischen. In: *Orientalia Suecana* 33 – 35, 195 – 209. (Auch in Johanson 1991a, 84 – 98.)

–, 1991a. *Linguistische Beiträge zur Gesamtturkologie. (Bibliotheca Orientalis Hungarica,* 37.) Budapest.

–, 1991b. On syllabic frontness oppositions in Turkic. In: *Varia Eurasiatica,* Szeged. S. 77 – 94.

–, 1991c. Zu den Grundfragen einer kritischen Altaistik. In: *Wiener Zeitschrift für die Kunde des Morgenlandes* 80/1990 (1991). S. 103 – 124.

–, 1992a. *Strukturelle Faktoren in türkischen Sprachkontakten.* (*Sitzungsberichte der Wissenschaftlichen Gesellschaft an der J. W. Goethe-Universität Frankfurt am Main,* 29:5.) Stuttgart.

–, 1992b. Zur Isochronie im Türkischen. In: G. Bethlenfalvy et alii (Hgg.), 1992. *Altaic Religious Beliefs and Practices. Proceedings of the 33rd meeting of the Permanent International Altaistic Conference, Budapest, June 24 – 29, 1990.* S. 183 – 188.

–, 1993. Graphie und Phonologie im Türkischen: Probleme der Lautharmonie. In: O. Werner (Hg.), *Probleme der Graphie* (*ScriptOralia,* 57), Tübingen. S. 83 – 94.

Johanson, L. & Schönig, C. (Hgg.), 1988. *Kritische Beiträge zur Altaistik und Turkologie.* (*Turcologica,* 3.) Wiesbaden.

Menges, K. H., 1968. *The Turkic languages and peoples. An introduction to Turkic studies.* (*Ural-Altaische Bibliothek,* 15.) Wiesbaden.

–, 1980. Zur Phonologie, Wortbildung und Etymologie des Ujgurischen an Hand des neuen Ujgurischen Wörterbuchs von K. Röhrborn. In: *Anthropos* 75, 65 – 86.

–, 1991. Der Instrumentalis und einige seiner Funktionen im Türkischen, anderen altajischen und verwandten Sprachgebieten. In: *Turcica* 21 – 23, 321 – 342.

Miller, R. A., 1991a. Anti-Altaists contra Altaists. In: *Ural-Altaic Yearbook* 63, 5 – 62.

–, 1991b. *Genetic connections among the Altaic languages.* In: S. M. Lamb & E. D. Mitchell (Hgg.), 1991. *Sprung from some common source. Investigations into the prehistory of languages,* Stanford. S. 293 – 327.

Németh, J., 1947. Probleme der türkischen Urzeit. In: *Analecta Orientalia memoriae Alexandri Csoma de Kőrös dedicata,* 5. Budapest. S. 57 – 102.

Poppe, N. N., 1960. *Vergleichende Grammatik der altaischen Sprachen. 1. Lautlehre.* Wiesbaden.

–, 1973. Über einige Verbalstammbildungssuffixe in den altaischen Sprachen. In: *Orientalia Suecana* 21, 119 – 141.

Ramstedt, G. J., 1912. *Zur Verbalstammbildungslehre der mongolisch-türkischen Sprachen.* (*Journal de la Société Finno-Ougrienne,* 28:3.) Helsingfors.

–, 1949. *Studies in Korean etymology.* Helsinki.

–, 1957. *Einführung in die altaische Sprachwissenschaft.* (*Mémoires de la Société Finno-Ougrienne,* 104:1.) Helsinki.

Róna-Tas, A., 1986. *Language and history. Contributions to comparative Altaistics.* (*Studia Uralo-Altaica,* 25.) Szeged.

Sinor, D., 1963. Observations on a new comparative Altaic phonology. In: *Bulletin of the School of Oriental and African Studies* 26, 133 – 144.

–, 1990. *Essays in comparative Altaic linguistics.* (*Indiana University Uralic and Altaic Series*, 143.) Bloomington.

Ščerbak, A. M., 1970. *Sravnitel'naja fonetika tjurkskix jazykov. Leningrad.*

–, 1977. *Očerki po sravnitel'noj morfologii tjurkskix jazykov (imja).* Leningrad.

Claus Schönig

ANALOGIE ALS SPRACHBILDENDE KRAFT IN DEN TÜRKSPRACHEN

Unter Analogie versteht man allgemein Prozeß und Ergebnis sprachlichen Wandels unter dem Einfluß konkurrierender oder korrespondierender sprachlicher Formen. Analogie besteht in der Verallgemeinerung eines Regelsatzes auf Bereiche, wo bis zum Einsetzen der Analogie andere Regeln geherrscht haben. Dabei wird die Regelmäßigkeit in der Sprache dort hergestellt, wo Vielfalt von Formen die systematische Einheitlichkeit in Frage zu stellen scheint. In diesem Falle haben wir es oft mit der Ausbreitung und sogar Verallgemeinerung eines Merkmals zu tun.

In vorliegender Arbeit werde ich mich mit formalen Analogien auf dem Gebiet der Morphologie – vor allem der Personal- und Numeruskennzeichnungen – beschäftigen und syntaktische, semantische etc. Phänomene entsprechender Art beiseite lassen. Dabei zeigt sich, daß die Analogieentwicklungen erstaunlicherweise oftmals schon bestehende formale Zusammenhänge zugunsten anderer auflösen. Die Gründe dafür, daß sich ein Regelapparat als attraktiver als der andere erweist und ihn zu dominieren beginnt, bleiben oftmals im Dunkeln. Im Bereich der formalen Markierungen kann Analogie zur Reduktion des Formenbestandes führen. Wie aber ein Teil der folgenden Beispiele zeigen wird, muß dies keineswegs der Fall sein.[1]

---

[1] Analogiewirkung wird in einer großen Anzahl turkologischer Arbeiten behandelt; selbst wenn sie nicht Hauptthema einzelner Werke ist, sehen sich die einzelnen Autoren oftmals gezwungen, zur Erklärung von Phänomenen Analogiewirkung heranzuziehen. Eine vollständige Bibliographie aller Werke, die sich nur mit den hier behandelten Analogien befassen und den Autor zu dieser Zusammenschau verschiedener Phänomene animiert haben, würde viele Seiten füllen, ihre auch nur annähernd vollständige Erstellung gewiß eine längere Zeitspanne beanspruchen, die den knappen Rahmen dieser Arbeit sprengen würde.

Wie groß das Interesse an Analogiephänomenen ist, zeigt alleine die Tatsache, daß auf der Tagung zum Thema "Laut- und Wortgeschichte der Türksprachen" in Berlin (Sommer 1992), auf der dieser Beitrag zum Vortrag gelangte, vier weitere Teilnehmer in ihren Beiträgen entweder direkt oder doch in wichtigen Teilen ihrer Arbeiten Analogiephänomene erwähnten. Für die wichtigen Hinweise, die ich bei dieser Gelegenheit mündlich (oder später auf postalischem Wege schriftlich) auch von anderen Tagungsteilnehmern – teilweise unter Hinweis auf eigene Arbeiten – erhielt, möchte ich mich an dieser Stelle herzlich bedanken.

Die Wichtigkeit der Analogie – die ich hoffe, in diesem Beitrag gebührend darzustellen – läßt es überlegenswert erscheinen, im Rahmen einer generellen Musterung eine "historisch-areale Analogiegrammatik" zu erstellen, die der natürliche Ort für eine umfassende Bibliographie von Beiträgen zu diesem Phänomen in Türksprachen wäre.

Das Alttürkische

Ausgangspunkt unserer Betrachtungen soll das älteste dokumentierte Türkisch, das der Orchoninschriften auf dem Gebiet der äußeren Mongolei vom Anfang des 8. Jahrhunderts, sein.[2] Diese Sprache weist recht regelmäßigen morphologischen Aufbau auf, der wohl schon in dieser frühen Periode zu einem großen Teil der Wirkung von Analogie zugeschrieben werden darf. Wie die modernen Türksprachen kennt sie keine grammatischen Genera, keine Konjugationsklassen des Verbs oder Deklinationsklassen des Substantivs und zeigt somit gegenüber anderen uns bekannten und geläufigen Sprachen – eingeschlossen die übrigen Exponenten der sogenannten altaischen Sprachgemeinschaft[3] – einen hohen Grad an Einheitlichkeit. Zonen der Vielfalt sind die Kasus- und Pluralbezeichnungen sowohl des Substantivs als auch der Pronominal- und Possessivformen, der Personalbezeichnungen des Imperativs gegenüber den übrigen Verbformen, die Verteilung von Aorist- und Gerundialvokal, das formale Verhältnis einiger Verbalnegationen zu positiven Formen sowie die Bildungsweise der Zehnerzahlen. Im Laufe der Entwicklung sind die meisten dieser Bereiche interner Analogisierung zum Opfer gefallen.[4] Einen interessanten Fall stellt die Dezimalisierung des Zahlensystems vor allem im Nordosten des türkischen Sprachgebietes dar, bei dem wir neben interner Analogisierung eine starke von Nachbarsprachen ausgehende externe Analogiewirkung annehmen dürfen.

Aorist- und Gerundialvokal

Das Alttürkische kannte neben postvokalischem -yU(r) drei postkonsonantische Formen -A(r), -I(r) und -U(r). Bei letzteren war der Aoristvokal ausgehend vom Vokal der vorausgehenden Silbe nicht sicher vorhersagbar und stellte damit gegenüber vielen anderen Bereichen türkischer Morphologie eine unerhörte Unregelmäßigkeit dar. Auch in anderer Beziehung weicht dieses thematische Suffix erheblich vom Restbestand ab: die weitaus häufigsten Fälle stellen entweder konsonantisch anlautende Suffixe der Form -C(...) oder Suffixe der Form -(V)C(...), wo bei konsonantischem Auslaut eines Wortes ein "Hilfsvokal" eintritt; bei Vokalauslaut besitzen beide Suffixtypen die gemeinsame Form -C(...). Suffixe der Art des alttürkischen Aoristes, die nach vokalischem Wortauslaut einen

---

[2]   Das Orchontürkische wird hier generell nach Tekin 1968 zitiert.
[3]   Etwa Altmongolisch oder Tungusisch.
[4]   Unter interner Analogisierung verstehe ich hierbei eine Analogiewirkung, die aus den internen Faktoren eines Suprasystems gespeist wird und für Vereinheitlichungen innerhalb der von diesem abhängigen Subsystemen sorgt.

"Hilfskonsonanten" ("Hiatustilger") einfügen, also die Form *-(C)V(...)* aufweisen, sind mehr als selten.[5] Konsequenterweise beginnt schon früh die Tilgung und interne Analogisierung dieses Systems, dessen Ursprünge wir bisher nicht kennen.

Die *-y*-anlautende postvokalische Form des Aorists wurde schon in alter Zeit analog zu der Mehrzahl der Suffixe, die die Form *-(V)C(...)* haben, einfach zu *-r* entwickelt. Lediglich in Nordostsprachen, im Chaladsch und im Tschuwaschischen erscheinen noch auf **-yUr* weisende Formen, wobei diese zugrundeliegende Form meist durch Kontraktionen verborgen bleibt.

Bei den postkonsonantischen Formen wurden zunächst die *-Ir* und *-Ur*-Formen von der sich entwickelnden Labialharmonie absorbiert und vereinheitlicht.

Alte "Unregelmäßigkeiten" haben sich gerade bei frequenten einsilbigen Verbstämmen in einigen Türksprachen – so im Türkeitürkischen oder im Tatarischen – halten können. Manche Sprachen, wie das Sajantürkische, haben komplizierte phonotaktische Regeln für das Eintreten von engem und weitem Vokal entwickelt.[6]

Vielerorts hat sich *-Ar* vollständig auf die einsilbigen Stämme, mancherorts auch auf die mehrsilbigen ausgebreitet. Das Aserbaidschanische verfügt nur noch über *-Ar*. Hier ist die Entwicklung davon stimuliert worden, daß die neuentwickelte prägnante Präsensform **-(V) yorïr* zu *-Ir* kontrahiert wurde. Bei Beibehaltung der vokalischen Variabilität des Aoristes wäre es ansonsten zu partiellem Zusammenfall dieser zentralen Verbalformen gekommen.

Abgesehen von der Tatsache, daß damit die für das Türkische untypische phonetische Varianz in Abhängigkeit vom Lexem durch eine phonotaktisch vorhersagbare ersetzt worden ist, ist die Durchsetzung von *-Ar* anstelle von *-Ir* verwunderlich. Die meisten Suffixe der Struktur *-(V)C* weisen hohen Vokal auf. Deswegen, und weil im Paradigma ohnehin die hochvokalischen Formen dominieren, könnte erwartet werden, daß sich auch das Aoristsuffix für hohen Hilfsvokal entschieden hätte.

Das vokalische Gerundium hat sich formal weitgehend vom Aorist gelöst und ist andere Wege gegangen. Dies dürfte vor allem der Tatsache zu verdanken sein, daß alte funktionale Zusammenhänge zwischen den Formen weitgehend verloren gegangen und auf erneuerte längere Gerundialformen übergegangen sind. Die ursprünglichen kurzen vokalischen Gerundien erscheinen nur noch residuär.[7] Bis auf das Sajantürkische unterscheiden die meisten Türksprachen mit variablem Vokal nur noch zwischen postvokalischen und postkonsonantischen Formen und haben zumindest postkonsonantisch analog zum Aorist *-A* vereinheitlicht. Speziell

---

5   Etwa das Genitivsuffix, ebenfalls ein häufiges Opfer von Analogisierung.
6   S. Schönig 1989.
7   Etwa in kontinuativen Adverbalbildungen der Form ttü. *güle güle* oder als Kopplungselement in Hilfsverbverbindungen.

das Oghusische hat mit seiner altertümlichen Form *-(y)A* eine Form mit dem Hiatustilger *-y-* gehalten. Die meisten übrigen Sprachen weisen postvokalische Formen mit der Entwicklung *-VyU > -Iy* auf. So ist heute in den meisten Türksprachen der Zusammenhang zwischen Aorist- und Gerundialvokal gänzlich verloren gegangen. Im Lena- und Jenissejtürkischen ist er weiter in kontrahierter Form gehalten, ohne daß jedoch funktionale Zusammenhänge bestehen würden; auch hier ist das vokalische Gerundium aus der freien Verwendung verdrängt worden.[8]

	Aorist		vokal.Ger.	
(Stammauslaut)	-C	-V	-C	-V
Alttürkisch	*-Vr*	*-yUr*	*-V*	*-yU*
Sajantürkisch	*-Vr*	*-V:r*	*-V/A*	*-V:*
Lena-Jenissej-Türkisch	*-Ar*	*-I:r*	*-A*	*-I:*
Kiptschakisch-Südosttürkisch	*-(V)r*		*-A*	*-Iy*
Oghusisch	*-(V)r*		*-(y)A*	

Die inhaltliche Lösung der beiden Paradigmen – begünstigt durch das Entstehen von erneuerten kursiven Formen – hat hier die formale Lockerung ermöglicht und den Weg für internen Abgleich der nun als Unregelmäßigkeit empfundenen, bedeutungslos gewordenen Merkmale ermöglicht.[9]

Verbalnegation

Auf dem Gebiet negierter Verbformen weist das Alttürkische mit der partizipiellen Negation *-mAdOK* zu *-DOK* und *-miš* sowie der gerundialen Negation *-mATIn* zu *-(y)V* und *-p* gegenüber anderen Verbalparadigmen insofern eine Abweichung auf, daß das heute übliche Negationsschema, das aus einem Suffix durch Vorschaltung der Negationssilbe *-mA-* das entsprechende negierte Suffix bildet, durchbrochen wird.

Gerade im partizipiellen Bereich hat sich die Analognegation fast vollständig durchgesetzt, so etwa ttü. *-mIš : -mA-mIš*. In den meisten Türksprachen existiert

---

[8]   Unter Lenatürkisch fasse ich im folgenden Jakutisch und Dolganisch, unter Jenissejtürkisch die den Schriftsprachen Schorisch und Chakassisch zugeordneten südsibirischen Gruppen zusammen, s. Schönig 1991.

[9]   Für diesen Gang der Entwicklung spricht auch, daß vor allem in Sprachen ohne Präsenserneuerung – Sajan- und Lenatürkisch – eine formale Lösung der beiden Paradigmen unterblieben ist. Als Sajantürkisch fasse ich Tuvinisch, Karagassisch, Todscha etc. zusammen.

heute zu fast jeder Verbform eine -*mA*-Negation. Lediglich in Randsprachen wie Lenatürkisch finden sich noch Spuren von *-*miš* : -*mAdOK* > -*BIt* : -*BAtAx*. Bemerkenswert ist auch das Tschuwaschische, wo das Vorliegen einer gemeinsamen Negation -*mAn* von Kursiv- und Perfektpartizip (-*AkAn* bzw. -*nă*) an die erwähnten Verhältnisse bei den Gerundien erinnert.

Die nichtabgeglichenen Gerundialnegationen sind weiter verbreitet geblieben. So erscheint im südsibirischen Türkisch noch *(-V/-p)* : -*BAyn*. Im Zentralbereich der Turcia liegt die Negation entweder in der Grundform -*mAyIn* oder – an das positive vokalische Gerundium analogisiert – als -*mIy* vor. Zusätzlich ist sie an andere auf -n auslautende Gerundien wie -*GIn.cA* oder -*GAn.cA* analogisiert und hat als -*mIy.cA* bzw. -*mAyIn.cA* als gemeinsame Negation überlebt. Das Oghusische dagegen hat zu den positiven Gerundien analoge Negationen -*(y)Ip* : -*mA*-*(y)Ip* bzw. -*(y)A* : -*mA*-*yA*[10] geschaffen, aber auch ein an -*mATIn* erinnerndes -*mAdAn* bewahrt.

Erstaunlich ist auf dem Gebiet der Verbalnegationen, daß nur in sehr wenigen Türksprachen eine Tilgung der negierten Aoristformen -*mAz* bzw. -*mAs*: -*(V)r* zugunsten eines -*mAr* stattgefunden hat. Außer im Aserbaidschanischen, wo diese Form heute die grammatisch kanonisierte Form der Schriftsprache darstellt, begegnet sie uns nur sporadisch, so in westsibirischen Dialekten.[11]

Präsensformen

Auf dem Gebiet der erneuerten Präsensformen zeigt sich analogische Ausbreitung eines von mehreren Merkmalen, die anfangs vergleichbare, jedoch nicht identische Funktion aufwiesen. Die Präsenserneuerung geht aus von ursprünglich aktionsartmarkierenden, nontransformativen Hilfsverbverbindungen des Typs *-*V(okal. Gerundium)* + *turur/yatïr/olurur/yorïr*. Die Wahl des jeweiligen Hilfsverbs hing ab von den sekundären Implikationen, die aus dem Durchschlagen der jeweiligen Vollverbbedeutung resultierten.[12] Im Oghusischen und Kiptschakischen ist bei einer so zentralen Form wie dem prägnanten Präsens die Variabilität

10   Durchgeführte Analogie finden wir auch bei den erneuerten Formen -*ArAK* : -*mA*-*yArAK*; bei Nennung all dieser Formen bleiben sekundäre phonetische Veränderungen wie -*mAyArAK* > -*mIyArAk* unberücksichtigt.

11   Zum Westsibirisch-Tatarischen s. Achatov 1963. Das Aserbaidschanische neigt überhaupt ungewöhnlich stark zur Analogisierung. So ist etwa die im nächstverwandten Türkeitürkisch noch altertümlich als -*AmA*- vorhandene Unmöglichkeitsform dort an die Möglichkeitsform -*Abil*- als -*Abilmä*- analogisiert worden. Vergleichbar ist die Situation in vielen anderen Türksprachen, die die alte (Un-) Möglichkeitsform *-*V u*- zugunsten der (Un-)Möglichkeitsform -*A al(-ma)*- getilgt haben.

12   S. Schönig 1984.

zugunsten der Einheitlichkeit getilgt worden, daß sich *-A yorïr bzw. *-A turur auf Kosten der übrigen Verben ausgebreitet haben und alleinherrschend geworden sind.[13] In altertümlichen Sprachen wie dem Sajanischen ist die Variabilität des Hilfsverbs noch heute gehalten. Hier haben allerdings andere analogische Prozesse für eine formale Verklammerung des Systems dieser vier Hilfsverben gesorgt, aus denen auch Kopulaformen entwickelt sind, die sich wiederum mit Gerundien zu verschiedenen Aspektotempora verbinden können. Drei der vier Hilfsverben enden auf -r und liegen im Tuvinischen meist in Kurzformen tur, olur und čor vor. Das vierte Hilfsverb besitzt dort den nicht-r-auslautenden Stamm čï"t-, von dem aus – eben aus Gründen der Einheitlichkeit – eine Form čïdïr gebildet ist. Längere, vokalauslautende Formen erscheinen im Karagassischen (turu etc.), wobei auch das vierte der Hilfsverben um ein -ï erweitert als čïdïrï vorliegt. Diese Entwicklung der sajanischen Vertretung von altem yat- ist nur durch Analogie zur Schaffung einheitlichen -r(I)-Auslauts erklärlich.

Personalbezeichnung

Das Alttürkische weist drei Hauptformen personalbezeichnender Paradigmen auf, die sämtlich auch am Verb präsent sind. Die Personalkennzeichnung am finiten Verb außer im di-Präteritum, Konditional und Imperativ erfolgte durch Nachstellung der Personalpronomen der ersten beiden Personen bän - biz; sän - siz.[14] Hier wie auch in dem mit Possessivsuffixen markierten Paradigma von di-Präteritum und Konditional blieben die dritten Personen unmarkiert. Der Imperativ verfügt schließlich ebenfalls über ein eigenes Paradigma, das stark von den durch einige Gemeinsamkeiten verbundenen erstgenannten Paradigmen abweicht. Diese relativ starke formale Varianz innerhalb dreier inhaltlich übereinstimmender Paradigmen, die der Angabe einer so zentralen grammatischen Kategorie wie der Personen dienen, provozierte im Türkischen eine rege Analogisierungstätigkeit.

[13] S. Johanson 1976; auch Chakassisch hat mit *-(p)ča eine vereinheitlichte Form wohl aus *-p yata turur geschaffen.

[14] Außer Lenatürkisch kennt keine Türksprache ein Personalpronomen der 3.Person Singular, das nicht mit dem Demonstrativum der Ferne *ol identisch wäre und sich entsprechend von Anfang an des Pluralzeichens +lAr bedient. Das lenatürkische Pronomen kini scheint mit dem alttürkischen Reflexivpronomen zusammenzuhängen, das lediglich im Türkeitürkischen kendi überlebt hat.

Personalpronomina der ersten Personen

Die Nominative und obliquen Stämme der Personalpronomina des Orchontür-
kischen können wie folgt angegeben werden:

bän/bän+ bin+ (ben+?)	*biz/biz+* (Acc., sekundär verkürzt?),
	bizin+ (Dat., Loc.)
sän/sän+ sin+ (sen+?)	*siz/*(nicht belegt)

Neben der Tatsache, daß im Plural der Personalpronomina ein obliquer
Stamm auf *-n* vorliegt, sticht im Singular der schon erwähnte Ablaut ins Auge, den
wir auch bei den Demonstrativa antreffen; dieser Ablaut ist heute in vielen
Türksprachen noch gehalten.

Bei den Pluralformen haben diejenigen Türksprachen, die das Pluralzeichen
+z verwenden, heute auf einen obliquen n-Stamm verzichtet und gehen direkt vom
Nominativ aus, etwa von *biz+* anstelle von *bizin+*.[15]

Demonstrativa

Das Alttürkische kennt ein Demonstrativum der Nähe und eines der Ferne. Die
Formen können wie folgt angesetzt werden:

Nom.: *bw*[16]	obl.Stamm: *bwn+ (bïn+)*	Pl.: *bwlar*
Nom.: *wl*	obl.Stamm: *an+ (ïn+)*	Pl.: *wlar*

Gehen wir versuchsweise aufgrund der Zeugnisse einiger alttürkischer
Alphabete, die o und u unterscheiden, sowie dem einiger lebender Türksprachen
bei den Demonstrativa von *bo/mun+/bolar* und *ol/an+/olar* aus,[17] finden wir viele
der denkbaren Analogieentwicklungen in den der alttürkischen Periode
nachfolgenden und heute noch lebenden Türksprachen tatsächlich realisiert. Im
folgenden sind die wichtigsten Entwicklungen aufgelistet:

---

[15] So könnte ja auch die *bizin+*-Form des Alttürkischen selber bereits als Analogieprodukt zu den
übrigen obliquen Pronominalstämmen auf *-n* (siehe auch Demonstrativa) betrachtet werden.

[16] Mit w bezeichne ich hier einen velaren, labialen Vokal, dessen genaue Qualität aufgrund der
Orthographie der meisten alttürkischen Schriftsysteme nicht genau zu bestimmen ist; s. hierzu
auch Erdal; Schönig 1990.

[17] Trotz Hinweisen in alttürkischen Alphabeten, die die Unterscheidung zwischen u und o
bezeichnen konnten, können wir nicht sicher sein, daß es sich dabei um die Ausgangsformen
handelt. Ebensogut könnte eine frühe Analogisierung eines älteren *bu* an *ol* vorliegen.

1. Tilgung des Ablauts meist zugunsten des Obliquusvokals bei *bo* und zugunsten des Nominativvokals bei *ol*.

   bu/bun+   *ol/on+* (aber auch *al*)

2. Ausgehen der Plurale vom obliquen Stamm

   bu/bunlar   *ol/onlar, anlar*

2.a. Dasselbe, aber ohne pronominales *n*

   bu/bular   *ol/olar, alar*

3. *l*-Verlust bei *ol*

   bu   *o*

4. zusätzlich zu 1 Hinzufügung von *+l* bei *bo*

   bul   *ol*

Hier zeigt sich, daß gerade dann, wenn Systeme aus einer geringen Anzahl wenig komplexer Einheiten bestehen, die sich ergebenden Analogisierungsmöglichkeiten jeden Versuch zur Rekonstruktion des ursprünglichen Zustandes verhindern können.

Possessivsuffixe

Die alttürkischen Quellen lassen die Aufstellung des folgenden Possessivparadigmas zu, bei dem sich die zweiten Personen durch ein Schwanken zwischen *ŋ* und *G* auszeichnen:

$$+(I)m+ \qquad\qquad +(I)mIz$$
$$+(I)\eta+/(I)G \qquad\qquad +(I)\eta Iz/(I)GIz$$
$$+(s)I(n+)$$

Wir wollen nun die Suffixe im Hinblick auf den Suffixkonsonanten ("Personalkonsonanten") betrachten und der Art der Pluralmarkierung nur sekundäre Bedeutung beimessen. Neben den Suffixen der dritten Person zeigen die der 1.Pers.Sg. die größte Stabilität. Die Suffixe der ersten Person enthalten *-m-* (kurz: M-Formen), die der 2. Personen meist *ŋ* (> westoghu. *n*; kurz N-Formen). Dabei bieten die ältesten Sprachstufen ein relativ einheitliches Bild. Lediglich Orchontürkisch und Komanisch zeigen in der zweiten Person auch G-Formen:

(1) Orchontürkisch, Komanisch; (1a) Mamlukkiptschakisch, Karakhanidisch, Chwarezm-Türkisch, Tschagataisch, Altosmanisch.

	1.P.Sg.	2.P.Sg.	3.P.Sg.	1.P.Pl.	2.P.Pl.
(1)	*(I)m*	*(I)ŋ/(I)G*	*(s)i*	*(I)mIz*	*(I)ŋIz/(I)GIz*
(1a)	*(I)m*	*(I)ŋ*	*(s)I*	*(I)mIz*	*(I)ŋIz*

Gleichartig verhalten sich die Oghusensprachen (3, Türkeitürkisch, Aserbaidschanisch, Türkmenisch) und das nicht-WUKks-Kiptschakische[18] (3, Karaimisch, Karakalpakisch, Kasakisch, Kirgisisch) sowie das Südosttürkische mit seinen Höflichkeitsparadigmen (4, Usbekisch und Neuuigurisch):

(3)	*(I)m*	*(I)ŋ*	*(s)I*	*(I)mIz*	*(I)ŋIz*
(4)	*(I)m*	*(I)ŋ(Iz)*	*(s)i*	*(I)mIz*	*(I)ŋ(lAr)*

Ein den Altai ausschließendes südsibirisches Areal zeichnet sich durch B-Formen in der 1.P.Pl. und N-Formen in der 2.P.Pl. aus: (6) Chakassisch, Tschulymtürkisch, Sajantürkisch (Tuvinisch, Karagassisch, Todscha etc., mit *b > v)*; (7) Schorisch:

(6)	*(I)m*	*(I)ŋ*	*(S)I*	*(I)bIs*	*(I)ŋAr*
(7)	*(I)m*	*(I)ŋ*	*(S)I*	*(I)bIs*	*LArIŋ*

Das Altaitürkische folgt dem WUKks-Kiptschakischen (2) und weist sowohl B- als auch G-Formen bei den pluralischen Personen auf: (2) Tatarisch, Baschkirisch, Kumükisch, Karatschaisch-Balkarisch, Baraba; (5) Altaitürkisch:

(2)	*(I)m*	*(I)ŋ*	*(s)I*	*(I)bIz*	*(I)GIz*
(5)	*(I)m*	*(I)ŋ*	*(S)I*	*(I)bIs*	*(I)GAr*

Hier scheint sich – ausgehend von den ältesten Belegen – in den letzten beiden Gruppen in der ersten Person Plural eine Analogisierung an das b- des Personalpronomens vollzogen zu haben. In den zweiten Personen hätte sich dann die altbelegte Schwankung in den meisten türkischen Sprachgebieten zugunsten der N-, in den letztgenannten zugunsten der G-Formen stabilisiert. Die ersten beiden grammatischen Personen kontrastieren überall im Singular wie im Plural in der Opposition *labial : velar.* Dabei erfährt der Personalvokal der zweiten Personen keine Stützung durch die Personalpronomina, bei denen die

---

18   Die Abkürzung *WUKks* meint Wolga-Ural-Kaukasus.

Personalmarkierung letztlich dem s- gegenüber B (Labialvokal) obliegt. Vielleicht ist dies auch der Grund für solche Extremabweichungen bei der schorischen Form der 2.P.Pl. (7).

In den letzten beiden Arealen kontrastieren Singulare und Plurale der ersten beiden Personen außer durch Pluralsuffixe noch durch den Übergang Nasal zu Nichtnasal vom Singular zum Plural.

Interessant ist es in diesem Zusammenhang, das alttürkische Schema mit den Paradigmen zweier Randsprachen – Jakutisch (10) und Tschuwaschisch (11; in der folgenden Zeile sind die rekonstruierten Formen des Tschuwaschischen mit einem * gekennzeichnet) – zu konfrontieren:

(10)	*(I)m,(I)B+*	*(I)n,(I)G+*	*(t)A*	*BIt*	*GIt*
(11)	*(Ă)m*	*U*	*é/i*	*(Ă)mĂr*	*Ăr*
		(Prät.-*D.An*)	*(Ă)šé*		
	*+(I)m	**+(I)G*	**+i*	**+(I)mIz*	**+(I)GIz*
(1)	*(I)m*	*((I)ŋ/(I)G*	*(s)i*	*(I)mIz*	*(I)ŋ Iz/(I)GIz*

Im Jakutischen erscheinen Nasalformen nur im absoluten Auslaut, im Inlaut finden wir B- bzw. G-Formen; dadurch erscheinen die Plurale gleichsam vom obliquen Stamm gebildet. Im Tschuwaschischen sind die G-Formen in der zweiten Person verallgemeinert.

Die Situation ähnelt hier der Lage bei den Demonstrativa. Ziehen wir nämlich in Betracht, daß auch schon das alttürkische Paradigma einen Analogiezustand darstellen kann, kann aus den verschiedenen Paradigmen kein ursprüngliches Paradigma intern rekonstruiert werden. Die verschiedenen Formen könnten dann verschiedene Formen analogischen Abgleichs repräsentieren; auch sekundäre (Re-)Analogisierungen an Pronomina wären denkbar.

Die Tatsache, daß auch hier vor allem die zweiten Personen stärkeren Schwankungen schon in ältester Zeit ausgesetzt sind, scheint darauf zu deuten, daß sich von dieser Stelle des Paradigmas aus die Veränderungen ausbreiteten. Dies kann einerseits einem auch ansonsten zu beobachtenden Schwanken zwischen *ŋ* und G zugeschrieben werden, andererseits damit erklärt werden, daß weder *ŋ* noch G eine formale Stützung durch die pronominalen Formen finden.

Bleiben noch Gelbuigurisch (8) und das benachbarte Salarisch (9) zu erwähnen, in denen jeweils die erste und zweite Person ohne Numerusmarkierung erscheinen. Über eine mögliche Quelle dieser Entwicklungen vermag ich mich nicht zu äußern.

(8)	*(I)ŋ/Ø*	*(I)ŋ/Ø*	*(s)I*	*(I)ŋ/Ø*	*(I)ŋ/Ø*
(9)	*(I)m*	*(I)ŋ*	*(s)I*	*(I)m*	*(I)ŋ*

Deklination

Beim Alttürkischen werden traditionell eine substantivische, eine pronominale und eine possessivische Deklination unterschieden. Die Unterschiede sind bei weitem nicht so bedeutend, wie wir es aus anderen Sprachen kennen:

subst.	pron.	poss.
Gen. *+(n)Iŋ [+IG]*[19]	dto.	dto.
Dat. *+GA*	dto.	*+A (+GA)*
	(1.2.P.Sg.	3.Pers. *+(s)IŋA*
		< *(s)I.n.GA
	baŋa/saŋa	
	< *bän+gä etc.)	
Acc. *+(I)G [+nI]*	*+I*	*+(I)n/+I*
	(= ...nI)	
Loc. *+DA*	dto.	dto.
Abl. *+DIn/DAn*	dto.	dto.

Tatsächlich erklären sich die *+ŋA*-Formen des Dativs der stets *n*-auslautenden (obliquen) Pronomina und Possessivformen als Produkte eines phonetischen Allerweltsprozesses *n + G > ŋ*; die Frage nach dem "Ablaut" des Stammvokals der Singularpronomen der ersten und zweiten Person muß hier unberührt bleiben. Lediglich bei den Akkusativen trennt ein deutlicherer Unterschied die substantivischen von den übrigen Akkusativformen: *+(I)G : +I : +I/(I)n*. Aber auch diese scheinen schon früh von einem Einebnungsprozeß betroffen, in dessen Verlauf sich eine Form *+nI* auszubreiten begonnen hat. Das Suffix *+nI* ist durch metanalytische Abtrennung aus den stets n-auslautenden pronominalen und possessivischen Formen gewonnen. Die Antwort auf die Frage, ob es sich bei der Form *+(I)n* für die dritte Sg.Poss. um eine alte Form oder eine Neuerung handelt, geht auch hier im *circulus vitiosus* der Analogie unter. Beim Genitiv schließlich treffen wir auf dasselbe Schwanken zwischen *ŋ* und *G*, wie wir es schon aus den possessivischen Paradigmen kennen, und mit dem es vielleicht in Zusammenhang steht.

Gehen wir nun zur Betrachtung der Formen in den modernen Türksprachen über. Allgemein besteht auch hier die Tendenz, die Unterschiede zwischen den verschiedenen Deklinationen aufzuheben. Weitgehend geschehen ist dies etwa im Usbekischen, wo das pronominale n der Possessivsuffixe und teilweise auch der Demonstrativa aufgegeben wurde.

---

[19]   So in KT S 12 und BK E 20.

Als formal vollkommen stabil erweist sich das Lokativ(-Ablativ)-Suffix +*DA*. Die Ausbreitung des +*DAn*-Ablativs auf Kosten des +*DIn*-Ablativs in den meisten Türksprachen ist ein analogischer Effekt, der vom semantisch wie formal nahestehenden Lokativsuffix ausgegangen ist. Die Stabilität der Suffixe von Lokativ und Ablativ sowie des -*di*-Präteritums in den meisten Türksprachen findet ihre Erklärung ebenfalls in Analogie. Diese hat Lautübergänge verhindert, denen das atü. *d* in Lexemen unterworfen war und die den Zusammenhang zwischen Formen nach *r, l, n* einerseits und anderen Auslauten andererseits zerstört hätten; bei aller Varianz gerade in den Nordost-Sprachen sind auch hier die Suffixe jeweils doch noch mit *d*-Anlaut zu rekonstruieren. Lediglich das Tschuwaschische hat die Varianz bewahrt. Hier wie auch im schon besprochenen Fall der Possessivsuffixe zeigt diese Türksprache keine Tendenz, die die formalen Zusammenhänge zerstörenden Lautübergänge durch Analogie abzublocken.[20]

Interessanterweise hat sich gerade bei den Dativformen der singularischen Personalpronomina mit velaren Formen eine Unregelmäßigkeit bis heute in den meisten Türksprachen gehalten. Lediglich in einigen der besonders analogiefreudigen sibirischen Türksprachen finden wir regelmäßige Formen wie *mä:* und *sä:*.

Bei den übrigen Kasusformen fällt zunächst die Entwicklung des Genitivs auf. Außer im Oghusischen und Tschuwaschischen haben sich fast überall in den Türksprachen, die noch einen Genitiv kennen, *n*-anlautende *+*nIŋ*-Formen durchgesetzt. Bei den Pronomina hat sich in den ersten Personen in manchen Türksprachen anstelle der Genitivsuffixe das Possessivpronomen der ersten Person durchgesetzt: ttü. *benim/bizim*, tat. *minem/bizneŋ*. Auch das Südsibirische hat im Plural das Suffix der substantivischen Deklination +*nIŋ* eingeführt; im Singular sind die alttürkischen Formen, die ja als Vereinfachung von -*nn*- ebenfalls auf ein Suffix +*nIŋ* weisen, bewahrt worden: alt. *mäniŋ/bistiŋ*.

Im Akkusativ finden wir neben +*(y)I* (Türkeitürkisch, wobei das pronominale *n* wie ein normaler Auslautkonsonant behandelt wird) auch +*(n)I* (etwa in azr. und lenatü.) und +*nI* (für die meisten übrigen Türksprachen) in Analogie zum pronominal-possessivischen Typ.

Abgesehen von den sehr stabilen Kasussuffixen des Lokativs und Ablativs fällt zwischen den Kasussystemen ein tiefgreifender Unterschied bei der Umgestaltung gegenüber dem alttürkischen System ins Auge. Dabei haben die Oghusensprachen, das Lenatürkische (das allerdings keinen Genitv kennt) und das Tschuwaschische (letzteres unter Zusammenfall von Dativ und Akkusativ) es vorgezogen, analog zum Vorbild des alttürkischen Genitivs, vokalisch anlautende Suffixe mit Hiatustilgern zu entwickeln, während die übrigen Sprachen konso-

---

[20]   So beim Lautwandel des Poss.Suff. 2.Sg. Eine weitere Besonderheit dieser Sprache ist, daß sie im Poss.Suff. 3.Sg. +*i* über ein Suffix verfügt, das den vokalischen Stammauslaut eines Wortes ersetzt und somit den Wortkörper zerstört, etwa *văta* 'Mitte', *văti* 'seine Mitte'.

nantisch anlautende Suffixformen verallgemeinert haben, die – falls nicht besondere phonotaktische Regeln existieren – nach Vokal und Konsonant das gleiche Aussehen haben. In der ersteren Gruppe fällt etwa das Türkeitürkische mit *y* als Hiatustilger im Akkusativ auf, Obertschuwaschisch zeigt *y* auch im Genitiv. Da dieser Hiatustilger sich im alttürkischen Kasussystem nicht findet, erhebt sich die Frage nach seiner Herkunft. Dabei muß es vorläufig offen bleiben, ob er Produkt einer sekundären Palatalisierung eines vormaligen *n*-Hiatustilgers ist,[21] oder ob er gar aus hiatustilgenden Verbalparadigmen des Aorists bzw. Vokalgerundiums in das Kasusparadigma hineinkopiert[22] wurde. Bei letzteren Sprachen weist vor allem der Akkusativ auf pronominal-possessivische Vorbilder:

Tschuwaschisch	Oghusisch	Kiptschakisch etc.
+*(y/n)ăn*	+*(n)Iŋ*	+*nIŋ*
+*(y/n)a*	+*(y/n)A*	+*GA*
	+*(y/n)I*	+*nI*

Vor allem im nicht-sajanischen Südsibirischen haben sich dabei einige besondere Entwicklungen eingestellt. Dativformen von Personal- und auch von Demonstrativpronomina sind insofern an die substantivischen analogisiert, als durch Tilgung des pronominalen n der Dativ nicht mehr eine +*ŋa*- sondern eine +*ɣa*-Form ist; teilweise ist sogar der pronominale Ablaut getilgt: *on*+*ɣa* > *a*+*ɣa* - *o*+*ɣa*, mutatis mutandis *bu*+*ɣa*, Personalpronomina *ma*+*ɣa, sa*+*ɣa etc.* Wie schon erwähnt, sind die ersten beiden Singularpersonen der Personalpronomina zum Teil von der Vokalharmonie erfaßt und palatal geworden.
Die konsonantisch auf Nasal auslautenden Kasus Genitiv +nIŋ *und Ablativ* +DAn *haben sich ebendort insofern genähert, als der Ablativ dort ebenfalls* +DAŋ *lautet.*[23] *Somit enden alle konsonantisch auslautenden Kasussuffixe auf* ŋ.[24]

---

[21] Im türkeitürkischen Genitiv könnte dann der nasale Auslaut eine solche Palatalisierung verhindert haben, während sie im Obertschuwaschischen in Analogie zur nicht durch nasalen Auslaut geschützte Akkusativform ebenfalls zu *y* geworden wäre.

[22] Der Begriff des "Kopierens" ist hier in dem Sinne von Johanson 1992 verwendet. Der Autor dieser Zeilen geht dabei von der Hypothese aus, daß es prinzipiell keinen Unterschied zwischen Beeinflussungen auf der paradigmatischen Ebene, wie wir sie hier besprechen, und lexikalischen "Entlehnungen" gibt, daß beide Phänomene also letztlich im Rahmen einer vereinheitlichten Theorie beschreibbar sind.

[23] In manchen Sprachen Südsibiriens kann der Lokativ nach Nasal so mit dem Instrumental +*nAn* etc. zusammenfallen.

[24] Für diese Ersetzung im Auslaut herrscht ohnehin eine gewisse Vorliebe im Nordosttürkischen, s. Schönig 1990.

Plurale

Im ältestbelegten Alttürkisch ist die Verwendung von Pluralzeichen selten. Das Pluralzeichen +*lAr* ist auf Bezeichnungen für Menschen, hauptsächlich Verwandtschaftsbezeichnungen und Titel, beschränkt, ebenso die noch selteneren Suffixe +*GUn*, +*An*, +*t*, +*s*. Das personale Pluralzeichen +*z* dient als Pluralzeichen an Personalpronomina und Possessivsuffixen.[25] In der Verteilung der erstgenannten substantivischen Formen sehen wir mögliche Reste einer alten Kategorie von "Personalität/Beseeltheit", die uns auch im sibirischen Areal etwa im Jenissejschen[26] oder Tschuktscho-Kamtschadalischen begegnet. Vielleicht verfügten im Frühtürkischen nur Substantive, die "beseelte" Referenten aufwiesen, als einzige Gruppe von Nomina über Pluralmarkierer.[27]

Im Laufe der Entwicklung verdrängte in fast allen Türksprachen +*lAr* – unter zunehmender Verwendung auch auf unbeseelte Einheiten – die übrigen Suffixe. Besondere Pluralmarkierer für Personen weist noch das Lenatürkische mit -*t* und -*ttAr* auf. Hierbei ist aber zu beachten, daß auch Nomina mit bestimmtem Wortausgang *(...n)* dieses Suffix annehmen. Zusammenhänge mit ähnlichen Phänomenen im Mongolischen, das großen Einfluß auf diese Sprache hatte, machen es unmöglich, die formale Seite zu beurteilen. Was die Inhaltsseite angeht, weisen sowohl Mongolisch wie auch die übrigen altaischen Sprachen besondere Behandlung der Bezeichnungen "beseelter" Einheiten – besonders Verwandtschaftsbezeichnungen – auf. So besitzt etwa das Türkeitürkische im Suffix -*GIl* eine besondere Form der Mehrheitsbezeichnung. Ein weiterer Hinweis auf mögliches Vorliegen einer Beseeltheitskategorie im Frühtürkischen könnte auch die Tatsache sein, daß das Tschuwaschische ein besonderes Possessivsuffix für Personen- und Verwandtschaftsbezeichnungen sowie Pronomina aufweist.

Pluralmarkierung am Verb

Am Verb wird im Alttürkischen Pluralität in den ersten beiden Personen über das in den als Personalmarkierer dienenden Personalpronomina enthaltene Pluralzeichen +*z* ausgedrückt. Eine Pluralbezeichnung in der dritten Person erfolgt

---

[25] Ich ziehe die Bezeichnung "personales Pluralzeichen" anstelle von "pronominales Pluralzeichen" vor, da kein anderes Pronomen außer den Personalpronomina dieses Zeichen trägt; auch sein Vorkommen in Possessivsuffixen weist eher auf eine Verbindung zu Personal- anstatt zu Pronominalkategorien.

[26] Heute noch durch das Ketische repräsentiert.

[27] Hierbei sind auch die Markierungsstrategien für den Plural der dritten Person am Verb zu beachten.

erst relativ spät mit Hilfe des eigentlich substantivischen Pluralzeichens +*LAr*. Im Tschuwaschischen, das kein **+lAr* kennt, und im Kirgisischen (wohl unabhängig voneinander) nimmt am Verb das Kooperativsuffix **-š-* diese Funktion ein.

Ersetzung des personalen Pluralzeichens

Schon früh dringt das substantivische Pluralzeichen +*lAr* in die Possessivsuffixe und Personalpronomina der zweiten Person Plural sowie der Personalpronomina ein. Hier haben wir zwei Fälle zu unterscheiden. Zunächst finden wir entsprechend *lAr*-haltige Formen in den Höflichkeitsparadigmen Zentralasiens. Sie verbinden Analogisierung an die Pluralbildung des Substantivs mit einer Umdeutung des personalen Pluralzeichens +*z* zum Höflichkeits- oder Respektszeichen; sowohl die in dieser Beziehung unmarkierten als auch die markierten Einheiten weisen – wie auch die Formen der dritten Person – somit dasselbe Pluralzeichen wie auch die übrigen Nomina und Pronomina auf. Lediglich die erste Person weist noch *lAr*-lose Pluralformen auf.

2.Pers.Sg.normal	*-(I)ŋ/sän*	Pl.	*-(I)ŋlAr/sänlär*
2.Pers.Sg.höfl.	*-(I)ŋIz/siz*	Pl.	*-(I)ŋIzlAr/sizlär*

Anders sind die Paradigmen Südsibiriens zu beurteilen. Hier findet eine generelle Ersetzung des personalen Pluralzeichens in der zweiten Person durch den substantivischen Plural statt, ohne daß ein irgendwie umgedeutetes oder residuär überlebendes Pluralzeichen **+z* außerhalb der ersten Personen nachzuweisen wäre.[28] Wir finden in den zweiten Personen damit folgende Oppositionspaare von Singular- und Pluralformen:

+*(I)ŋ*	:	+*(I)ŋLAr*	(als Possessiv-, Imperativsuffixe)
*sen	:	**si+lär*	(oft als */slär/* realisiert)

Interessant ist, daß wiederum nur die zweite Person Plural anfällig für die Analogisierungsprozesse ist. In der ersten Person findet keine solche Ersetzung statt. **bizlär*-Plurale treten zwar überall vereinzelt auf, haben aber offenbar nirgendwo einen festen Platz in den Paradigmen einnehmen können; **+mLAr*-Suffixformen sind zumindest mir aus keiner einzigen Türksprache bekannt.

---

[28] Die unter "Altaitürkisch" zusammengefaßten Dialekte bilden hier eine Übergangsgruppe zum übrigen Türkisch; vor allem die südlichen Dialekte kennen hier noch entsprechende, auf **+z* zurückgehende Pluralzeichen.

Somit findet in den Sprachen, die die geschilderten Analogisierungen in der zweiten Person durchgeführt haben, eine Lockerung beim formalen Zusammenhang mit der ersten Person in puncto Pluralmarkierung statt. Dieser besteht bei den Personalpronomen nur noch im "Ablaut" *ä/e > i*. Bei den Suffixen entfällt er durch die Ansetzung der ersten Person als *+(I)BIz* "Nasalität" als pertinent verbindendes Merkmal des "Personalkonsonanten" der Plural- gegenüber den Singularformen gänzlich.[29]

Pers.Pron		Poss.Suff.	
men	*bis*	*+(I)m*	*+(I)BIs*
sen	*siler, sirär*	*+(I)ŋ*	*+(I)ŋAr*
ol/an+	*olar/alar etc.*	*+(Z)I*	*+(Z)IlAr*

Gerade dieses Beispiel zeigt, daß Analogisierungen nicht unbedingt die interne Einheitlichkeit bestehender Paradigmen verstärken müssen, sondern der Vereinheitlichung der gesamten Realisierungsformen einer Kategorie innerhalb verschiedener Paradigmen dienen können.

Lockerung des formalen Zusammenhanges zwischen Pluralformen der ersten und der zweiten Person finden wir auch in den Türksprachen in Verbalparadigmen, die sogenannte possessivische Suffixe aufweisen, wie das *di*-Präteritum. Hier wurde in den ersten Personen die Pluralform *-dImIz*, die klar als Pluralform zu *-dim* identifizierbar war, durch *-dIh* ersetzt, wobei sich bemerkenswerterweise die *K*-Endung weiter auf Kosten der klareren *-(I)mIz*-Endung ausgebreitet hat. Diese Entwicklung findet meist außerhalb der Türksprachen statt, die die zweiten Personen analogisieren. Insgesamt erhalten wir zwei neue Grundparadigmen:

Sg.	Pl.	Pl.	Pl.
atü.		I.	II.
dIm	*dImIz*	*dIk*	*dImIz*
dIŋ	*dIŋIz*	*dIŋIz*	*dIŋlar*
bän	*biz*	*biz*	**biz*
sän	*siz*	*siz*	**si.lär*
X[30]	*X(+LAr)*	*X+LAr*	*X-LAr*

---

[29]   Im Hinblick auf die Ausbreitung des substantivischen Plurals auch in der dritten Person könnte man die Entwicklung in Südsibirien als eine Fortentwicklung von der Verbundenheit der ersten beiden (stets beseelten!) Personen des Plurals hin zu einer Verbundenheit der nichtersten Personen interpretieren. In den Singularpersonen jedoch bleibt die alte Verbundenheit zwischen den ersten beiden Personen bestehen.

[30]   *X* = Substantiv

Personalkennzeichnungen am Verb

Auch bei der Umformierung der Personalkennzeichnung am Verb sind die Possessivsuffixe ein prägendes Element, das mit den Personalkennzeichnungen des personalen Typs in Abgleich getreten ist. Im Alttürkischen und in vielen türkischen Randsprachen fungieren noch enklitische Personalpronomina als Personalanzeiger. In anderen wiederum haben sich die personalen Suffixe von den Pronomina getrennt und sich als Suffixe mehr den Possessivparadigma angenähert. So ist in vielen Sprachen das als Personalanzeiger etablierte $+\eta$ in die Singular- oder Pluralformen $*+sVn$ bzw. $*+sIz$ gedrungen und hat Formen wie $+sI\eta$ bzw. $*+sI\eta Iz$, $*+sI\eta Ar$ etc. ergeben. Auch hier sind es wieder die zweiten Personen, die sich als anfällig erweisen.

In den meisten Türksprachen ist das sogenannte "pronominale *n*" charakteristisch für die 3.Poss.Sg., das zwischen Possessivsuffix und Kasusendung eintritt, etwa beim Lokativ:

$$X+(s)I + DA > X+(S)I.n.DA$$

Für die Singularpersonen ergibt sich somit für die obliquen Kasus eine Markierungsreihe folgender Nasale:

1.Pers. : 2.Pers. : 3.Pers. = $-m$: $-\eta$: $-n$

In manchen südsibirischen Türksprachen hat dies zusammen mit vorangehender Ersetzung der Personal- durch Possessivendungen in den ersten beiden Personen zu analogischen Prozessen im Paradigma der Singularpersonen des finiten $*-GAn$-Partizips geführt:

-GAn men	-GAn-Im	-GA-m
-GAn sen	-GAn-Iŋ	-GA-ŋ
-GAn (ol)	-GAn	-GA-n

Personalbezeichnung im Imperativ

Als einziges der finiten türkischen Verbalparadigmen zeichnet sich das Imperativparadigma durch Fehlen einer allen grammatischen Personen gemeinsamen formalen Markierung aus.[31] Zu diesem Mangel an einem verbindenden Zeichen

---

[31] S. Schönig 1987.

tritt noch die Tatsache, daß nicht die dritte sondern die zweite Person Singular nullmarkiert ist. Dies gilt schon im Alttürkischen:

$$-AyIn \qquad -AlIm$$
$$-\emptyset/-GIl \qquad -\eta$$
$$-zUn$$

Zwar haben im Laufe der Entwicklung der Türksprachen tiefgreifende Analogieprozesse nicht nur zu partiellen Verknüpfungen innerhalb des Paradigmas sowie mit inhaltlich korrespondierenden Teilen anderer Paradigmen geführt, sie haben jedoch bis heute in keiner Türksprache ein Imperativparadigma erzeugt, das dieselbe Stufe formaler Kohärenz aufweisen würde wie Paradigmen anderer finiter Formen.

Betrachten wir die Abweichungen der modernen Formen gegenüber dem ältestbelegten, oben zitierten Paradigma.[32] Das Pluralzeichen *lAr* dehnt sich wie allgemein auch hier mehr oder minder stark in der dritten Person aus. Im Plural der zweiten Person dringt zunächst recht früh das personale Pluralzeichen +z in den Plural ein *(-(I)ŋ > -(I)ŋIz)* und sorgt für Analogisierung an das Possessivsuffix *(-(I)ŋIz)* und das Personalpronomen *(siz)*. Später erliegt dieses Suffix dann auch im Imperativparadigma der bereits behandelten Ersetzung von +z durch das Pluralzeichen *+lAr* in manchen Sprachen.

Die erste Singularperson verändert in vielen Sprachen den Suffixauslaut -n > -m durch Analogie zum "Personalvokal" M des Possessivsuffixes und des Pronomens. In der ersten Pluralis sind die Vorgänge dadurch verkompliziert, daß wir sowohl Analogieumbildung der "Suffixbasis" – in vielen Türksprachen zu -*Ay*- wie in der ersten Person Singular – als auch Vordringen des Personalkennzeichens -K in die reinfiniten Paradigmen von Imperativ, *di*-Präteritum und Konditional beobachten können. Durch diese Prozesse entsteht das weitverbreitete "kiptschakische" Modell. Hier stimmen bereits die Markierungen der ersten beiden Personen der reinfiniten Paradigmen überein, und auch die dritten Personen harmonieren insofern, daß Pluralität durch -*LAr* angezeigt werden kann:[33]

---

[32] Dabei wird keineswegs vorausgesetzt, daß das ältestbelegte Paradigma auch das altertümlichste ist – im Gegenteil: Gerade die Entwicklung der Imperativparadigmen zeigt m.E. das alttürkische Imperativparadigma als eine bereits weiter entwickelte Stufe, auf der die Beseitigung formaler Inkohärenzen allerdings noch kaum in Angriff genommen ist.

[33] Das "kiptschakische Modell" liegt auch dem Modell des Aserbaidschanisch-Oghusischen zugrunde. Dieses ist in den ersten Personen insofern weiter entwickelt, als das Personenzeichen -K auch in den finiten Verbalparadigmen verallgemeinert worden ist.

Imperativ		Präteritum		Konditional	
-AyIm	*-AyIK*	*-dIm*	*-dIK*	*-sAm*	*-sAK*
-Ø	*-IŋIz/IGIz*	*-dIŋ*	*-dIŋIz/dIGIz*	*-sAŋ*	*-sAŋIz/-sAGIz*
-sIn	*-sInlAr*	*-dI*	*-dIlAr*	*-sA*	*-sAlAr*

Die Einheitlichkeit dieses Modells der Markierung der reinfiniten Einheiten geht auf Kosten der formalen Kohärenz zwischen Singular und Pluralformen der ersten Person sowie ihres systematischen Zusammenhanges mit der Pluralbildung mit den zweiten Personen.[34]

In Sprachen mit erhaltener Inclusivus : Exclusivus-Opposition im Imperativ finden wir ebenfalls verschiedenste analogische Wechselwirkungen. Bei den folgenden Erörterungen gehe ich dabei von der Annahme aus, daß das ursprüngliche türkische System im Türkmenischen überlebt hat. Formal folgt es dem Bauschema *Inclusivus = Exclusivus + 2.Pers.Pl.*, wobei die Formen wie folgt lauten:[35]

Excl.	Incl.	2.Pers.Pl.
-All	*-All-ŋ*	*-ŋ*

Dieser Typ hat unter Analogisierung der Suffixbasis an die des Suffixes der 1.Sg. im Lenatürkischen überlebt:[36]

-IAX	*-IAG-Iŋ*	*-ŋ*

Auch im Sajantürkischen hat das alte Modell überlebt, hier mit anderem Analogieabgleich der Suffixbasen der ersten Personen und mit analogisiertem Suffix der 2.P.Pl.:[37]

-I:ll	*-I:ll-ŋAr*	*-ŋAr*

---

[34] Erstaunlich ist auch hier die Aufgabe formalen Zusammenhanges zwischen den ersten beiden Personen in puncto suffixaler Pluralbildung von Personalendungen mit dem Zeichen +z auf einer Entwicklungsstufe, in der die dritte Person bereits solche Pluralbildung, wenngleich auch mit dem Pluralzeichen +lAr, aufweist.

[35] Aus dieser Annahme ergibt sich, daß das orchontürkische *-AlIm* bereits eine durch Analogie an die erste Singularperson umgebildete Form sein könnte; ob das ältestbelegte Türkisch die Exc. : Incl.-Opposition noch aufwies oder sie bereits getilgt hatte, muß ein sorgfältiges Studium der Texte erweisen. Hier muß zunächst festgestellt werden, ob im Rahmen der belegten Textsorten eine Exclusivus-Form überhaupt benötigt wurde.

[36] *-IAx < *-Ay-IK* analog zu *-I:m < -*Ay-Im*.

[37] *-I:ll < *-Ay-ll* analog zu *-Ay-Im*.

Vor allem in der jenissejschen Gruppe des Südsibirischen wird die kürzere Inclusivus-Form durch die Exclusivus-Form verdrängt, der Exclusivus selbst durch Anbringen einer Pluralmarkierung erneuert:

$$-A{:}\eta \qquad -A{:}\eta Ar \qquad -\eta Ar$$

In den übrigen Paradigmen Südsibiriens, die dem kiptschakischen Modell nahestehen, ist der formale Zusammenhang zur zweiten Person Plural weiter gelockert oder ganz aufgehoben. Stattdessen hat der Inclusivus Anschluß an die Markierungsmodelle mit dem dort ohnehin in allen möglichen Paradigmen verallgemeinerten Pluralzeichen *+LAr gefunden: Formal erscheint der Inclusivus hier als Plural des Exclusivus. Im Tschulymtürkischen begegnen wir einem besonders exotisch anmutenden Modell, in dem zusätzlich die 2. P.Pl. durch das Kooperativsuffix bezeichnet ist:

$$-AK \qquad -AKtAr \qquad -\check{s}$$

Zahlwörter

Das ältestbelegte Modell türkischer Zahlwörter erweist sich inhaltlich als Dezimalsystem. Formal kommt dies nur verschwommen zum Ausdruck. Die ersten fünf Einer- wie Zehnerzahlen sind jeweils eigenständige, formal unverbundene Lexeme. Für die Bezeichnungen von 'sechs' und 'sieben' kann versuchsweise ein Suffix *+TI angesetzt werden, das beim Übergang zu den Zehnern durch *+mIš ersetzt wird. Die verbleibenden Einer 'acht' und 'neun' sind mit Hilfe von *+Iz gebildet;[38] nur sie vereinigen sich mit *on 'zehn' zur Bildung von analytischen Zehnerzahlen. Die folgenden drei Potenzen von Zehn werden wiederum mit eigenständigen Lexemen bezeichnet:

---

[38] Der Einfachheit halber notiere ich im folgenden die fraglichen türkischen Zahlwörter für 'zwei', 'acht', 'neun', 'dreißig' und 'fünfzig' mit einfachem anstatt verdoppeltem intervokalischem Konsonanten, ohne damit diese Form als ursprünglich unterscheiden zu wollen. Die Varianten des Wortes für 'zwanzig' werden nicht berücksichtigt.
Auch auf diesem durch interne Rekonstruktion nicht lösbaren Problem können wir analogische Entwicklungen in einzelnen Sprachen feststellen: So hat die usbekische Schriftsprache verdoppelte Konsonanten verallgemeinert, währen die tuvinische von einfachen Konsonanten ausgeht.

Einer	Zehner	folgende Potenzen von Zehn
bir	*on*	*yüz*
eki	*yigirmi*	
üč	*otuz*	
tört	*qïrq*	
beš	*elig*	*bïŋ*
al.tï	*alt.miš*	
ye.ti	*yet.miš*	
sek.iz	*sekiz on*	
toq.uz	*toquz on*	*tümän*

Am östlichen Rand des türkischen Sprachgebietes – innerhalb der Nordostgruppe und dem Gelbuigurischen – haben formal transparente Zehnerbildungen benachbarter Sprachen auf die türkischen Systeme eingewirkt und zu deren mehr oder minder starken formalen Dezimalisierung des Typs *Zehner = Einer + *on* beigetragen. Vollständig dezimalisiert sind die Zehnerzahlen des Gelbuigurischen und Karagassischen.[39] Bei diesen Umbildungsprozessen bleibt der Beitrag des Mongolischen selbst unklar.[40] Zwar ist das mongolische System insofern transparent, daß es die Zehner als Ableitungen der Einer kenntlich macht, jedoch nicht dem in Teilen des Türkischen so erfolgreichen Typ *Zehner = Einer + 'zehn'* zugehört. Der "türkische" Typ tritt aber in anderen Sprachgruppen des Kontaktareals auf, so etwa im Jenissejschen, im Samojedischen und im Tungusischen sowie im Chinesischen. Die Frage nach Quellen und Verlauf der Dezimalisierung in den Einzelsystemen ist gleichzeitig eine Frage nach Sprachkontakten und Ethnogenese der betreffenden türkischen Stämme, bei der stete Wechselwirkungen zwischen türkischen und nichttürkischen Elementen vor allem im sibirischen Raum die Lösung dieser Frage nicht gerade erleichtern dürften. Das Gelbuigurische könnte in dieser Beziehung chinesischem Einfluß unterlegen sein.

Unser kurzer Überblick über formale Analogiephänomene in verschiedenen Bereichen hat eine reiche Vielfalt von Wirkungsbereichen analogisch-umbildender Kräfte im Türkischen zutage gefördert. Einige der internen Entwicklungsstränge tragen dabei deutlich arealen Charakter, wiederum ein Teil davon weist über die Grenzen des Türkischen hinaus auf externe Quellen. Gerade die letzteren Gruppen

---

[39] Dabei bezeugt Castrén (1857) für das Karagassische eine dezimalisierte Form *on düs* von 'tausend'; dieser Verlust dieses höheren Zahlwortes ist heute durch ein russisches Lehnwort ausgeglichen; dazu sowie allgemein zu den Zahlwörtern dieses Bereichs s. Schönig 1991.

[40] Anders Schönig 1991.

sollten genauerer Beobachtung unterzogen werden, da sie u.U. die Möglichkeit bieten, mehr über die historische Entwicklung und interne Differenzierung des Türkischen auch hinter dem Texthorizont der ältesten türkischen Denkmäler zu erfahren.

Literaturverzeichnis

Achatov, G. Ch.: 1963, *Dialekt zapadnosibirskich Tatar.* Ufa.

Castrén, M. A.: 1857, *Versuch einer koibalischen und karagassischen Sprachlehre.* St. Petersburg.

Erdal, Marcel; Schönig, Claus: 1990, Frühtürkisch *bu* oder *bo? – Ural-Altaische Jahrbücher N.F.* 9 (1990), 131 – 136.

Johanson, Lars: 1976, Zum Präsens der nordwestlichen und mittelasiatischen Türksprachen. – *Acta Orientalia* 37 (1976), 57 – 74.

– :1992, *Strukturelle Faktoren in türkischen Sprachkontakten.* Stuttgart.

Schönig, Claus: 1984, Hilfsverben im Tatarischen. Untersuchungen zur Funktionsweise einiger Hilfsverbverbindungen (*Veröffentlichungen der Orientalischen Kommission,* XXXV). Wiesbaden.

– :1987, Diachronic and areal approach to the Turkic imperative paradigm. – *Utrecht Papers on Central Asia.* Proceedings of the First European Seminar on Central Asian Studies Held at Utrecht, 16 – 18 December 1985. Ed. by Mark van Damme and Hendrick Boeschoten (Utrecht Turkological Series, 2). Utrecht, 205 – 222.

– :1989, Zur Normalisierung von Aorist- und Gerundialvokal im Sajantürkischen. – *Religious and Lay Symbolism in the Altaic World.* Proceedings of the 27th Meeting of the Permanent International Altaistic Conference, Walberberg, Federal Republic of Germany, June 12th to 17th, 1984. Ed. by Klaus Sagaster in collaboration with Helmut Eimer (Asiatische Forschungen, 105). Wiesbaden, 64 – 80.

– :1990, Materialien zur Stellung des Jakutischen unter den Türksprachen. – *Materialia Turcica* 14/1988 (1990), 41 – 57.

– :1991, Das Lenatürkische und die sprachlichen Merkmale des nordöstlichen türkischen Areals. – *Altaica Osloensia.* Proceedings of the 32nd meeting of the Permanent International Altaistic Conference, Oslo, June 12 – 16, 1989. Ed. by Bernt Brendemoen. Oslo, 263 – 285.

Tekin, Talat: 1968, *A grammar of Orkhon Turkic.* The Hague.

Aleksandr M. Shcherbak

NOTES ON THE INSCRIPTION AT ULAANGOM

Introduction

The Ulaangom inscription contains eight short lines inscribed on the front side of a stone stele in the earliest type of the Uyghur alphabet. The stone is situated, or was situated, at a point about 50 km north (?) of Ulaangom (Mongolia).[1] The details concerning its location and the excavations carried out there are unknown to me, so I will confine myself to some fragmentary facts.

The inscription was discovered by the well-known Mongolian archaeologist, Ts. Doržisuren, in 1955. In 1957, I received in Leningrad photographs of it and began to interpret them. My reading did not take much time, but several words remained beyond explanation. At the end of that year the transcription and the translation of the text were sent to Mongolia. In 1958, E. Vanduj published them.[2] I had made a special agreement with the Mongolian research fellows that the publication of the Ulaangom inscription must appear first in Mongolia. In 1959, I published the text in Tashkent[3] and in 1961 it was republished in Leningrad.[4] On the basis of my reading and my translation, S. G. Kljashtornyj (1961,[5] 1963[6]) and L. N. Gumilev (1963[7]) wrote several historical commentaries on the text. In 1961, the photographs of the Ulaangom inscription were published without transcription and translation by Y. Rinchen.[8] Recently, the inscription was obtained by P. Zieme. As

---

1   See Ts. Doržisuren, *Izuchenie istoriko-arkheologicheskikh pamjatnikov Mongolii*, Ulan-Bator 1957, pp. 13, 17.

2   E. Vanduj, *Uvsyn Khar usny gerelt khöshöö.* – Shinžlekh ukhaan tekhnik, Ulaanbaatar 1958, 3, pp. 45 – 47.

3   A. M. Shcherbak, *Müǧulistonda topilgan qadimgi bir tosh jozma.* – Ŭzbek tili va adabijoti masalalari, Toshkent 1959, 3, pp. 34 – 36.

4   A. M. Shcherbak, *Nadpiś na drevneujgurskom jazyke iz Mongolii.* – Epigrafika Vostoka, Moskva – Leningrad 1961, XIV, pp. 23 – 25.

5   S. G. Kljashtornyj, *K istoriograficheskoj otsenke ulankomskoj nadpisi.* – Epigrafika Vostoka, Moskva – Leningrad 1961, XIV, pp. 26 – 28.

6   S. G. Klashtornyj, *Po povodu interpretatsii ulankomskoj nadpisi (piśmo v redaktsiju).* – Sovetskaja Arkheologija, Moskva 1963, 4, pp. 292 – 293.

7   L. N. Gumilev, *Po povodu interpretatsii ulankomskoj nadpisi.* – Sovetskaja Arkheologija, Moskva 1963, 1, pp. 295 – 298.

8   Y. Rinchen, *Les inscriptions inconnues sur pierre et les plaques d'or ornamentées du Harnais de Tonyoucouc.* – Central Asiatic Journal, Wiesbaden 1959, IV/2, pp. 290 – 292.

he pointed out in his article, which appeared in Ankara in 1986,[9] the first edition needed improvements. He believed there was no evidence for dating the Ulaangom inscription earlier than the 9th century. The essential background for dating it to the beginning of the 8th century is the use of the ethnic name *Türgeš*. However, he notes that the third letter can be read only as *ya*. This means that the reading *Türgeš* is incorrect. In conclusion P. Zieme regrets that he cannot propose anything new in place of the above mentioned ethnic name.[10]

It is in the nature of things that the first editions of such texts are not absolutely final and, what is more, the greatest success in this field can be obtained by joint effort. I was sincerely glad that P. Zieme took an interest in the Ulaangom inscription and made some improvements.

At present I do not think that reading the Ulaangom inscription is a matter of considerable difficulty. Though there are obscure passages, the text as a whole is intelligible.

The new edition of the Ulaangom inscription provides a suitable occasion to bring this extremely interesting and important find to the attention of a larger group of Turkologists.

On P. Zieme's corrections.

1. P. Zieme supposes that the person named in line 1 should be *Bars Tigin* instead of *Boğaz Tegin*. His main reason is that in Old Uyghur it must have been *Boğuz*, not *Boğaz*. In 1957 when I prepared the first edition, many variants had been taken into account, including *Bars*. However, *Boğaz* seemed to be more probable, since *ba* is clearly followed by *vav*. Besides, the combination of *ba* with *alif* would be represented differently. As to P. Zieme's note on the Uyghur origin of the Ulaangom inscription, I would like to say the following. Our text is inscribed in the Uyghur script, but that does not necessarily mean that the language was Old Uyghur. *Boğaz* is normal for Old Turkic, as well as for Modern Oguz languages: T., Az., Turkm. *boğaz*, Gag. *buaz* 'throat'.

2. In line 4 I read *yïlqï* 'yearly', 'relating to year'; P. Zieme suggests that *alqu* 'all' would be more likely.[11] His suggestion, I think, does not agree with the context: *yeti yigirmi yašïmta... ...toquz yigirmi yoqïmta... ...yigirminčte... ...tolun yïlqï...*

---

[9] P. Zieme, *Uygur yazısıyla yazılmış Uygur yazıtlarına dair bazı düşünceler.* – Türk Dili Araş-
     tırmaları Yıllığı – Belleten (1982–1983), Ankara 1986, pp. 230 – 231.
[10] P. Zieme, p. 231.
[11] Op. cit., p. 231.

...bir otuz yašïmta... ... From the quoted passage it is obvious that *alqu* 'all' could not be expected here.

3. As I said above, P. Zieme discusses my reading *Türgeš* without suggesting anything in its place. In fact, the third letter in this word is *ya*, but it occurs in combination with *vav*, used for representation of *ü*. The fourth letter is not clear, nevertheless it can be only *ra*, since *ra* is carved in such a manner in other places.

4. 35 years ago the last word in the fifth line appeared to be *Boluču-ögüz*. But frankly speaking, I never considered this reading as indisputable. I am ready to accept any critical observations on this subject for two reasons. On the one hand, *za* looks strange; on the other hand, the locative suffix is absent. Since there is a blank space, perhaps this part was weathered or wiped out. The variant proposed by P. Zieme, *bulun üküš*, is preferable: *bulun üküš altïm* 'I have taken many prisoners'. However, even in this case some difficulties remain.

My own corrections

It is natural that the interpretation of the Ulaangom inscription proposed almost 35 years ago requires several improvements.

1. Line 3. The first two words of the line look like *örgi suntum*, but this seems inappropriate in terms of sense. It might be *Tatarta* instead of *Tïtamta* and *öngre* instead of *Čönge (Önge)*.

2. The second word in line 4 read by me as *Yarmagan* and interpreted as a place name is certainly *yigirminč*. In fact, we have *yirminč* solely as *yirmi* in other cases. In addition, there is complete semantic correspondence of this word in context. Therefore I now read the first component in *tolun yïlqï* differently. The context makes certain its usual meaning, which is "full". The sentence, as a whole, obviously means 'when I was 20 years of age'. Here, modern Turkic languages may be referred to: *mening yigirmi yāšïm dōldï* (Turkmen) 'I am 20 years of age', *bir yïl dolmak üzeredir* (Turkish) 'one year is coming to an end'.

Nothing can be made of 7 – 8 lines, though separate words are readable. In this connection one point requires special mention. The original text having been retouched many times, a part of the inscription might have been misrepresented.

The date of the inscription

The following circumstances should be taken into account for establishing the date of the Ulaangom inscription.

1. The inscription is similar to "runic" texts in its style.

2. It would not be reasonable to doubt that the fourth word in line 5 is the ethnic name *Türgeš*. It follows from this that the inscription was composed at the beginning or in the middle of the 8th century.

3. The spelling of several letters is rather archaic. First of all we have to pay attention to the form of *sin*. Then the difference between the letters for "d" and "t" is to be noted. Moreover, the variant used for "d" is that which seems to be identical to early Soghd-Uyghur spelling.[12]

Transcription

1. *Er atïm Boğaz-Tegin yeti yigirmi yašïmta Bur-uluğta*
2. *süledim ming yont altïm toquz yigirmi yoqïmta*
3. *örgi suntum (?) Tatarta süledim öngre čerig*
4. *ïd(t)ïm yigirminčte ertürü tudïm tolun yïlqï*
5. *Tübüt Tünlüg kisre Türgeš bolunu üküš*
6. *altïm bir otuz yašïmta Omuzta süledim*
7. *töbalib Biditegi (?) tegin iltüki kisre (?)*
8. *......*

Translation

1. My adult name is Bogaz-Tegin. When I was 17 years of age I marched towards Bur-ulug (and)
2. seized one thousand horses. When I was not of full 19 years of age
3. .... (?) I went against the Tatar (and) sent forward the army.
4. In my twentieth year I carried out an ambush. When I was a full 20 years of age
5. I seized many Tibetan, Tünlüg and Türgeš prisoners.

---

[12] See A. Le Coq, *Kurze Einführung in die uigurische Schriftkunde*. – Mitteilungen des Seminars für Orientalische Sprachen, Berlin 1919, XXII, Abt. II, Tablo; A. M. Ščerbak, *De l'alphabet ouï-gour*. – AOH XXXVI/1 – 3, Budapest 1983, p. 473.

6. When I was 21 years of age I marched towards Omuz.

7. ....

8. ......

Morphological commentary

It is perhaps a great surprise that the locative suffix is used instead of the dative, however this particularity is morphologically probable. We have something like it in other inscriptions: *Burġuda yetdim* 'I reached Burgu' (MČ 15). But it seems to be more likely that there is here a short variant of the postposition *tapa* usually used with ethnic names. Cf. *Qïtaj Tatabï bodun tapa ... ... Tabġač tapa iki yigirmi süledim* 'I went against the peoples of the Qïtaj and Tatabï ... ... against the Tabgač twelve times' (BQ E 23), *Qïrqïz tapa süledimiz* 'we went against the Qïrqïz' (KT E 35).

Conclusion

Upon my first reading of the Ulaangom inscription, I did not attach great importance to it. I was even uncertain whether it could be considered genuine. Now there is no doubt about its authenticity and I can say with certainty that the study of the inscription is of particular interest from many different points of view.

Abbreviations

(The inscription quoted by line)
MČ = Moyun Čor
BQ = Bilge Qagan
KT = Kül Tegin

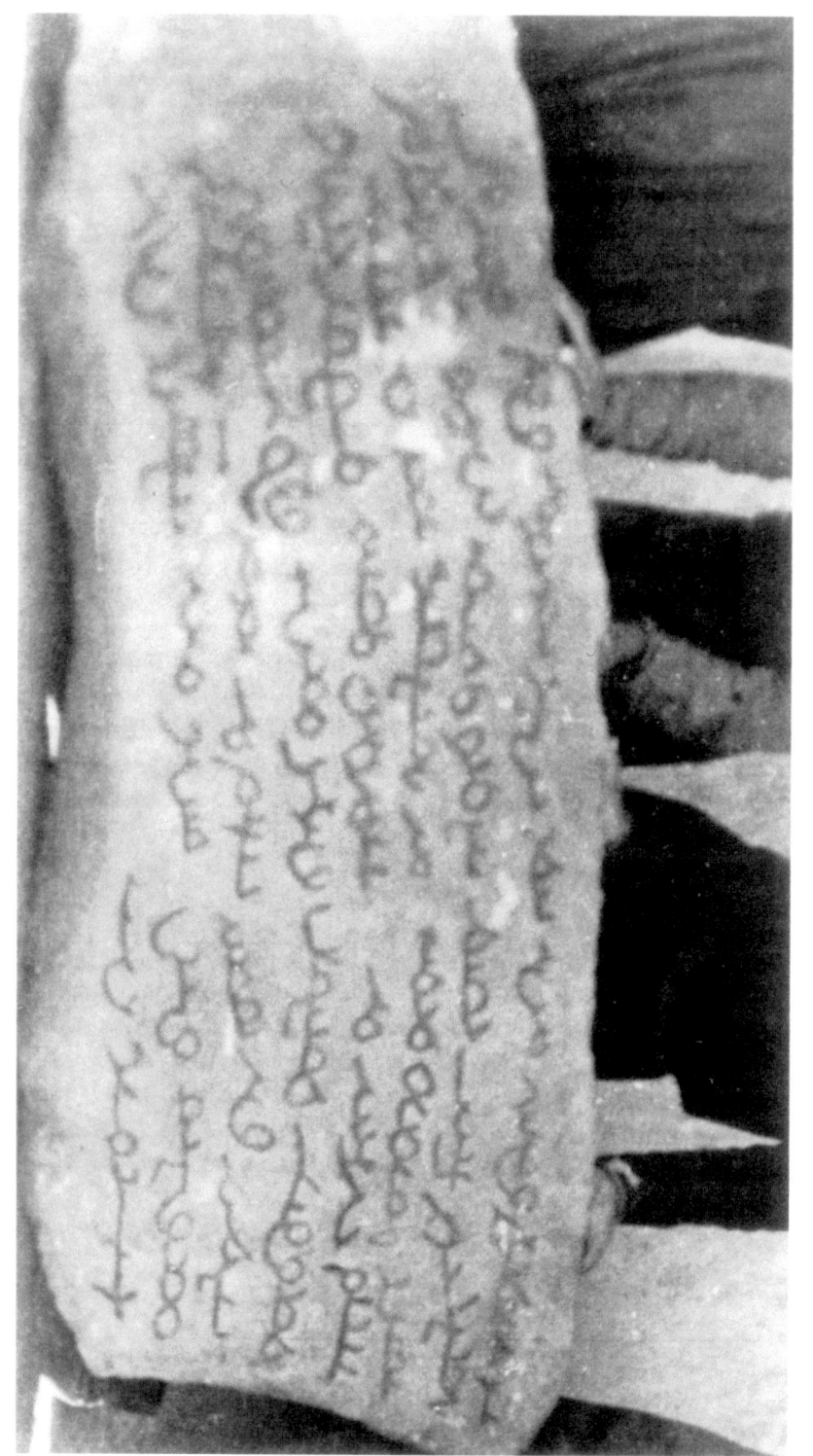

Aleksandr M. Shcherbak

SOME CONCLUSIONS OBTAINED AS A RESULT OF THE DESCRIPTION OF UNINFLECTED WORDS IN TURKIC

Uninflected words, I think, are of interest from several points of view. The most considerable group of such words contains adverbs and gives valuable information about the development of nominal and verbal forms.

It is generally agreed that the morphological structure of adverbs is fixed, or "lifeless". However, in the Turkic languages there are some particularities which are of special interest.

To illustrate, I will give several examples. I want to begin by pointing out that in the Turkic languages some adverbs are used with the possessive suffixes which, since they are included in the internal structure of adverbs, create an illusion of morphological changeability: Kaz. *šalqamnan* 'backwards' (= 1st Pers. Sing.), *šalqaŋnan* 'backwards' (= 2nd Pers. Sing.), *šalqasïnan* 'backwards' (= 3rd Pers. Sing.). There are also other examples. The Yakut correspondence for Old Turkic *qïš* 'winter' and *qïšïn* 'in winter' is *qïhïn* (pharyngal consonant appears in the position between two vowels), whereas the Old Turkic *qïšla-* 'to pass the winter' occurs in Yakut in the form of *qïstā-*. The Mountain Altai forms may be taken for comparison: *qïš* 'winter', *qïžïn* 'in winter', *qïštā-* 'to pass the winter'. It is obvious that the Yakut *qïs* is the nominal stem, no longer common in the modern language, and *qïhïn* the instrumental form (= adverb) which has come to be used as nominative. That is why the second special suffix can be attached: *qïhïnïn* 'in winter'.[1] Another example is Tuvinian *soŋār* 'back, backwards' which is an early dative form. Though *soŋār* is now an adverb, it did not completely lose its morphological activity. In the modern Tuvinian we have *soŋārtan* 'from the North' or 'from the back'.

In fact, there are a number of adverbs which illustrate how suffixes are losing their grammatical value and becoming a part of stems: Turkm. *īr* 'early'; Nog. *erte* 'early', *erten* 'tomorrow', *ertede* 'before', *erteden* 'very early'; Mod. Alt. *erteŋizinde* 'on the next morning'[2], Khak. *irte* 'morning', 'in the morning', *irten* 'in the morning', *irteŋîzîn* 'in the morning', 'on the next morning'; Karach.-Balk. *ertde* 'early', *ertden* 'morning', *ertdende* 'in the morning', *ertdenlikde* 'on the next morning'.

---

[1] See Л. Н. Харитонов, *Неизменяемые слова в якутском языке*, Jakutsk 1943, p. 34.

[2] М. Ф. Саруева, *Категория обстоятельства в современном алтайском языке*, Автореф. канд. дисс., Moskva 1955, p. 7.

Such examples can be found not only among the adverbs. Sometimes the Third Person Singular of possessive forms has no possessive meaning, so that one more special suffix is necessary. Ex.: OT *kögüz* 'breast', Dolg. *köhsü* 'back', *köhsüte* 'his back'; Kirg. *murun* 'nose', Dolg. *munnu* 'nose', *munnuta* 'his nose'; Kirg. *erin* 'lip', Shor *erdi* 'lip', *erdisi* 'his lip'; Kirg. *qarïn* 'stomach', Shor *kardï* 'stomach', *kardïsï* 'his stomach'; Kirg. *moyun* 'neck', Shor *moydu* 'neck', *moydusu* 'his neck'; T *alïn* 'forehead', Gag. *annï* 'forehead', *annïsï* 'his forehead'.

Our analysis also has shown that many Turkic adverbs have been generated by analogy. The Shor *üstürtin* 'from above', Khak. *tïgdertîn* 'from there' and Tof. *a"l-türtin* 'below', 'from below' should not be confused with the declensional forms. There are Kar. *üsttän* and *üstürtün* 'from above'; Karach.-Balk. *töbenden* and *töbentin* 'below', 'from below', *tïšïndan* and *tïštïn* 'outside', *ǧoldan* 'from the road' and *ǧoltun* 'by the road'; Khak. *payadaŋ* and *payartïn* 'before', *mïnaŋ* and *mïnartïn*, 'from here', *xaydaŋ* and *xaydartïn* 'from where?'; Shor *altïnaŋ* and *altïrtïn* 'from below'. It is not reasonable to consider *tïn ~ tin ~ tun ~ tün* as a variant of the ablative suffix. This conclusion is well-founded and supported by convincing data.

First of all, it should be remembered that, alongside adverbs ending in -*n* exist those without it: OT *üstürti* 'above', 'from above', *öŋdürti* 'in front', 'from the front', *taštïrtï* 'outside', 'from outside', *yaŋïrtï* 'again'. They were originally gerunds, cf. Kirg. *ǧaŋïrt-* 'to renew', Turkm. *öŋürt-* 'to pass ahead', or they had been created by analogy with other forms. The use of the typically adverbial element *n* in this case might have been caused by their adverbial function. For example, Nog. *keneten* 'suddenly' is a Mongolian word and its original form includes the final *t*, WM *genet*. Thus, *keneten* cannot be said to be a usual ablative form. Certainly, there are also various morphological elements attached to this Mongolian adverb: Bashk. Kaz. *kenetten*, Kar. *keneteley*, Shor *kenetke ~ kenetki*, Tat. *kinättän*.

It is possible that the element *tïn ~ tin ~ tun ~ tün* was sometimes a result of false decomposition of Old Turkic *altïn*, *astïn* 'below', 'from below'. It is unlikely that they were formed by means of the ablative suffix. There exist not only *altïn*, *astïn* 'below', 'from below', but also *üstün* 'above', 'from above', whereas the ablative in -*tun ~* -*tün* was unusual in Old Turkic. Thus, *altïn*, *astïn*, *üstün*, *artïn* appear to be the instrumental forms with the suffix -*ïn ~* -*in ~* -*un ~* -*ün*. However, very little is known about the history of the words *alt*, *ast*, *üst*, *art* and the origin of the final -*t* remains vague. Leaving aside this problem, I would like to confine myself to the discussion of one particular article.[3]

---

[3]   A. von Gabain, *Über Ortsbezeichnungen im Alttürkischen*, StO 14:5 (1950), p. 1 – 14.

As will be shown below, there is another way in which the special variant of the suffix -*in* ~ -*in* ~ -*un* ~ -*ün* has come to be used. The materials of Karachay-Balkar furnish us with many illustrations of the use of the instrumental suffix with initial *t*: *ǧolun* and *ǧoltun* 'by road', 'on the way', *kögün* and *köktün* 'by sky', 'on the sky'.[4]

As to *taštïn* 'outside', it most certainly appeared by analogy with *altïn, astïn*. In Old Turkic there are *taštïrtï, ičtirti*, but it can hardly be assumed that the forms *tašt, ič* existed in the past.

Remarkably enough, the widespread use of forms like *üstürtün, astïrtïn* and others leads to a situation in which the element *rtïn* ~ *rtin* ~ *rtun* ~ *rtün* begins to be taken as a typical adverbial suffix semantically similar to -*n*. N. Kh. Ishbulatov qualifies it as a relic morpheme.[5] This assumption, however, is by no means acceptable, since the recent origin of the complex *rtïn* ~ *rtin* ~ *rtun* ~ *rtün* is beyond any doubt and, what is more, this complex can be used at the present time as well. The element *tïn* tends to be used in combination with *r* which is found in final position of several words and forms. Ex.: Kaz. *ärtîn* (*är-tîn*) 'somewhat further'; Khak. *altïnzartïn* (*alt-ïn-zar-tïn*) 'from the front', *ibzertîn* (*ib-zer-tîn*) 'from the side of house'; Kar. *sartïn* (*sarï-tïn*) 'because of', *birdeyartïn* (*bir-de-yar-tïn*) 'nowhere', *sortun* (*soŋra-tun*) 'after', *ašaǧartïn* (*aša-ǧar-tïn*) 'below', 'from below', *artqartïn* (*art-qar-tïn*) 'behind', 'backwards'; M.Alt. *ičkertin* (*ič-ker-tin*) 'inside', 'from inside', *tïšqartïn* (*tïš-qar-tïn*) 'outside', 'from outside'. See Tuv. *iškēr* 'inside', *dašqār* 'outside'.

To clarify this matter I shall now refer to the analysis of several of the above cited examples. The Khakas *altïnzar, ibzer* are directive forms which include the suffix -*zar* ~ -*zer* going back to the postposition *sarï* (< *sarï* 'side'), cf. the old and modern Turkic languages: Old Uzb. *Khorasan sarï* 'towards Khorasan'; Kar. *orman sarï* 'to forest'; Turkm. *günbatar sārï* 'to the West'; M.Alt. *qōl zā* 'into a hollow', *min zā* 'towards me'.[6] The Karaim *ašaǧarï, artqarï* are also dative forms, but they have undergone an adverbialization. The first components of the Karaim *sartïn, sortun* are respectively *sarï* and *soŋra*. K. M. Musayev supposes that *sortun* is an archaic variant of the postposition *soŋ*.[7] This cannot be taken as certain. None of the old and modern Turkic languages contain anything like it. The original form

---

[4] See М. А. Хабичев, *Карачаево-балкарское именное формообразование и словоизменение. Опыт сравнительно-исторического изучения*, Cherkessk 1977, pp. 22 – 23.

[5] Н. Х. Ишбулатов, *Диалекты и говоры башкирского языка.*-Вопросы башкирского языкознания, Ufa 1972, p. 126.

[6] Н. А. Баскаков, *Спряжение глагола в кумандинском диалекте алтайского языка.*-Уч. зап. Горно-Алтайского НИИИЯЛ, 1969, 8, pp. 100, 107.

[7] К. М. Мусаев, *Грамматика караимского языка. Фонетика и морфология*, Moskva 1964, p. 321.

might have been *soŋrtun*. For comparison see Tof. *soŋgartïn ~ s oŋïrtïn ~ soŋġurtun* 'from the West', 'from the back'. Since such a consonantal cluster is strange to Turkic languages, one of the consonants (*ŋ*) had to be dropped.

By way of exception the element *rtïn* has been attached to several forms as an independent morpheme. In short, there are forms not ending in *r* which occur with *rtïn*. Ex.: Tof. *qaraŋġïrtïn* (*qaraŋġï-rtïn*) 'from the North', *hüŋgürtin ~ hüŋgürtün* (*hüŋgü-rtin*) 'from the South'.

In conclusion I would like to give some other examples: Tuv. *qušqulaštïr* (< *qušqulaštïra, qušqu-laštïr*) 'like a bird', *otqulaštïr* (< *otqulaštïra, otqu-laštïr*) 'like a fire', *balïqšïlaštïr* (*balïq-šïlay-štïr*) 'like a fish'. The *šïlay* 'like' is a postposition used in the dialects of Modern Tuvinian: *balïq šïlay* 'like a fish', *uruġ šïlay* 'like a child'[8]. The suffix -*štïr* in this word, therefore, is superfluous and *balïqšïlaštïr* cannot be considered a product of normal derivation.

It is clear from the above cited material that adverbs appear in Turkic languages not only by way of isolation of various nominal and verbal forms, but also as a result of analogical processes. Perhaps this explains the possibility of attaching suffixes to adverbs.

Abbreviations

Bashk. = Bashkir	Nog. = Nogay
Gag. = Gagauz	OT = Old Turkic
Dolg. = Dolgan	T = Turkish
Karach.-Balk. = Karachay-Balkar	Tat. = Tatar
Kar. = Karaim	Tof. = Tofa (Karagas)
Kaz. = Kazakh	Tuv. = Tuvinian
Khak. = Khakas	Turkm. = Turkmen
Kirg. = Kirghiz	Uzb. = Uzbek
M.Alt. = Mountain Altai	WM = Written Mongolian

.

---

[8] See З. Б. Чадамба, *Тоджинский диалект тувинского языка*, Kyzyl 1974, p. 95.

Stanisław Stachowski

OSMANISCH-TÜRKISCHE UND TATARISCHE LEHNWÖRTER IM POLNISCHEN UND IHRE BEDEUTUNG FÜR DIE TÜRKISCHE WORTGESCHICHTE

1. Schriftdenkmäler, Dialektalwortschatz und Vergleiche mit den lexikalischen Pendants in den verwandten Sprachen geben bekanntlich die drei wichtigsten Quellen zur Wortgeschichte der einzelnen Sprachen ab. Lehnwörter, die aus einer Sprache in ihre Nachbar- bzw. auch eine relativ entfernte Sprache gelangt sind, werden dagegen seltener als Erkenntnisquelle herangezogen, obgleich sie doch viele Hinweise auf den Wortbestand der lehngebenden Sprache sowie auf ihre Laut- und morphologische Struktur und die Semantik beinhalten. Im Falle der Türksprachen, deren Geschichte durch zahlreiche und lang andauernde Kontakte zu unterschiedlichen Nachbarsprachen geprägt ist, hat die Erforschung der in diesen Sprachen vorkommenden Turzismen eine besondere Bedeutung.

Im Folgenden soll nicht nur das türkische Lehngut im Polnischen selbst, sondern auch seine Bedeutung für die türkische Wortgeschichte dargestellt werden.

2. Die viele Jahrhunderte lang andauernden direkten und indirekten Kontakte der Polen zu Türkvölkern hinterließen tiefe Spuren im polnischen Wortschatz. Die Turzismen des Polnischen bilden folgende etymologische Schichten:

a) Die bulgarisch-türkische Schicht – Hierher gehören einige Wörter (wie poln. *wataha* 'Bande, Haufen, Rotte' [< bulg.-tü. **vatax* < urtü. **ōtaq*], poln. *warkocz* 'Zopf' [< bulg.-tü. **varkəč* < urtü. **örküč* < **ör-* 'flechten']), die ins Polnische durch die Vermittlung der ostslawischen Sprachen, und zwar in einer sehr frühen, möglicherweise noch der urslawischen Epoche eingedrungen sind.

b) Die osmanische und tatarische Schicht – Dies ist die größte türkische Lehnwortgruppe im Polnischen. Das gesamte Lehngut stammt aus dem Zeitraum zwischen dem 14. und dem 18. Jahrhundert. Es ist auf verschiedenen Entlehnungswegen in das Polnische eingedrungen: teilweise durch direkte, aus der geographischen Nachbarschaft resultierende Völkerberührungen, teilweise aber auch durch eine Art "Tourismus" (z.B. die Pilgerfahrten über die Türkei und Syrien in das Heilige Land). Hier muß aber mit A. Zajączkowski betont werden, daß osmanisch-türkische Lehnwörter in das Polnische während der einige Jahrhunderte lang andauernden direkten Wechselbeziehungen gelangt sind, wohingegen das sonstige türkische Lehngut durch das Russische, und zwar hauptsächlich im 16. Jahrhundert, vermittelt worden ist. Zahlreiche Turzismen und Tatarismen sind im altpolnischen Schrifttum jener Zeit belegt, vor allem natürlich in der die Türkvölker und ihre Länder betreffenden Literatur, den Berichten der diplomatischen Gesandten, den Studien zum Islam, den Beschreibungen der Staatsverwaltung, des

Heeres und der Höfe sowie in historischen Schilderungen der Kriege zwischen Polen und der Türkei bzw. den Tataren.

c) Die balkantürkische Schicht – Diese ganz besondere osmanisch-türkische Wortschicht kommt nur in den Werken eines polnischen Schriftstellers des 19. Jahrhunderts vor, nämlich Teodor Tomasz Jeż (eigentlich Zygmunt Miłkowski, 1824 – 1915), der im Völkerfrühling sowie den darauffolgenden Jahren in den Balkanländern politisch tätig war. In seiner Serie der "Balkan-Romane" schildert T. T. Jeż den Kampf der Serben, Kroaten, Bulgaren und Albaner um die nationale Befreiung. Bei der Darstellung der balkanischen Welt unter osmanischer Herrschaft bedient er sich häufig der in den Sprachen dieser Völker verbreiteten Turzismen. Ein Teil der "Balkan-Turzismen" von T. T. Jeż liegt auch im altpolnischen Schrifttum gut belegt vor.

3. Unter "osmanischen und tatarischen Lehnwörtern" bzw. "Turzismen" werden hier sowohl genuin türkische Erbwörter als auch diejenigen Wörter verstanden, die im Osmanisch-Türkischen oder dem Tatarischen selbst Lehnwörter sind. In dem letzteren Falle vermittelte das Osmanische Wörter aus den Sprachen, zu denen das Polnische in keinem direkten Kontakt stand. In dieser Hinsicht finden wir also im Polnischen folgende Gruppen vor:

a) genuin türkische Wörter: *aga, baczmag, bałta, bastram, biczak, ciżma, czair, jamurłach, janczar, juki, kaik, kałkan, kapak, oda, ogier, temruki,* u.a.m.;

b) genuin tatarische Wörter: *arkan, asawuł, ataman, baskak, birkut, buława, ciura, czambuł, jarczak, kieścień, kołczan, orda, sajdak/sahajdak, tabun, towar, ułan,* u.a.m.;

c) arabisches Lehngut: *atłas, badawija, bakalia, dziryt, ferezja, haba, haracz, jasyr, kajdany, lafa, majdan, makat/makata, meczet, sułtan, wezyr,* u.a.m.;

d) persisches Lehngut: *bułat, buńczuk, ciorba/szorba, czuha, derwisz, dywan, kamcha, karawana, murza, papuć, surma, torba,* u.a.m.;

e) mongolisches Lehngut: *dzida;*

f) griechisches Lehngut: *liman, podruna, samary.*

4. Osmanisch-türkische und tatarische Lehnwörter bilden eine für die Geschichte des polnischen Wortschatzes wichtige Gruppe. Kein Wunder also, daß sie die Erforscher der polnischen Sprach- und Kulturgeschichte, darunter sowohl die Polonisten als auch die Turkologen interessierten. Die erste den polnischen Turzismen gewidmete Arbeit war *Słowniczek wyrazów przyjętych do mowy polskiej ze wschodnich języków* ["Kleines Verzeichnis der aus morgenländischen Sprachen in die polnische Zunge übernommenen Wörter"] vom Prinzen Adam Czartoryski (Lwów 1828). Dieser folgte eine Monographie des polnischen Orientalistikprofessors an der Universität Sankt-Petersburg, Antoni Muchliński (1858): *Źródłosłownik wyrazów, które przeszły, wprost czy pośrednio, do naszej mowy z języków*

wschodnich ["Herkunftswörterbuch der Wörter, die in unsere Zunge aus morgenländischen Sprachen direkt oder indirekt gelangt sind"]. Es ist diese – heute zwar
sehr veraltete, doch immerhin manchmal recht nützliche – Arbeit, die seiner Zeit
eine große Rolle in der Erforschung der polnischen Turzismen gespielt hat.
Demselben Themenkreis widmeten ihre Werke auch Jan Karłowicz (1885), Alek-
sander Brückner (1915, 1927), Stefan Hrabec (1949), Tadeusz Majda (1973), allen
voran aber zwei Turkologen: Tadeusz Kowalski (1929) und Ananiasz Zajączkowski (1953). Die von A. Zajączkowski zum Druck vorbereitete Monographie
Wyrazy wschodnie w języku polskim ["Morgenländische Wörter im Polnischen"]
(1943) verbrannte während des Warschauer Aufstands (1944), und der Verfasser
konnte nach dem Kriege nur Fragmente seiner Arbeit veröffentlichen, die unter
dem Titel *Studia orientalistyczne z dziejów słownictwa polskiego* ["Orientalistische
Studien zur Geschichte des polnischen Wortschatzes"] (Wrocław 1953) erschienen
sind.

5. Die ersten osmanisch-türkischen und tatarischen Lehnwörter gelangen in das
Polnische in der 2. Hälfte des 14. Jahrhunderts. Die ältesten darunter sind z.B.:
atłas (1393), *karbusz* (1437), *wataman* (1435), *ałtambas* (1496), *bedawija* (1497),
bachmat (1500), *basałyk* (ca. 1500), *aga* (1500 – 47) u.a. Die Zahl der Lehnwörter
wächst beträchtlich im 16. Jahrhundert und erreicht ihren Gipfel im 17. Jahrhundert. Im 18. Jahrhundert nimmt die Zahl der Lehnwörter dagegen allmählich ab,
und in seiner zweiten Hälfte hört der Zufluß der Turzismen in das Polnische so gut
wie gänzlich auf, was gewiß mit historischen Ereignissen, darunter in erster Linie
mit der Teilung Polens in Verbindung zu setzen ist.

6. Wegen des Mangels an einem Wörterbuch der polnischen Turzismen kann ihre
Anzahl hier nicht genau angegeben werden; sie beträgt schätzungsweise ungefähr
1500 Wörter.
    In morphologischer Hinsicht sind das fast ausschließlich Substantive, sehr
selten nur Adjektive (wie *bułany*, *bury*, *kary*), Verben (wie *atłan!*) oder Interjektionen (wie *hajda!*).
    Viel bunter sieht die semantische Seite aus, an der der ganze Reichtum und
die Vielfältigkeit der polnisch-osmanisch-tatarischen Kontakte gut zu erkennen ist.
Es sei hier eine Einteilung der polnischen Turzismen in semantische Gruppen
dargelegt:
    a) Die größte semantische Gruppe bilden sicherlich militärische Termini, die
vor allem die Organisation des Heeres, unterschiedliche Arten von Kampf-
rüstungen und Pferde betreffen, so z.B. *buńczuk* (1590), *czambuł* (1690 – 93), *haracz* (1678), *janczar* (– 1678), *lafa* (1764 – 84), *jassyr* (1755), *orda* (2/16. Jh.);
bałta (1615), *bułat* (1696), *chandżar* (1678), *dzida* (1621), *kałkan* (2/17. Jh.),

sajdak (1577); *bachmat* (1500), *badawija* (1603) = *bedew* (1564), *łoszak* (1611), *ogier* (1789), *rumak* (1632), usw.;

b) Sehr zahlreich kommen auch Namen für militärische Termini und osmanische sowie tatarische Titel vor, z.B.: *aga* (1500 – 1547), *assawuł* (1732), *ataman* (1732), *baskak* (1786), *basza* (1615), *bij* (1611), *chan* (1745) = *cham* (1611), *kady* (1611), *murza* (1614), *sendziak* (1607), *sułtan* (1586), *wezyr* (1678);

c) Religion: *mahometanin* (1632) = *mahometczyk* (1581), *bisurmanin* (1615) = *besserman* (– 1575), *derbisz* (1751) = *derwisz* (1775 – 1806), *meczet* (1615), *mufty* (1646), **bajram* (– 1781: bajramować) = *bajran* (1775 – 1806);

d) Handel: *barycza* (1558), *bazar* (– 1575), *karawana* (1609), *towar* (1561); *arszyn* (1683 – 86), *kantar* (– 1575), *kiliata* (– 1575); *ałtambas* (1496), *atłas* (1393), **bagazyja* (– 1607: bagazyjowy; sonst: *bagazyja* 1732), *dyma* (1775 – 1806), *kamcha* (– 1575), *kieca* (1648) = *kiecza* (1732), *machrama* (1732), *melihbasz* (1732), *muchair* (1638), *musułbas* (1630), *tabin* (1648), *teleta* (1593?), *wojdłok* (– 1569);

e) Kleidung und Schuhe: *burka* (2/17. Jh.), *haba* (2/17. Jh.), *czuha* (1562 oder 1568), *delija* (1564), *dołoma* (1618), *ferezja* (1650), *jamurłach* (1732), *kaftan* (1621), *szarawary* (1572); *baczmag* (1615), *ciżma* (1615), *papuć* (1611), *posztoły* (1609);

f) Speisen und Getränke: *bakalia* (1787), *bastram* (1660), *ciorba* (1660) = *szorba* (1615); *kawa* (1774 – 75), *komiz* (1611), **masłok* (– 1575: masłoczny; sonst: *masłocznik* 1607, *masłok* – 1611),

g) Alltagsgegenstände: *bukłak* (1577), *burdziuk* (1788), *filiżanka* (1764 – 84), *imbryk* (1585), *kapak* (1585), *sagan* (1783); *juki* (1678), *juchta* (1625), *kaleta* (1568), *kieska* (1755 – 58), *samary* (1649), *torba* (1769 – 77); *kociuba* (1585), *sepet* (2/17. Jh.);

h) Bauwesen und Einrichtungsgegenstände: *dywan* (1697), *kabak* (1660), *karwasera* (1633), *kotarcha* = *kotarha* (2/16. Jh.), *oda* (1781), *podruna* (1675), *szeraj* (1646); *uszak* (1777 – 79); *kilim* (1650), *kobierzec* (1558), *makat* (1776), *tapczan* (1655);

i) Kultur und Bräuche: *gajdy* (1689), *kobza* (1566), *surma* (1638, aber *surmarz* 1551), *taraban* (1674), *tołumbas* (1638); *surnat* (1708), *munsztułuk* (2/17 Jh.); *cybuch* (1777), *lulka* (1769 – 77);

j) Topographische Namen: *czair* (1660), *jar* (1624), *jaruga* (1660), *komysz* (1680), *kurhan* (2/16. Jh.) = *kuran* (– 1575), *majdan* (1645);

k) Tiere und Vögel: **bałyk ~ *bałuk*, nur in der Wendung *na bałyku* (16./17 Jh.) oder *na bałuku* (2/17. Jh.) + Verbum movendi 'ungeschickt, wie ein Fisch (gehen, sich bewegen, u.ä.)'; *birkut* (1690 oder 1693); *szarańcza* (2/16. Jh.); *buhaj* (1754), *czaban* (2/16. Jh.), *sudak* (1615);

l) Farben: *bułany* (17. Jh.), *bury* (1558), *kary* (1607);

m) Eigennamen: *Kałmuk* (1611), *Kozak* (2/16. Jh.), *Nahaj* (1764 – 84), *Otoman* (1745), *Tatar* (2/16. Jh.), *Turek* (1558), **Kizyłbasz*,= *Kozułbasza ~ Kozulbasza* (1633) **Adziam* (– 1603: adziamski), *Budziaki* (1697) 'Bessarabien', *Stambuł* (1695);

n) Interjektionen: *bre bre* (19.Jh.), *hajda* (ca. 1760) = *hejdaż, kurdesz* (1775 – 1806), *isz hała* (1633), *atłan* (1670).

o) Viele osmanische und tatarische Wörter wurden zu polnischen Familiennamen, oder es wurden davon Familiennamen abgeleitet, so z.B. *Aksak, Amirowicz, Arabski, Bałaban, Bejski, Buzdygan, Czaderski, Czołhan, Chanek, Derwisz, Eminowicz, Gajda, Gajdek, Gajdeczko, Gajdarski, Haba, Haber, Haberko, Haberny, Hajda, Kantarek, Pajewski, Safarewicz, Surma, Surmacz, Tatar, Tatara, Tatarczuk/Tatarczuch, Torba, Turek, Turecki, Turczyński, Turkiewicz,* u.a.m.

7. Das Gros dieser Turzismen kam besonders nach dem 18. Jahrhundert aus dem Gebrauch und gehört heute nur noch der historischen Schicht des polnischen Wortschatzes an. Die Lehnwörter dieser Gruppe kommen heute lediglich in historischen Romanen vor, in denen die Geschichte der polnisch-osmanischen und polnisch-tatarischen Beziehungen geschildert wird. Andere Turzismen konnten sich jedoch bis in unsere Zeit behaupten und sind auch heute noch im Alltagsgebrauch. Für beide Gruppen ist die schnelle Adaptation an das polnische Flexions- und Wortbildungssystem charakteristisch, was u.a. an zahlreichen, schon im 16. Jahrhundert belegten Ableitungen mit polnischen Suffixen leicht zu erkennen ist. All diese Derivate bilden drei morphologische Gruppen:

a) Substantive, gebildet mit den Suffixen: *-acz* (surmacz, 1621); *-an/-anin* (mahometan, 1603; mahometanin, 1632; bisurmanin, 1615); *-'ec* (bezermaniec, 1558; kobierzec, 1558); *-ek* (bukłaczek, 1568; kołpaczek, 16./17. Jh.); *-ik* (bachmacik, 1586; czekmanik, 1764 – 84; majdanik, 1587); *-czyk* (mahometczyk, 1581; ułanczyk, 1615); *-nik/-ownik* (masłocznik, 1607; czatownik, 1623); *-ka* (bureczka, 1639; filiżanka, 1764 – 84; jarmułka, – 1582; kieska, 1755 – 58; misiurka, 1649; nahajka, – 1575; stambułka, 18./19. Jh.; Tatarka, 1551); *-ini* (Tatarkini < Tatarka, 1551); *-isko* (koczowisko, 1649 = kocowisko, 1595); *-stwo* (baszostwo, 1609; bohaterstwo, 1764 – 84; hajdamactwo, 1732; janczarstwo, – 1582);

b) Adjektive, gebildet mit den Suffixen: *-any* (taśmiany, 1618); *-ny* (bułatny, 1563; masłoczny, – 1575; juczny, 1621); *-owy* (bagazyjowy, 1607; arszynowy, 1631; birkutowy, 1683); *-ski* (adziamski, 1603; bohatyrski, 1627; dywański, 1650);

c) Verben wurden von den polnischen Turzismen immer nur mit dem Suffix *-ować* gebildet (czatować, 1624; koczować, 1649; kałauzować, 1674).

8. Die polnischen Turzismen sind sowohl für die polnische als auch für die türkische Sprachgeschichte von Bedeutung. Im Polnischen bilden sie einen Teil

des historischen bzw. auch des modernen Wortschatzes. Sie sind gleichzeitig eine sprachliche Bestätigung sowie eine Erkenntnisquelle und Exemplifizierung der historischen Kontakte der Polen zu den Türkvölkern.

Noch größer ist die Bedeutung der Lehnwörter für die türkische Sprachgeschichte. Zum einen tragen sie nämlich zur Chronologie des osmanischen und tatarischen Wortschatzes im 16. – 18. Jahrhundert bei, da polnische Quellen genau datiert sind. Zum anderen liefern sie verschiedene Informationen zur Phonetik der Türksprachen in der Vergangenheit, wobei der wichtige Faktor die polnische Rechtschreibung ist, die präzise Notation von unterschiedlichen Vokalen und Konsonanten ermöglicht. So kann im lateinisch-polnischen Alphabet sehr genau zwischen palatalen (e, i) und velaren (a, $ı$) Vokalen unterschieden werden. Man kann auch ohne weiteres palatale Konsonanten (k', g'), den adäquaten Palatalitäsgrad von $č$ und $ǧ$ (durch die Schreibung <ć> ~ <ci>, <dź> ~ <dzi>, nicht <cz>, <dż>), stimmhafte und stimmlose Konsonanten im Anlaut ($b{:}p$, $d{:}t$ $ġ{:}q$, $g'{:}k'$), das erhaltene altosmanische $ġ$, den Übergang von g' in y, die bewahrten altosmanischen labial-unharmonischen Vokalreihen, inkonsequente Abweichungen von der palatalen Harmonie in türkischen Erbwörtern u.a. notieren. Weil die altpolnischen Quellen, in denen die Wörter belegt vorliegen, dabei genau datiert sind, ist auch die Ermittlung der Chronologie der Lautübergänge gut möglich, weswegen polnische Turzismen eine reichhaltige Erkenntnisquelle zur türkischen historischen Phonetik abgeben.

9. Zum Schluß dieser Erwägungen seien noch ein paar Worte zum aktuellen Forschungsstand gesagt. Man muß vor allem offen zugeben, daß unser Wissensstand in dieser Hinsicht ziemlich wenig zufriedenstellend ist. Obwohl über diesen Themenkreis seit anderthalb Jahrhunderten Untersuchungen gemacht werden, besitzen wir noch immer kein synthetisches historisch-etymologisches Wörterbuch der polnischen Turzismen. Erst solch eine Monographie würde die Geschichte der alten und vielfältigen Sprach- und Kulturkontakte zwischen Polen und den Osmanen sowie den Tataren in das richtige Licht setzen und auch eine Basis für weitere Forschungen schaffen. Diese Aufgabe steht noch vor der polnischen Polonistik und Turkologie.

Eine andere Aufgabe wäre dann, anhand des Wörterbuchs der polnischen Turzismen eine neue, diesmal rein turkologisch orientierte Monographie zu schreiben, die eine Synthese über die Erkenntnisse wäre, die durch das osmanische und tatarische Lehngut des Polnischen im 16. – 18. Jahrhundert geliefert werden. Und dies ist eine Aufgabe für die polnische Turkologie.

Etymologischer Index der im Beitrag genannten
osm.-tü. und tat. Lehnwörter im Polnischen

adziamski (1603) 'persisch' < *Adziam* 'Persien' < osm. (< ar.) *Acam* = *Acem*
'Perser; Persien'.

aga (1500 – 1547) 'Kommandant der Janitscharen-Infanterie' < aosm. *aġa* (= ttü.
ağa) 'Kommandant; Titel für Offiziere'.

ałtambas (1496) 'Seidenstoff mit goldenem und silbernem Faden' < aosm.
*altınbaz = *altınbez* id. < *altın* 'Gold' + (ar.) *bazz* 'Leintuch, Leinen;
einfacher Baumwollstoff'.

arkan (1691) '1. Pferdeschlinge; 2. *fig.* Gefangenschaft' < tat. *arkan* 'dikker Strick,
Tau, Pferdeschlinge' < *ar-* 'fangen' + *-kan*.

arszyn (1683 – 86), ein Längenmaß < osm. *arşın*, Längenmaß (ungefähr 0,68 m). –
Abl.: arszynowy, Adj. (1631).

assawuł (1732) 'Kommandant der Kosaken-Kavallerie' < tat. *yasaul*
'Kommandant der Kavallerie'.

ataman (1732), wataman (1435) 'Kosaken-Kommandant' < ukr. < tat. **otaγman*
(= aosm. *odaman*) < *otaγ* (= aosm. *oda*) 'Militärtruppe' + *-man*.

atłan! (1670) 'zu Pferd!, in den Sattel!' < tat. = osm. *atlan!*, Imperativ < *atlan-* 'in
den Sattel steigen; sich ein Pferd beschaffen, zu einem Pferd kommen' < *at*
'Pferd' + *-lan-*.

atłas (1393) 'Atlasseide' < osm. (< ar.) *atlas* '1. id.; 2. glänzend, glatt, ebenmäßig'.

bachmat (1500) 'großes, beschnittenes tatarisches Pferd' < tat. *bahmat* < **bahim*
(< ar.) 'von gleicher Farbe' + *at* 'Pferd'.

baczmag (1615) 'Art Schuh(e)' < osm. *başmak* 'Schuh; Pantoffel'.

badawija (1603), bedawija (1497), bedew (1564) 'arabisches Vollblutpferd,
Araber' < aosm. (< ar.) *badavi* ~ *bedevi* 'Wüstenbewohner; Wüsten–
Renner (vom ar. Pferd)'.

bagazyja (1732) 'Art Stoff aus Baumwolle' < aosm. (< ar.) *boġası* 'dünner
Futterstoff für Anzüge, Kleider, usw.'. – Abl.: bagazyjowy, Adj., 1607

*bajram (– 1781), bajran (1775 – 1806) 'türkischer religiöser Feiertag' < aosm.
bayram '(staatlicher oder religiöser) Feiertag'.

bakalia (1787) 'Kolonialwaren' < aosm. (< ar.) *bakkaliye* 'Kolonialwaren, Ge-
mischtwaren'.

bałta (1615) 'Kampfaxt, -beil' < aosm. *balta* 'Axt, Beil'.

*bałyk ~ *bałuk 'Fisch' (in: *na bałyku* (16./17. Jh.) ~ *na bałuku* (2. Hälfte 17. Jh.)
chodzić, poruszać się 'ungeschickt/wankend/wie ein Fisch (gehen, sich bewegen)' < aosm. *balık* ~ *baluk* (= ttü. *balık*) 'Fisch'.

barycza (1558) 'Tauschhandelplatz' < aosm. *barış* 'Versöhnung, Frieden, Ein-
tracht'.

basałyk (ca. 1500) 'Lederriemen mit eingenähten Bleiknöpfen; langer Stock mit einer Kette, an deren Ende eine eiserne Kugel mit Dornen befestigt ist' < tat. = osm. *basulık < basu (MK) 'kleine eiserne Kugel' + -lık.

baskak (1786) 'tatarischer Würdenträger' < tat. baskak 'Steuereinnehmer' < bas- 'drücken; unterdücken' + -kak.

bastram (1660) 'Dörrfleisch' < tat. = osm. bastırma ~ pastırma 'stark gewürztes, getrocknetes und geräuchertes Lendenstück von Rindfleisch'.

basza (1615) ~ pasza (1787) 'osmanischer Magnat' < aosm. başa ~ paşa 'Titel für hohe Verwaltungsbeamte sowie für Offiziere im Generalsrang'. – Abl.: baszostwo (1609) 'Amt und Rang eines basza'.

bazar (– 1575) 'Markt, Handelsplatz' < osm. (< pers.) bazar ~ pazar '(Wochen-) Markt, Marktplatz; allg. Markt'.

bedawija, bedew s. badawija.

besserman s. bisurmanin.

biczak (1650) 'Art Messer' < aosm. bıçak 'Messer' < biç- 'schneiden' + -ak.

bij (1611) 'hoher tatarischer Staatsbeamter' < tat. biy (= ttü. bey, aosm. beg) 'Herr (Titel)'.

birkut (1690 oder 1693) 'Art tatarischer Falke oder Adler' < tat. bürküt ~ bürkit 'Adler; Falken'. – Abl.: birkutowy, Adj. (1683).

bisurmanin (1615) ~ besserman (– 1575) 'Muslim; Türke' < aosm. (vulg.) büsürman ~ büsrüman (= sspr. müslüman) 'Mohammedaner, Muslim, Moslem'. – Abl.: bezermaniec, Subst. (1558); bisurmaniec, Subst. (1609).

*bohatyr ~ *bohater 'Held' (in: bohaterstwo 1764 – 84, bohaterzyca 1788, bohaterski 1788 = bohatyrski 1627) < aosm. bahadır ~ bahatır id.

bre bre! (1. Hälfte 19. Jh.) 'ei!, doch!' < osm. (< ngr.) bre id.

buhaj (1754) 'Stier' < ukr. < osm. boğa ~ buğa 'Stier, zool. Bos taurus'

bukłak (1577) 'Wasserbehälter aus Leder' < tat. boklak id. – Abl.: bukłaczek, Dimin. (1568).

bułany (17. Jh.) 'hellfarbenes Pferd' < tat. *bulan = pulan at 'rotfarbenes Pferd'.

bułat (1696) '1. Stahl; 2. Säbel mit breitem Griff' < aosm. *bulat = pulat (< npers.) 'Stahl'. – Abl.: bułatny, Adj. (1563).

buława (16./17. Jh.; 1609) 'Machtsymbol des polnischen Hetman' < tat. bulav ~ bulavu 'Schlagkeule, -stock'.

buńczuk (1590) 'als Fahne gebrauchter Stock mit Pferdeschwanz' < osm. (< npers.) boncuk ~ buncuk 'falsche Perlen (auch als Schmuck verwendet)' = tat. bunçuk 'Fahne, hist.'.

burdziuk (1788) 'Lederbehälter zum Wein- oder Wassertransport' < osm. bardak 'Trinkbecher, Glas; Tonkrug; Wasserkanne' (mit schwer erklärbaren Lautübergängen).

burka (2. Hälfte 17. Jh.) 'wollener Regenmantel' < ttü.dial. *bürkü ~ bürke* 'Kopf- und Schultertuch für Damen, Mantel', *bürük* 'Regenmantel; Tuch, Vorhang'. – Abl.: *bureczka*, Dimin. (1639?).

bury (1558) 'dunkelgrau' < tat. *buru ~ bur* (< npers.) 'dunkelbraun mit grauen und roten Flecken (von Tieren, vor allem als Pferdefarbe)', ttü.dial. *bor* 'genel olarak boz renk'.

chan (1745), cham (1611) 'tatarischer Herrscher' < tat. *han* 'Fürst, Gebieter (als Titel der Könige oder Prinzen)'.

chandżar (1678) 'türkisches Messer, Dolch' < aosm. (< ar.) *hancar* (= heut. ttü. *hançer*) 'zweischneidiger Dolch mit gebogener Spitze'.

ciorba (1660) ~ szorba (1615) 'Suppe' < osm. (< npers.) *çorba* 'Suppe'.

ciura (1615) 'Diener, Knecht *im Heer*' < tat. *çora* 'Pferdeknecht'.

ciżma (1615) 'Halbschuh, Halbstiefel' < osm. *çizme* 'Stiefel, Halbstiefel, Schaftstiefel'.

cybuch (1777) 'Mundstück einer Pfeife, Spitze' < aosm. *çıbuk* (= heut. ttü. *çubuk*) 'lange, dünne, türkische Tabakspfeife'.

czaban (2. Hälfte 16. Jh.) '1. Art großer Widder; 2. Stierart' < osm. (< npers.) *çoban* 'Hirt, Schäfer'.

czair (1660) 'Wiese; Weide' < osm. *çayır* id.

czambuł (1690 oder 1693) 'kurzer, schneller Raubzug, Überfall' < tat. = osm. *çapul* 'Raubzug; Kriegsbeute' (mit *m*–Einschub).

czata (1632 oder 1633) 'Lauer; Bespitzeln; *milit.* Erkundung, Spähen' < südslaw. < osm. *çete* 'irreguläre Truppe, Freischar; Räuberbande'. – Abl.: *czatownik* (1623) ,*czata* 'Mitglied, Freischärler'; *czatować*, Verb (1624).

czekmanik (1764 – 84) 'Männerrock nach tatarischem Schnitt' < osm. *çekmen* 'gefütterter Rock; kurze bortenbesetzte Jacke mit Schlitzärmeln; Dolman; Regenmantel; weite Hose' + poln. Suff. -*ik*.

czuha (1562 oder 1568) ~ czuhaj (1646) 'langer Rock mit Pelzfutter' < tat. = osm. (< npers.) *çuha* 'feiner, glatter Wollstoff, Tuch; Mantel aus dickem Stoff mit Ärmeln'.

delija s. *teleta*.

derwisz (1775 – 1806) ~ derbisz (1751) 'türkischer Mönch' < osm. (< npers.) *derviş* 'Bettelmönch; Ordensangehöriger'.

dołoma (1618) 'Art ungarische Jacke' < osm. *dolama* 'langes, vorne übereinandergehendes und mit Gürtel getragenes loses Gewand, Dolman'.

dyma (1775 – 1806) 'ein Stoff aus Baumwolle und Leinen' < osm. (< ngr.) *dimi* 'Barchent'.

dywan (1697) '1. türkischer Teppich (1697); 2. Staatsrat (1775 – 1806)' < osm. (< npers.) *divan* 'hoher Rat, Kron-, Staatsrat'. – Abl.: *dywański*, Adj. (1650).

dzida (1621) 'Speer, Lanze' < osm. (< mo.) *cıda* 'Lanze, Pike, Wurfspieß'.

dziryt (1678) 'Wurfspeer' < osm. (< ar.) *cirit* id.

ferezja (1650?) 'Kleid ohne Gürtel, häufig rot' < osm. (< gr.) *ferace*
'1. mantelartiges Straßenkleid der muslimischen Frauen; 2. weiter,
zeremonieller Überwurf (mit Schlitzärmeln), wie ihn islamische Geistliche
trugen; 3. vorne offenes Wams der Mewlewi-Derwische'.

filiżanka (1764 – 84) 'Tasse' < osm. (< ar.) *fincan ~ filcan* id.

gajdy (1689) 'Dudelsack' < osm. *gayda* id. – Abl.: *gajda* (1632) 'Dudel-
sackpfeifer'.

haba (2. Hälfte 17. Jh.) ~ chaba (1696) 'Mantel aus dickem weißem Tuch' < osm.
(< ar.) *aba* 'dicker Woll- oder Filzstoff, grobes Filztuch; langer, kragenlo-
ser Überwurf (eines Schäfers, Derwisches usw.); Filztuchmantel'.

hajda (ca. 1760) ~ hejdaż 'dalli!, los!' < osm. *haydi* 'komm!, los!, voran!, nur zu!'.

hajdamak (1764 – 84) ~ hajdamaka (1775 – 1806) 'Zaporoger Kosake; Räuber' <
osm. *haydamak* 'Vagabund, Taugenichts', lexikalisiert < *hayda-(mak)*
'antreiben (Zugtiere); fortjagen, hinauswerfen, den Laufpaß geben'. – Abl.:
hajdamactwo (1732) '*hajdamak*–Banden; *fig.* wildes, ungeregeltes,
unstabilisiertes Leben'.

haracz (1678) 'von Christen an die Türken gezahlter Tribut' < osm. (< ar.) *haraç*
'Tribut (spez. früher der Nicht-Muslime oder der unterworfenen Länder)'.

horda s. *orda*.

imbryk (1585) '1. Wasserkessel aus Ton oder Blech; 2. auf dem Tisch stehendes
Kaffee- oder Teegefäß' < osm. (< ar. < npers.) *ibrik* 'Schnabelkanne (für
Wasser, Kaffee, Tee usw.)'.

isz Hała = iż Hałła (1633), Rufwort der osmanischen oder tatarischen Soldaten <
osm. (< ar.) *inşallah!* 'so Gott will!, gebe es Gott!; hoffentlich'.

jamurłach (1732) 'Regenmantel, -jacke' < osm. *yağmurluk* id.

janczar (– 1678) 'Janitschare' < osm. *yeni çeri* 'Janitscharen' < *yeni* 'neu' + *çeri*
'Soldat; kleinere oder größere militärische Einheit'. – Abl.: *janczarstwo*,
Coll. (1582).

jar (1624) '1.Schlucht, Abgrund; 2. steiles Felsenufer; 3. Untiefe' < osm. *yar*
'Schlucht, Abgrund; steil abfallende Felsküste, Steilküste'.

jarczak (– 1575) ~ jarczyk (1611) 'Art leichter Sattel' < tat. *arčaq = aŋırčaq ~
ınırčaq* 'Packsattel, Holzgestell des Sattels'.

jarmułka (– 1582) ~ jamułka (1617) 'Art Mütze der Geistlichen oder alten bzw.
kranken Menschen' < osm. *yağmurluk* 'Regenmantel' + poln. Suff. *-ka*.

jaruga (1660) 'Schlucht' < aosm. *yaruk* (= heut. ttü. *yarık*) 'Spalte, Spalt, Riß,
Schlitz'.

jas(s)yr (1755) '1. Gefangenschaft; 2. (Kriegs- oder Zivil-)Gefangener' < osm.
(< ar.) *esir*, dial. *yesir* '(Kriegs-)Gefangener, Sklave'.

juchta (1625) 'rotgefärbtes Hammel- oder Kalbleder' < tat. (< npers.) **yuft = ğuft*
'Dampf' [da das Leder mit Dampf gegerbt wird].

juki (1678) 'Reiseledertasche' < osm. *yük* 'Last, Bürde, Ladung'. – Abl.: *juczny*, Adj. (1621).

kabak (1660) 'Kneipe, Wirtshaus' < tat. *kabak* 'Handelskram' ← 'Tor'.

kady (1611) 'muslimischer Richter' < osm. (< ar.) *kadı* id.

kaftan (1621) ~ kawtan (1618?) '1. unter dem *kontusz* getragenes Gewand; 2. elegantes, als Geschenk gegebenes Gewand' < osm. (< npers.) *kaftan* 'langer, in der Taille etwas eingenommener, vielfach aus Seide gearbeiteter, leich–ter, mantelartiger Überwurf'.

kaik (1787) 'Art kleines Boot' < osm. *kayık* 'Kahn, Ruder- oder Segelboot'.

kajdany (1568) 'Fesseln' < osm. **kaydanı* (< ar. *qaydanī*, Du. zu *qayd* > osm. *kayıt, -ydı*) id.

kaleta (1568) 'Ledergeldbörse' < osm. oder tat. *kal(i)ta* id. (< ar. *harita*).

kałauz (2. Hälfte 17. Jh.) 'Führer' < osm. *kılavuz* 'Wegweiser, Führer, Vorreiter'. – Abl.: *kałauzować*, Verb (1674).

kałkan (2. Hälfte 17. Jh.) 'runder Schild' < osm. *kalkan* 'Schild'.

kamcha (– 1575) '1. chinesischer Seidenstoff; 2. Seidenkleid' < aosm. (< npers. < chin.) *kamha ~ kemha* 'Gold- oder Silberbrokat; Seidensamt'.

kantar (– 1575) 'Art Waage im alten Polen' < osm. *kantar* 'Schnellwaage'.

kapak (1585) 'ein Gefäß, mit dem Gartenpflanzen zugedeckt werden' < osm. *kapak* 'Deckel, Klappe'.

karawana (1609) 'Karawane' < aosm. (< npers.) **karvan* (= heut. ttü. *kervan*) id.

karbusz (1437) ~ karbuz (1472) 'Wassermelone' < osm. *karpuz* id.

kardasz s. *kurdesz*.

karwasera (1633) ~ karwaser (1646) 'Wirtshaus im Orient, Karawanserei' < aosm. (< npers.) *karvansaray* (= heut. ttü. *kervansaray*) id.

kary (1607) 'von dunkler Farbe *nur vom Pferd*' < osm. *kara* 'schwarz, dunkel, von dunkler Farbe'.

kawa (1774 – 75) '1. Kaffeebohne; 2. Kaffee *als Getränk*; 3. Café, Kaffeehaus' < osm. (< ar.) *kahve* 1. – 3. id.

kieca (1648) ~ kiecza (1732) '1. über dem Harnisch getragenes Tuchgewand; 2. kleiner, grober Teppich, Decke; 3. grobes Damenkleid' < osm. *keçe* 'Filz; aus Filz hergestellt; dünner, haarloser Teppich; *hist.* weiße Filzmütze der Janitscharen'.

kierdasz s. *kurdesz*.

kiesa (1776) 'Geldbörse, -beutel' < osm. (< npers.) *kese* id. – Abl.: *kieska*, Dem. (1755 – 58).

kieścień (– 1575) ~ kiścień (1663) 'Art tatarische Waffe, bestehend aus einem mit dem Riemen am Griff befestigten Bleistück oder Knochen' < tat. *kisten* 'Kampfkeule, Stock'.

kiliata (– 1575), ein Gewichtsmaß << osm. *kile* 'türk. Kornmaß verschiedener Größe, etwa: Scheffel'. – Wegen *-ata* wohl indirekt entlehnt.

kilim (1650) 'Art Teppich' < osm. (< npers.) *kilim* 'Teppich ohne Flor, Flachgewebe'.

kobierzec (1558) 'wertvoller Teppich, als Tisch-, Wand- oder Bodendecke gebraucht' < tat. *köber ~ köver* 'Matte oder Teppich aus Wolle' + poln. Suff. -'ec.

kobza (1566), ein Musikinstrument mit drei Saiten < ukr. < osm. *kopuz = *kobuz* 'Laute'.

kociuba (1585) 'ein Stab zum Rühren oder Glattmachen' < ttü. dial. **kösübe ~ *kösebi* (vgl. anat.-tü. *kösbe ~ kösevi ~ kösegi* 'Metallgerät/Zange zum Rühren und Herausnehmen der Glutkohle', Derleme Sözlüğü).

koczować (1649) '1. Lager machen; 2. sich niederlassen' < tat. *köç-* (= ttü. *göç-*) 'umherziehen, -wandern' + poln. Suff. -*ować*. – Abl.: *kocowisko* (1595) ~ *koczowisko* (1649) 'Lager'.

kołczan (1638) 'Köcher' < tat. *kolčan ~ kulčan* id.

kołpak (1610 – 12) 'hohe Pelzmütze' < osm. *kalpak* 'Pelzmütze'. – Abl.: *kołpaczek*, Dim. (16./17. Jh.).

komiz (1611) 'Kumis, gegorene Stutenmilch' < tat. *kumiz* id.

komysz (1680) 'Dickicht' < osm. *kamış* 'Rohr, Schilfrohr'.

kotarcha = kotarha (2. Hälfte 16. Jh.) '1. Zelt; 2. Art Zelt um das Bett herum' < ostslaw. < tat. *kotır* = osm. *çadır* 'Zelt' (+ tat. -*ga* oder ostslaw. -*ha* < -*ga*?).

kurdesz (1775 – 1806) 'Bruder! *Ansprechformel*' = älteres *kardasz* (1632) ~ *kierdasz* (1574) 'Bruder' < osm. *kardeş ~ kardaš* 'Bruder'.

kurhan I (2. Hälfte 16. Jh.) ~ kuran (– 1575) 'Grab(mal), Grabhügel' < tat. *kurhan* 'Hügel, Grab' (< npers. *gurxān < gūr* 'Grab' + *xān* 'Stelle').

kurhan II (1770) 'Burg, Festung' < ukr. < tat. *kurgan ~ kargan* id. (= mo. *qorɣa* 'Schutz, Schanze').

lafa (1764 – 84) 'Monats- oder Jahressold' < osm. (< ar.) *ulufe* 'Wehrsold'.

liman (19. Jh.) 'ein durch eine schmale Landzunge vom Meer getrennter See' < osm. (< ngr.) *liman* 'Hafen'.

lulka (1769 – 77) 'Tabakspfeife' < osm. (< npers.) *lüle* 'Pfeifenkopf (*spez.* bei einem Tschibuk)'.

łoszak (1611) 'tatarisches Pferd' < tat. *alaša at* 'beschnittenes Pferd; *dial.* Pferd'.

machrama (1732) 'Tuch' < osm. (< ar.) *mahrama ~ makrama* 'breites, gesticktes Umschlagtuch, das regional von Frauen über dem Mantel getragen wird; kleineres Handtuch (z.B. im türkischen Bad); Taschentuch'.

mahometan (1603) ~ mahometanin (1632) 'Mohammedaner' < *Mahomet* < osm. (< ar.) *Muḥammad*. – Abl.: *mahometczyk* (1581) id.

majdan (1645) '1.Stadtplatz; 2. *milit.* Lagerplatz' < aosm. (< ar.) *maydan* (= heut. ttü. *meydan*) '(öffentlicher) Platz; freies Land; Raum eines Geschehens oder Vorhandenseins'. – Abl.: *majdanik*, Dem. (1587).

makat (1776) ~ makata (1786) '1. Bezug; 2. Teppich' < osm. (< ar.) *makat, -dı*
'Gesäß; Bezug eines Sitzkissens oder über ein Sitzkissen gelegter Stoff;
niedriges Holzgestell mit Sitzkissen'.

masłok ~ masłoch (1611) 'berauschendes Getränk' < osm. *maslık ~ m a slak*
'Haschisch; Narkotikum'. – Abl.: *masłoczny*, Adj. (1575); *masłocznik*
(1607) 'vom *masłok* betrunkener Mann'.

meczet (1615) 'Moschee' < osm. (< ar.) *mescit* 'kleinere Moschee (in der keine
Freitags- bzw. Feiertagsgebete abgehalten werden)'.

melihbasz (1732) 'eine wertvolle orientalische Stoffsorte (?)' < osm. (< ar.)
*melihbaz ~ melihbez < melih 'schön, fein, hübsch' + **baz ~ bez*
'Leintuch, Baumwollstoff'.

mirza s. *murza*.

misiurka (1649) 'ein Teil des Harnisches, das die Stirn, die Wangen und Ohren
sowie den Nacken schützte' < osm. (< ar.) *Mısır ~ *Mısur* 'Ägypten' +
poln. Suff. -ka.

muchair (1638) 'Art orientalischer Stoff' < osm. (< ar.) *muhayyir (bez) < muhayyir*
'verwirrend, in Erstaunen versetzend' + *bez* 'Leintuch, Baumwollstoff'.

mufty (1646) 'muslimischer Geistlicher' < osm. (< ar.) *müfti* 'geistlicher
Würdenträger, der ein Fetwa erteilte'.

munsztułuk (2. Hälfte 17. Jh.) 'Geschenk für den Überbringer einer guten
Nachricht' < osm. *muştuluk ~ müjdelik* id.

murza (1614) ~ mirza (1781) 'tatarischer Fürst' < tat. *murza ~ mirza* (< ar.–pers.
emirzade) 'Adelstitel bei einigen Türkvölkern, Fürst'.

musułbas (1630) 'Baumwollstoff aus Mosul' < osm. (< ar.) **Musul-baz = Musul
bez < Musul* 'Mosul' + **baz ~ bez* 'Leintuch, Baumwollstoff'.

nahajka (– 1575) 'tatarische Peitsche' < tat. *Nahay*, 1.ein Türkvolk auf der Krim;
2. Name eines tatarischen Führers + poln. Suff. -ka.

oda (1781) 'Schule oder Unterrichtsraum im Palast' < osm. *oda* 'Zimmer, Stube,
Kammer; Amt, Dienststelle'.

ogier (1789) '(Zucht-)Hengst' < osm. *aygır* id.

orda (2. Hälfte 16. Jh.) ~ horda (1551) '1. tatarische Truppe; 2. Bande, Rotte' < tat.
= aosm. *ordı* (= heut. ttü. *ordu*) 'Heer, Armee; Lager; Heerschar, Menge'.

papuć (1611) 'Pantoffel' < aosm. (< npers.) *papuç* (= heut. ttü. *pabuç*) 'türkischer
Schuh, Pantoffel'.

podruna (1675) 'Lebensmittelkeller' < osm. (< ngr.) **podrum* (= heut. ttü. *bodrum*)
'Keller'.

posztoły (1609) ~ postoły (1660) 'Art Bauernschuhe, Bastschuhe' < osm. *postal*
'leichte Lederschuhe, die früher von den Janitscharen und Dienern zu Fuß
getragen wurden; derbere Arbeiter- oder Soldatenschuhe'.

rumak (1632) 'Kampfpferd aus dem europäischen Teil der Türkei' < tat. **argumak
~ argamak* 'Rennpferd'.

sagan (1783) 'Wasserkessel aus Kupfer oder Eisen' < osm. (< ar.) *sahan* 'Metall-gefäß zum Wasserkochen'.

sajdak (1577) ~ sahajdak (1619) 'Köcher' < tat. (< mo.) *saɣɩdak* ~ *saɣdak* 'Köcher, Bogen und Pfeile'.

samary (1649) 'am Sattel befestigte Lastsäcke' < aosm. (< ngr.) **samar* (= heut. ttü. *semer*) 'Trag-, Packsattel' + poln. Pl.-Suff. -*y*.

sendziak (1607) ~ sędziak (1611) 'Verwalter einer türkischen Provinz' < osm. *sancak* 'Fahne (*spez.* einer milit. Einheit), Banner, Standarte, Flagge; *hist.* Regierungsbezirk', mit -*en*- graphisch → -*ę*- unter dem Einfluß des poln. *sędzia* 'Richter'.

sepet (2. Hälfte 17. Jh.) 'Koffer, Korb' < osm. (< npers.) *sepet* 'Korb, Kiepe, Trag-korb'.

stambułka (18./19. Jh.) '1. türkische Pfeife aus Ton; 2. Art kleines Fläschchen' < osm. *Stambul* (= heut. ttü. *İstanbul*) + poln. Suff. -*ka*.

sudak (1615) ~ suhak (1745 – 46) 'wilde Ziege oder Antilope in tatarischen Steppen' < tat. *saygak* 'Capra Tatarica'.

sułtan (1586) 'Sultan' < osm. (< ar.) *sultan* id.

surma (1638) 'Art Oboe/Flöte' < osm. (< npers.) *surma* id. – Abl.: *surmarz* (1551) ~ *surmacz* (1621) '*surma*–Spieler'.

surnat (1708) 'Art Schminke' < osm. *sürme* 'Augenlidschminke' (< *sür-* 'auftragen [Farbe, Salbe, Puder usw.]'), mit dem unter dem Einfluß der lat. Termini wie *amalgamat*, *sublimat* u.ä. angehängten -*at*.

szaraj (1646) ~ szeraj (1769 – 77) 'Palast des Sultans' < osm. (< npers.) *saray* 'Schloß, Palast'.

szarańcza (2. Hälfte 16. Jh.) '1. Heuschrecke(n); 2. eine gelbe Pflanze; 3. *fig.* Unmenge, Schar, Schwarm' < osm. *sarıca* 'gelblich', *sarıca an* 'Wespe'.

szarawary (1572) 'weitgearbeitete Langhose' < osm. (< npers.) *şalvar* 'weitgearbeitete Hose aus grobem Stoff, die nur an den Hüften und den Unterschenkeln fest anliegt, (etwa:) Pluderhose'.

tabin (1648) 'eine Stoffart' < osm. (< ar.) *tabin* 'Stoff aus Tab [ein Stadtviertel von Baghdad]'.

tabun (1630) 'im Freien gezüchtete Pferdenherde' < tat. (< mo.) *tabun* 'Pferde-herde'.

tapczan (1655) ~ tarczan (1769 – 77) 'breite Liege, Couch' < tat. (< mo. < chin.) *tapčan* 'Erhöhung; Thron; Liege'.

taraban (1674) '*milit.* Trommel' < osm. (< npers.) *dārāban*, Pl. zu *dārāb* 'pomp, pride; the noise of combatants'.

taśma (1623) 'Stoffband; Seidenband' < osm. (< npers.) *tasma* 'Lederriemen; Schuhsohle; Gurt, Band'. – Abl.: *taśmiany*, Adj. (1618).

teleta (1593?) ~ telet (1597) ~ telej (1646) ~ tylet (2. Hälfte 17. Jh.) ~ delija (1564) 'ein wertvoller Stoff oder ein daraus verfertigtes Kleid' < tat. = tschag. *tegle(y)* 'eine Art kurzen Oberkleides, das auch mit Gold gestickt wird'.

temruki (1636) 'Fesseln (Pl.)' < osm. *tomruk* 'Baum-, Holzklotz; schwerer Holzklotz am Fuß eines Sträflings' + poln. Pl.-Suff. *-i.*

tołumbas (1638) ~ tołombas (2. Hälfte 17. Jh.) ~ tułumbas (1745 – 46) 'türkische Trommel' < osm. *tulumbaz* (< npers. *talimbāz*) 'Handpauke, Tamburin'.

torba (1769 – 77) 'Beutel' < osm. (< npers.) *torba* 'Beutel; Säckchen'.

towar (1561) 'Handelsware' < tat. *tavar* 'bewegliche Güter' (= osm. *davar* 'Schafe und Ziegen, Kleinvieh').

tylet s. *teleta.*

ułan (1732) ~ hułan (1775 – 1806) '1. Prinz der Tataren; 2. Soldat in tatarischer Kleidung' < tat. *ulan* (= osm. *oğlan*) 'Sohn, Kind'. – Abl.: *ułanczyk,* Dem. (1615).

uszak (1777 – 79) 'Bolzen im Türrahmen' < tat. *ušak* 'Säule an der Tür'.

wataman s. *ataman.*

wezyr (1678) 'Minister' < osm. (< ar.) *vezir* id.

wojłok (1610 – 12) ~ wojdłok (– 1569) 'Schweißtuch unter dem Sattel' < tat. **oyluk*; vgl. anat.-tü. *öğlük* 'hayvanın göğsünde bulunan ve eğerin geriye kaymamasını sağlayan kayış' (Derleme Sözlüğü).

Ausgewählte Literatur

Brückner, A.: "Wpływy języków obcych na język polski". – *Encyklopedia polska*, Bd. I, Abt. III (Teil I), S. 100 – 153, Kraków; S. 141 – 144: Wpływy wschodnie.

Czartoryski, A.: "Słowniczek wyrazów przyjętych do mowy polskiej ze wschodnich języków". – *Czasopism Naukowy Ossolińskich* I, Lwów 1828.

Gutkowski, J.: *Taṭīr al-luġat al-ʿarabīya ʿalā al-būlūnīya*, Damaskus 1950.

Hanusz, J.: "O wpływie języków wschodnich na słownik języka polskiego". – *Prace Filologiczne* I (1886): 458 – 466.

Hrabec, S.: *Elementy kresowe w języku niektórych pisarzy polskich XVI i XVII w.*, Toruń 1949, 160 S.

Karłowicz, J.: "Mémoire sur l'influence des langues orientales sur la langue polonaise". – *Actes du Sixième Congrès International des Orientalistes, tenu en 1883 à Leide*, 2. partie, section 1: Sémitique, Leide 1885: 411 – 441.

Kowalski, T.: "W sprawie zapożyczeń tureckich w języku polskim". – *Symbolae grammaticae in honorem J. Rozwadowski*, Bd. II, Cracoviae 1928: 347 – 353.

Kowalski, T.: "W sprawie metodologii badań zapożyczeń tureckich w językach słowiańskich". – *Sborník prací I. Sjezdu slovanských filologu v Praze 1929*, Bd. II, Praha 1932: 554 – 556.

–: *Nieco o wpływie tureckim na język Polaków z Adampola*, Wilno 1932, 15 S.

–: "Dopisek do artykułu A. Zajączkowskiego 'Staropolska nazwa żyrafy – sarnapa'". – *Język Polski* 26 (1946): 22 – 23.

–: *Szarańcza*. – "Język Polski" 27 (1947): 52 – 55.

Lokotsch, K.: *Etymologisches Wörterbuch der europäischen (germanischen, romanischen und slavischen) Wörter orientalischen Ursprungs*, Heidelberg 1927. – S. 213 – 215: *Polnisches Wortverzeichnis*.

Machalski, F.: "Wyrazy perskie w języku polskim". – *Studia Irańskie*, Bd. III, Teheran 1945: 19 – 22.

Majda, T. – s. Mrozowska, A. / Majda, T.

Miklosich, F.: *Die türkischen Elemente in den südost- und ost-europäischen Sprachen (Griechisch, Albanisch, Rumunisch, Bulgarisch, Serbisch, Kleinrussisch, Grossrussisch, Polnisch)*. – "Denkschrift der KAWW, Phil.-Hist. Klasse", Bd. XXXIV – XXXV, XXXVI – XXXVIII, Wien 1884, 1890.

Mrozowska, A. / Majda, T.: "Siedemnastowieczny słowniczek turcyzmów". – *Prace Filologiczne* 24 (1973): 219 – 232.

Muchliński, A.: *Źródłosłownik wyrazów, które przeszły, wprost czy pośrednio, do naszej mowy z języków wschodnich, tudzież mających zobopólną analogję co do brzmienia lub znaczenia, z dołączeniem zbiorku wyrazów, przeniesionych z Polski do języka tureckiego*, Petersburg 1858, VIII + 158 S.

Reczek, J.: "Polono-Turcica. I" – *Opuscula Polono-Slavica. Munera linguistica Stanislao Urbańczyk dedicata*, Wrocław 1979: 297 – 304; "Polono-Turcica. II" – *Polonica* 7 (1981; ed. Wrocław 1982): 255 – 260 [beide Teile neugedruckt in: Reczek, J.: *Polszczyzna i inne języki w perspektywie porównawczej*, Wrocław – Warszawa – Kraków 1991, 222 S., Teil I: 100 – 106, Teil II: 107 – 112].

Talko-Hryncewicz, J.: *Muślimanie, czyli tzw. Tatarzy litewscy* (= Bibl. Geogr. "Orbis", seria III, t. 7), Kraków 1924; S. 111 – 118: *Niektóre wyrazy tureckie i inne wschodnie, używane w polskiej mowie.*

Zajączkowski, A.: "O potrzebie studiów turkologicznych dla historyka kultury i języka polskiego (Przyczynek do etymologicznego opracowania zapożyczeń tureckich w języku polskim)". – *Język Polski* 19 (1934): 33 – 38.

Zajączkowski, A.: "Elementy tureckie na ziemiach polskich". – *Rocznik Tatarski* II, Zamość: 1 – 29.

–: "O zapożyczeniach wschodnich w języku polskim". I. – *Poradnik Językowy* 1936/37, H. 1: 1 – 7; II. – *Poradnik Językowy* 1937/38, H. 4: 1 – 7.

–: "Staropolska nazwa żyrafy – *sarnapa*". – *Język Polski* 26 (1946): 19 – 22.

–: "Z dziejów zapożyczeń orientalnych w polszczyźnie (1. haracz; 2. tapczan)". – *Sprawozdania z posiedzeń Komisji Językowej Towarzystwa Naukowego Warszawskiego* III (1949): 143 – 154.

–: "Staropolski talizman (Z historii zapożyczeń orientalnych)". – *Poradnik Językowy* 1949, H. 5: 1 – 6.

–: "O kilku orientalnych terminach żeglarskich w piśmiennictwie polskim (od XVI w.)". – *Poradnik Językowy* 1950, H. 3: 1 – 8.

–: *Studia orientalistyczne z dziejów słownictwa polskiego*, Wrocław 1953, 126 S.

–: "Kilka wybranych etymologij zapożyczeń tureckich w językach słowiańskich (osadnictwo i budownictwo)". – *Prace Filologiczne* XVIII (1964): 161 – 169.

Talat Tekin

RELICS OF ALTAIC STEM-FINAL VOWELS IN TURKIC

According to the Altaic theory, most of the Turkic monosyllabic words possessed a final vowel at the earliest stage, i.e., in Proto-Altaic. These Altaic disyllabic words lost their final short and unstressed vowels and became monosyllabic already in the Pre-Turkic period, i.e., the period preceding the Proto-Turkic and Proto-Chuvash or Proto-Bulgarian periods, but they left, in some cases, traces of these final vowels. Thus, Ramstedt believed that the aorist vowel -A- of many Turkic verbs, for example, is a relic of the long-lost stem-final vowel, i.e., OT *sık-ar* 'he presses' (= Mo. *siqa-* 'to press'), OT *uk-ar* 'he understands' (= Mo. *uqa-* 'to understand', etc. (1952: 86).

This view of Ramstedt has been rejected by Doerfer (*TMEN* I: 101 – 2) on the grounds that there are many instances in which no agreement is found between the Turkic aorist vowel and the stem-final vowel of the corresponding Mongolian verb. Doerfer maintains that the aorist suffix added to the OT verbs *ürk-* 'to be startled, scared, frightened' (= Mo. *ürgü*-id.) and *büt-* 'to stop' (= Mo. *bütü-* id.), for example, is not {-Ur}, but {-Ar} (*TDAY* l975 – 76: 48). Later on, Doerfer gave the following additional examples to support his view: Trk. *ku:ç-ar* 'umarmt' = Mo. *quçi-*, *e:lt-ir* 'bringt weg' = *elde-* 'treiben' (*Grammatik des Chaladsch*, 160).

At first sight, Doerfer's objection seems to be sound and satisfactory. However, it must not be forgotten that the aorist suffixes added to verbal roots and stems have undergone analogical changes in the course of time. As a matter of fact, in one of his recent publications, Doerfer himself has given a comparative list of Old and Middle Turkic aorist forms displaying such changes (*ZDMG* 1980: 52 – 54). This list makes it clear that many of OT aorist forms in {-Ur} were replaced by those in {-Ar} in the Karakhanid Turkic of the 11th century, e.g., Orkh. *kör-ür* 'sees' // MK *kör-är*, Uig. *öt-ür* 'passes away' // MK *öt-är*, Uig. *sal-ur* 'throws down' // MK *sal-ar*, Uig. *ür-ür* 'barks' // MK *ür-är*, Uig. *yit-ür* 'gets lost' // MK *yit-är*, etc.

As we can see, many monosyllabic OT verbs lost their older and perhaps original aorist forms in {-Ur} in the 11th century and took the new aorist forms in {-Ar}. Consequently, we are entitled to think that the aorist form *ürk-är* in MK is perhaps an analogically generalized form replacing the older and original form in {+Ur}, i.e., **ürk-ür*.

As for OT *büt-är* vs. Mo. *bütü-* 'to stop', it should be made clear that the Mo. cognate of OT *büt-* 'to stop' is *büte-* 'to be(come) covered, closed, stopped up; to close or heal (of a wound)' and not *bütü-*. The second meaning of OT *büt-*, i.e., 'to be(come) complete, carried out, accomplished' corresponds to Mo. *bütü-* which has the same meaning. It seems that there were two different verbs in Altaic, i.e., *büte- and *bütü-, and with the loss of their final vowels they became ho-mophonous in Proto-Turkic: *ba:ş bütti* 'the wound healed' and *er ü:ni bütti* 'the man's voice failed' (MK II 294).

Doerfer's additional examples are based on the classical equations, i.e. Trk. *ku:ç-* 'to embrace' = Mo. *quçi-* 'to cover, cover up; to cover oneself with a blanket' and Trk. *e:lt-* 'to bring' = Mo. *elde-* 'to drive, chase, pursue'. These etymologies established by Ramstedt have always seemed doubtful to me. In my opinion, Trk. *ku:ç-* 'to embrace, embrace sexually' and *el(i)t-/el(ä)t-* 'to carry away, carry off' correspond to Mo. *quriça-* 'to desire with ardor, love passionately, lust after' and *ile-ge-* 'to send, dispatch' respectively. The first etymology explains the length of /u/ in *ku:ç-* convincingly, i.e. *ku:ç-* < *ku:ça-* < *kurça-*. The element -ge- in Mo. *ilege-* is obviously the causative; so is the element -t- in Trk. *el(i)t-/el(ä)t-*. It is for this reason that the earliest gerundial and aorist forms of this verb are *elt-i* and *elt-ir* (see §7 below) respectively.

My comments on MK *ürk-är*, OT, MK *büt-är,* MK *kuç-ar* and OT *elt-ir* do not of course refute Doerfer's objection. In fact, there are quite a many monosyl-labic Turkic verbs the aorist forms of which do not agree with the final vowels of the corresponding Mo. verbs, e.g., MK *çak-ar* 'strikes' = Mo. *çaki-*, MK *kärt-är* 'notches' = Mo. *kerçi-*, MK *kaz-ar* 'digs' = Mo. *qaru-*, MK *kır-ar* 'minces' = Mo. *kiru-*, etc. Yet, it cannot be overlooked that there are also many monosyllabic Turkic verbs whose aorist vowels do agree with the stem-final vowels of the cor-responding Mo. verbs. Below I give an incomplete list of such Turko-Mongolian verbal cognates.

> OT *al-ır* 'takes' = Mo. **abli-* in *abliga* 'illicit profit, bribe' (Tekin 1978: 46 – 47)
> MK *as-ar* 'suspends' = Mo. *agsa-* 'to suspend' (Tekin 1978: 39)
> MK *bat-ar* 'sinks' = Mo. *bagta-* 'to fit in' (of size or shape)
> MK *bärt-är* 'injures' = Mo. *berte-* 'to be injured'
> MK *bog-ar* 'chokes' = Mo. *bogo-* (< *boga-*) 'to choke'
> MK *bög-är* 'collects, gathers together' = Mo. **böge-* in *bögem* 'crowd, heap'
> MK *bış-ar* 'boils; cooks; ripens' = Mo. **buça-* in *buçal-* 'to boil, boil over' (cf. Yak. *bus-* 'to cook; to ripen' < *buş-) (Tekin 1969: 79)
> OT *bul-ır* 'obtains' = Mo. *buli-* 'to take by force'
> MK *bük-är* 'bends' = Mo.**böke-* in *bökeyi-* 'to bend down, bow'
> MK *büt-är* 'heals' = Mo. *büte-* 'to close or heal (of a wound)'
> MK *äş-är* 'rows' = Mo. *sele-* 'to row':
> QB *ıç-ar* 'hides himself' = Mo. *içe-* 'to retire into hibernation'
> MK *irk-är* 'heaps up' = Mo. *irge-* 'to heap up'
> QB *ka:n-ur* 'is satisfied' = Mo. *qanu-* 'to be satisfied'

MK *kat-ar* 'becomes hard' = Mo. *qata-* 'to become hard'

MK *kay-ar* 'gives up' = Mo. *qaya-* 'to give up'

MK *kıs-ar* 'hampers' = Mo. *kisa-* 'to hamper'

MK *kol-ur* 'asks, begs' = Mo. *guyu-* (< **gulu-*) 'to ask, beg'

MK *kon-ar* 'settles down' = Mo. *qono-* (< **qona-*) 'to spend the night'

MK *kuç-ar* 'embraces' (< **ku:ç-* < **ku:ça-* < **kurça-*) = Mo. *quriça-* 'to desire with ardor, love passionately, lust after'

MK *sag-ar* 'milks' = Mo. *saga-* 'to milk'

MK *sez-är* 'feels' = Mo. *sere-* 'to keep vigil'

MK *sıç-ar* 'defecates' = Mo. **çiça-* (< **sıça-*) in *çiçaga* 'diarrhea'

MK *sık-ar* 'presses' = Mo. *siqa-* 'to press'

MK *silk-är* 'shakes' = Mo. *silge-* 'to shake'

OT, MK *sor-ar* 'sucks' = Mo. *soro-* 'to suck in' < **so:ra-*

QB *sön-är* 'dies down, goes out' (< **sö:n-*) = Mo. *sönö-* (< **sö:ne-*) 'to die down, go out'

MK *tap-ar* 'solves (a riddle)' = Mo. *taga-* 'to solve a riddle'

MK *ta:r-ar* 'disperses' = Mo. *tara-* 'to disperse'

MK *tart-ar* 'pulls' = Mo. *tata-* (< **tarta-*) 'to pull'

MK *tıd-ar* 'obstructs' (< **tı:d-*) = Mo. *çida-* (< **tı:da-*) 'to be able, capable'

MK *to:r-ar* 'gets weak' = Mo. *tura-* 'to become weak'

MK *uk-ar* 'understands' = Mo. *uqa-* 'to understand'

MK *üş-är* 'crowds together' (< **ü:ş-*) = Mo. *üyilçe-* 'to crowd together' (Tekin 1975: 283)

MK *üz-är* 'breaks, cuts' =Mo. *üre-* 'to destroy, ruin'

MK *yalk-ar* 'is bored' = Mo. *jalqa-* 'to get tired of'

MK *yan-ur* 'threatens' = Mo. *janu-* 'to threaten'

MK *yap-ar* 'sticks together' = Mo. *niga-*, *naga-* 'to paste, glue, stick'

OT *yit-ür* 'gets lost' = Mo. *nitu-* 'to perish, get lost'

I would like to make it clear once more that the above-given list is not exhaustive. Yet, I believe, it suffices to demonstrate that the aorist vowels of these Old and Middle Turkic verbs are the relics of their older and original disyllabic stem-final vowels. It should be added that two of these Turkic verbs also have archaic derivatives in which their long-lost stem-final vowels are preserved as such: MK *irk-* 'to collect, assemble', *irk-ä-ş-* (rec.) // *irki-ş-* (MK, 144), MK *kon-* 'to settle down', *konat-* (< *kona-t-*), *konat* 'any group of people who bunch together with one another' (< *kona-t*), *konaşı* 'neighbour' (< *kona-ş-ı*) // MK *konşı* // *koşnı*.

Archaic stem-final vowels also seem to have been preserved sporadically in some old derivatives, e.g. MK and QB *tutaşı* 'something associated or adjacent; constantly' alternating with *tutşı*, *tutçı* and even *tuçı* (cf. MK *tutuş-* 'to hold each other'), Uig., QB *tutam* 'handful' (cf. late Uig. *tutum* id.), MK *tütä-* 'to emit smoke or steam', *tütä-t-* caus., but QB *tüt-* id., Uig., MK *tütsüg* 'incense' < **tüt-üz-üg*, etc. Erdal, who, like Doerfer, has stated that the aorist vowel has nothing to do with the original stem-final vowels (1979: 105) has nevertheless accepted the fact that the long-lost stem-final vowels reappear in Old Turkic in certain archaic derivatives, e.g. Uig. *siñir-* 'eindringen lassen' < **siñi-r-* (causative of *siñ-*, instead of the expected *siñür-*), *kälir-* 'bringen' (causative of *käl-*, instead of the expected *kälür-*), etc. (1979: 104 – 5). In his very instructive article on the vocalic gerunds and aorist forms in Old Turkic, Erdal arrives at the following conclusions:

1. In Old Turkic, the gerundial suffix used after vocalic stems was only *-yU*;

2. The gerunds *käli*, *tägi*, *alı* etc. coming from stems like **käli-*, **tägi-* and **alı-*, and the '*-I*' gerunds of the formation **-(X)tI* etc. were identical with their stems;

3. Such vocalic gerunds were distinguished (in Proto-Turkic) from their 2nd person imperative forms only through accentuation (e.g. **tä'gi* 'arrive!': **tägi'* 'as far as') (1979: 121). Doerfer who has accepted this thesis calls such a vocalic gerund 'endungsloses Verbaladverb' (*Grammatik der Chaladsch*, p. 134).

In the same article, Erdal also states that the aorist suffix added to stems ending originally in a vowel must have been only *-r*. Consequently, the OT forms *bar-ır*, *yat-ur*, *yarut-ır* etc. may only be explained as forms coming from *barı-r*, **yatu-r*, **yaru-tı-r*, etc. Later on, as a result of metanalysis, the aorist suffixes in such verbs were understood as *-ır, -ur* (1979: 121). I fully agree with Erdal on his view that the aorist suffix in Turkic was only *-r* originally. But I disagree with him on his second assumption. In my opinion, short or unaccented stem-final vowels disappeared in Proto-Turkic in final position, e.g. **alı-* > *al-*, **bulı-* > *bul-*, **yarutı-* > *yarut-*, etc., but they remained as such in the OT aorist forms and in certain archaic derivatives, e.g. MK *irk-*, but *irkäş-* (*irkä-ş-*), *kon-* but *konat-* (*kona-t-*), *konaşı* (*kona-ş-ı*), *konat* (*kona-t*), etc.

Proto-Altaic stem-final vowels have best been preserved in Turkic in the aorist forms of monosyllabic and polysyllabic verbs derived with certain suffixes. Most of these suffixes have been identified by Zieme (*Untersuchungen zur Schrift und Sprache der manichäisch-türkischen Turfantexte*. Unpublished doctoral dissertation, Berlin-Ost., pp. 50 – 54) and by Erdal ('Die Konverb- und Aoristendungen im Alttürkischen', *UAJb*. 51, p. 106). But all these scholars took the subject on the Turkic level and came to the conclusion that the distribution of Old Turkic aorist vowels is 'lexically conditioned' (Zieme 1969) or that the problem of the Old Turkic aorist vowels can be solved 'only semantically' (Doerfer 1972: 331 – 340). Here it will be seen that the aorist vowels of most of the Old Turkic derived verbal stems are 'morphonologically conditioned'. The Old Turkic suffixes original forms of which seem to have determined the aorist forms of verbal stems they formed are listed below.

1. {+kIr-} // {+krA-} = Mo. {+kirA-}
2. {+(I)k-} // {+gA-} in {+gAr-} = Mo. {+gA-}
3. {+r-} // {+rA-} (inchoative) = Mo. {+rA-}
4. {-(I)k-} (passive, intransitive) = Mo. {-gA-}
5. {-r-} (archaic transitive) = Mo. {-rA-}
6. {-(I)k-} // {-gA-} (intensive, iterative) = {-gA-}
7. {-(I)t-} (causative) = Mo. {-çi-} < {*-tI-}
8. {-(I)r-} // {-rA-} (inchoative) = Mo. {-rA-}
9. {-sIK-} (passive)
10. {-tIK-} (passive)
11. {+gIr-} (inchoative)
12. {-gIr-} (inchoative)
13. {-çIr-} (diminutive)
14. {-sIr-} (simulative)
15. {+dIr-} = Mo. {+jirA-} < {-dIrA-}
16. {-d-} (medial or passive) = Mo. {-DA-} (passive)

1. {+kIr-} // {+krA-} = Mo. {+kirA-}:

Proto-Altaic inchoative suffix forming echoic verbs from onomatopoeia was {+kIrA-}, a compound suffix consisting of {+kI+} and the inchoative {-rA-}. The former is in all likelihood identical with Mo. ki- 'to do, act, perform' (< *qı-) and with the base of Common Turkic kıl-. In Proto-Turkic, it seems that {+kIrA} developed into {+kIr-} in most cases and into {+krA+} in some verbal stems (Tekin 1983). The aorist suffix added to the echoic verbs in {+kIr-} was always {-Ar} in Old and Middle Turkic. Below I will give some examples of such verbs the aorist forms of which have been attested.

> MK *ba:kır-* 'to shout, bellow', Trkm. *ba:ğır-* id. (< *ba:kır-), MK *ba:kır-ar* < *ba:kıra-r* // MT(Tafs.) *bakra-* id., NUig. *waqira-* id. < *ba:kra-* = Mo. *barkira-* 'to shout, cry, yell'
>
> MK *bırkır-* 'to snort', *bırkır-ar* < *bırkıra-r*
>
> Uig. *bükür-* 'to spurt out, spray', MK *bürkür-* 'to spurt, gush', *bürkür-är*, QB 98 *büwkir-är*, QB 4892 *bürkir-är* < *bürkirä-r* // NUig. *pürkü-*, *pürkä-* 'to spurt out, gush out', Kzk., Kirg., etc. *bürk-* id., Tat., Bşk. *börk-* id., Trkm., NUig. (dial.) *pürk-* id. < *bürki-* = Mo. *bürgi-* 'to be scattered' < *bürki-*
>
> MK *käkır-* 'to belch', *käkır-är* < *kä:kırä-r*, Trkm. *gä:yir-* id. < *kä:kir-* < *kä:kire-* = Mo. *kekere-* 'to belch' < *kekire-* < *kerkire-*

MK *kıkır-* 'to shout, cry', *kıkır-ar* < **kı:kıra-r*, Kirg. *kıygır-* id., Trkm.
  gı:ğır- id. < **kı:kır-* < **kı:kıra-*
MK *sıkır-* 'to whistle', *sıkr-ar* < **sı:kıra-r*, Tuv., Alt. *sığır-* id., Küer. *sıkır-*
  // *sıkkır-* id., Trkm. *sıygır-* id. < **sı:kır-* < **sı:kıra-* (cf. Mo. *iskire-* 'to
  whistle' < **is+kire-*)

2. {+(I)k-} // {+gA-} in {+GA-r-} = Mo. {+gA-}:

The Mongolian counterpart of the Turkic intransitive suffix {+(I)k-} is {+gA-},
e.g., *edege-* 'to recover, get well, heal' = MK *edik-* 'to prosper, succeed in
something', *jolga-* 'to meet' = Uig. *yoluk-* 'to meet on the way' (Erdal 1991: 497),
munggani- (< *mung+ga-ni-*) 'to be confused, become troubled' = MK *muñuk-* 'to
be distressed', etc.

The older and original form of the suffix {+(I)k-} is found also in the structure
of {+gAr-} which forms transitive verbs from nouns, e.g., *taşık-* 'to go out' <
*taş+ga- // *taşgar-* 'to send out' < **taşga-r-*, *içik-* 'to submit' < **iç+gä* -// *içgär-*
'to subdue' < **içgä-r-*, etc. Below an incomplete list is given of Old and Middle
Turkic {+(I)k-} verbs with their attested transitive counterparts in {+gAr-}.

OT, MK *andık-* 'to swear an oath', MK *andık-ar* // MK *andgar-* 'to make
  someone swear an oath' < **andga-r-*
OT, QB *birik-* 'to be united' // *birgär-t-* 'to unite' < **birgä-r-*
MK *çınık-* 'to be confirmed', *çınık-ar* // Uig., MK *çıngar-* 'to investigate' <
  *çınga-r-
OT, MK *içik-* 'to submit', MK *içik-är* // OT *içgär-* 'to subdue' < **içgä-r-*
QB, MK *muñuk-* 'to be distressed' // *muñkar-* 'to cause distress' <
  *muñga-r-
OT, MK *taşık-* 'to go out', *taşık-ar* // OT *taşgar-* 'to bring about, send out'
  < **taşga-r-*
OT *täñik-* 'to be(come) balanced, equal' // MK *täñär-* 'to equate' <
  *täñä-r-
OT *tüzük-* 'to become even, harmonious' // MK *tüzgär-* 'to make even' <
  *tüzgä-r-

Other {+(I)k-} verbs aorist forms of which are attested include the following:
MK *aguk-ar* 'is poisoned', *alık-ar* 'deteriorates', *çavık-ar* 'becomes famous', *çı:k-*
ar 'gets moist', *çölük-är* 'becomes shabby', QB *ılık-ar* 'decays' (Erdal 1991: 495),
inçik-är 'becomes at rest', *kirik-är* 'gets soiled', *küzük-är* 'turns to autumn', *karık-*
ar 'is affected by snow', *sayık-ar* 'becomes stony', *tagık-ar* 'goes to mountains',
tarık-ar 'becomes narrow', *tatık-ar* 'gets rusty', *tılık-ar* 'becomes object of talk',
tunçuk-ar 'is suffocated', *tusuk-ar* 'benefits', *tuşık-ar* 'is hobbled', *uçuk-ar* 'comes

to an end', *yagık-ar* 'becomes hostile', *yayık-ar* 'turns to summer', *yazık-ar* 'turns to spring', *yatık-ar* 'becomes a stranger', *yutık-ar* 'dies of cold'.

3. {+r-} = Mo. {+rA-}:
The Mongolian counterpart of Turkic inchoative or neutral suffix {+r-} is {+rA-}, e.g. *kökere-* 'to become blue' < *köke* 'blue', *sayira-* 'to become good' < *sayi(n)* 'good', *yekere-* 'to become big' < *yeke* 'big, great', etc.

> OT, MK *bälgür-* 'to appear, become manifest', Uig., MK *bälgür-är* < **bälgürä-r*
>
> MK *bu:r-* 'to steam, give odour', *bur-ar* < *bu:ra-r* (< *bu:* 'steam')
>
> Uig., MK *ärmägür-* 'to be lazy', *ärmägür-är* < **ärmägürä-r*
>
> MK *äskir-* 'to become worn out', Ateb. *äskir-är* // MK *äskir-ür* (late form) < **äskirä-r*
>
> Uig., MK *kadgur-* 'to be grieved. sorrowful', *kadgur-ar* < *kadgura-r*
>
> MK *tälmir-* 'to glance expectantly, desire ardently' (< **tälmi* 'great hunger or thirst'), *tälmir-är* < *tälmirä-r*
>
> Uig., MK *tüpir-* 'to be stormy', *tüpir-är* < *tüpirä-r*
>
> MK *yañkur-* 'to echo, resound', *yañkur-ar* < *yañkura-r*
>
> MK *yılmır-* 'to become hot', *yılmır-ar* < *yılmıra-r* (cf. *yılım* 'warm, hot')

4. {-(I)k-} = Mo. {-gA-}:
The Mongolian counterpart of this deverbal suffix is {-gA-}, e.g., **qorgo-* in *qorgolja-* 'to be afraid; to shirk, avoid, hold back' = Trk. *kork-* id. (< **korık-*), *oñgo-* 'to change color, wither, fade' = Trk. *oñuk-* id. < *oñ-* 'to turn pale, fade', etc.
Turkic verbs in {-(I)k-} which take the aorist suffix {-Ar-} include the following:

> MK *alık-* 'to become vile; to deteriorate', *alık-ar*; < **alı-* (cf. MK *alıg* 'bad' > OAT *alu* id.)
>
> MK *aşuk-* 'to be in a hurry', *aşuk-ar* < **aş-* (cf. Tuhf. *aştık-* id.)
>
> MK *balık-* 'to get wounded', *balık-ar* < **ba:lı-* (cf. MK *ba:lıg* 'wounded; wound', *ba:ş* 'wound')
>
> MK *bölük-* 'to get into separate flocks and assemble in them', *bölük-är*
>
> MK *kork-* 'to be afraid', *kork-ar* (< **korık-* < *korı-* 'to protect')
>
> MK *oñuk-* 'to become pale', *oñuk-ar*
>
> MK *öçük-* 'to fail', *öçük-är*
>
> MK *öyük-* 'to sink into quicksand', *öyük-är*
>
> MK *sançık-* 'to be stabbed, be routed', *sançık-ar*
>
> MK *savruk-* 'to drip, trickle (of tears)', *savruk-ar*
>
> MK *sezik-* 'to suspect', *sezik-är*

MK *soruk-* 'to be inquired about', *soruk-ar*
MK *soyuk-* 'to be plundered', *soyuk-ar*
MK *tarık-* 'to disperse, be driven away, go away', *tarık-ar*
MK *turuk-* 'to stand still', *turuk-ar*
MK *usuk-* 'to be thirsty', *usuk-ar*
MK *yak-* 'to approach, come close', *yak-ar* (cf. *yagu-* id. (< **ya-g+u-*)
MK *yalkık-* 'to be fed up', *yalkık-ar* (< *yalk-* 'to be disgusted, bored')

5. {-r-} = {-rA-}:

There are about half a dozen disyllabic verbs in {-r} which may be regarded as archaic transitive stems. All of these verbs take the aorist suffix {-Ar}. The vowel /A/ of the aorist forms of these verbs seem to be the relic of the older and original form of the transitive suffix {-r}, i.e., {-rA}.

OT, MK *adır-* 'to separate', Uig. *adır-ar* (//*adır-ur*) < *adıra-r* < **adı-* =
   Mo. **aǰira-* 'to proceed, betake oneself; to sojourn; to retreat oneself'
   (inchoative) < **adıra-* > Kirg., etc. *acıra-* 'to be separated'

OT *äbir-*, *ävir-*, MK *ävür-* 'to turn; to translate', MK *ävür-är* < **äbirä-r*,
   OT *ägir-*, *äñir-*, MK *ägir-* 'to surround, encircle', MK *ägir-är* <
   *ägirä-r = Mo. *egere-* 'to rotate, whirl, turn, revolve; to spin, twist' <
   *egire-

MK *kadır-* 'to twist back, turn back', *kadır-ar* < *kadıra-r* < **kadı-ra-* =
   Mo. *qaǰagai* 'crooked, awry, oblique' < **qaǰi-gai*, *qaǰayi-* 'to become
   crooked or distorted' < **qaǰi-yi-* < **kadı-*; also cf. *gaǰi-* 'to warp,
   bend, get out of shape, fold' < **gadı-*, *gaǰigu* 'crooked, curved',
   gaǰira- 'to warp' (intr.)

Uig., MK *kavır-* 'to bring together, collect', MK *kavr-ar* < *kavıra-r* <
   *kavı- (cf. Uig. *kavı-t-* 'to come across') = Mo. *qabira-* 'to stand close
   to one another; to touch lightly in passing' (inchoative), *qabi-ldu-* 'to
   approach, come close' (= Orkh. *kabış-* id.)

Uig. *tävir-*, MK *tävür-* 'to turn over', MK *tävür-är* < **täbirä-r*

The aorist forms of the following {-r} verbs are not attested:

MK *sıdır-* 'to strip, peal, scrape' < **sıdıra-* = Mo. *şudur-* 'to tear off, peal
   off' < **sidur-* < **sıdura-*

OT **tägir-* 'to surround, encircle' in *tägrä* '(all) around; surroundings', *tä-
   girmi* 'round, circular', MK *tägirmä* id., MK *tägirmän* 'mill' = Mo.
   teberi- 'to encircle; to embrace' < **tebere-*, < **tebire-*

6. {-{I)k-} // {-gA-} = Mo. {-gA-}:

Apart from the intransitive suffix {-gA-} mentioned above, there is another deverbal suffix {-gA-} in Mongolian forming intensive or iterative stems. The Turkic
counterpart of this suffix is regularly {-(I)k-}, e.g., Mo *kirga-* 'to cut off, shear,
clip' < *kiru-* (*kir-u-*) 'to cut into small pieces, mince' (= Trk. *kırk-* < *kır-k-*) id.,
èulga 'to pull, pull out, tear by pulling, pluck' < *èul-* (= Trk. *yulk* 'to strip, pluck
out' < *yul-* id. In some cases, however, the suffix {-GA-} remained as such also in
Turkic.

> a) OT, MK *alk-* 'to bring to an end, finish, complete; to destroy' (< *al-* 'to
> take'), MK *alk-ar*
>
> MK *kırk-* 'to shear, clip', *kırk-ar*
>
> MK *sik-* 'to copulate (of the male)', *sik-är*; < *si-* (cf. *sik* 'penis')
>
> MK *yulk-* 'to scrape, strip', *yulk-ar*

b) In the following cases the original vocalized form of the suffix is preserved
as such in stems:

> **miñä* - in MK *miñäş-* 'to ride behind someone else on the same horse' <
> **bíngä-*
>
> MK *tasga-* 'to slap' (< **tas-ga-*), *tasgaş-* (rec.), *tasgat-* (caus.) = Mo. *tasi-*
> 'to beat, hit with a flat object, clap, slap, slam'
>
> **tatga-* in MK *tatgan-* 'to find the food delicious' = Mo. *taçiya-* 'to have a
> strong desire, love passionately' < **ta:tı-ga-*
>
> Uig., MK *yalga-* 'to lick' (< **yal-ga-*) = Mo. *doluga-* id. < **daluga-* = Evk.
> *dala-*, Ev. *dal-* id.
>
> **yatga-* in MK *yatgaş-* 'to lie down together'

c) The older and original form of the suffix is preserved as such also in the
structure of the suffix {-gAk}:

> MK *buçgak* 'corner' < **bu:ç-gak* < **buç:ga-* = Mo. *buçaga-* 'to cause to
> return, send back', *buça-* 'to return, turn back'
>
> MK *kapgak* 'lid, cover' < **kap-gak* < **kapga-* (cf. Chag. *kapga-* 'to shut,
> close') < **kap-* 'to shut, close', Chuv. *xup-* id. < **kap-* = Mo. *qaga-*
> 'to close, block'
>
> Uig., MK *tamgak* 'throat, palate, gullet' < *tam-gak* < **tamga-* < **tam-* 'to
> swallow, gulp down' (cf. Evk. *tam-* 'to draw into the lunge, inhale; to
> take in, absorb', Nan. *tami-* 'to swallow air or saliva')
>
> MK *yapgak* 'a kind of net for catching birds' < **yapga-* < *yap-* 'to cover' =
> Mo. *niga-*, *naga-* 'to paste, glue, stick'
>
> MK *yatgak* 'a guard or sentry by night' < **yatga-* in *yatgaş-*

7. {-(I)t-} = Mo. {-çi-} < {-tI-}:

The Mongolian counterpart of the Turkic causative suffix {-(I)t-} is {-çi-} which goes back to an older and original {-tI-}, e.g., Mo. *arçi-* 'to wipe, clean' < *artı- < *arıtı- = *arıt-* id., Mo. *tayiçi-* 'to untie' < *ta:gı-tı- = Trkm. *da:ğat-* 'to disperse, scatter' < *ta:gı-t-, *da:ğa-* 'to be dispersed, scattered' < *ta:gı-, etc. It is for this reason that Turkic causative verbs in {-(I)t-} take the aorist suffix {-Ir} in early texts. Later, however, it is replaced by {-Ur}.

Uig., MK *arıt-* 'to wipe, clean', Uig. *arıt-ır*, MK *arıt-ur* (late form) = Mo. *arçi-* id. < *artı- < *arı-tı-

Uig. *bälgürt-* 'to make manifest, display', *bälgürt-ir* (later *bälgürt-ür*)

Uig. *ämgät-* 'to cause pain', *ämgät-ir*, MK *ämgät-ür* (late form)

Uig. *elit-* 'to carry, take with one', *elit-ir*, MK *ilät-ür* (late form) < *ilä-t- = Mo. *ile-* 'to send, dispatch')

Uig. *işlät-* 'to make (someone) work', *işlät-ir*, MK *işlät-ür* (late form)

Uig. *örit-* 'to arouse', *örit-ir*

Uig. *örlät-* 'to raise', *örlät-ir* // *örlät-ür* (late form)

Uig. *sävit* - 'to make (other people) love (oneself)', *sävit-ir*, QB *sävit-ür*

Uig. *sogıt-* 'to make cold, to chill', *sogıt-ır*

Uig. *taplat-* 'to satisfy', *taplat-ır*, MK *taplat-ur*

Uig. *tavrat-* 'to hurry, hustle (someone)', *tavrat-ır*, MK *tavrat-ur*

Uig. *tet* - 'to be said, be called', *tet-ir* < *teti-r* < *te:* -

Uig. *titrät* - 'to shake, to make something tremble', *titrat-ir*

Orkh. *yagut-* 'to bring (someone) near', *yagut-ır*, MK *yagut-ur*

Orkh., Uig. *yarat-* 'to create, arrange, organize; to construct' (cf. Az. *yaran-* 'to be formed, founded, established'), *yarat-ır*, MK *yarat-ur*

Uig. *yarut-* 'to illuminate', *yarut-ır*, QB *yarut-ur*

Uig. *yaşut-* 'to illuminate, make bright', *yaşut-ır*

8. {-(I)r-} (inchoative) // {-rA-} = Mo. {-rA-}:

a) In Turkic, apart from the denominal inchoative suffix (cf. 3.), there is also a deverbal inchoative suffix {-(I)r-} alternating with {-rA-}. The Mongolian counterpart of this suffix, too, is {-rA}, e.g., Mo. *saçu-* 'to sow, scatter, spread', *saçura-* 'to be sown, spread' = Trk. (MK) *saçra-* id., *yada-* 'to have no strength or power; to exhaust', *yadara-* 'to be unable; to be tired, exhausted', etc.

Turkic {-(I)r-} verbs the aorist forms of which are attested are the following:

MK *süçir-* 'to become sweet', *süçir-är* < **sü:çirä-r*; < *süçi-* id. < **sü:çi-*
MK *talpır-* 'to flutter, palpitate, pulsate', *talpır-ar* < *talpıra-r*; < *talpı-* id.
MK *yelpir-, yelvir-* 'to blow; to fan; to flutter', *yelvir-är* < *yelvirä-r; <
    yelpi- 'to fan' (= Mo. *debi-* 'to wave, flap (wings); to fan' < **delbi-*)
MK *yelpir-* 'to be wetted', *yelpir-är* < *yelpirär*; < **yelpi-* 'to be moist,
    wet'; cf. MK *yelpiş-* (rec.), *yelpi-t-* (caus.)
MK *yunçır-* 'to deteriorate, become weak or emaciated', *yunçır-ar*; <
    yunçı- id. = Mo. **nunjĭ-* in *nunjĭyi-* 'to be slow, tardy, weak', *nunjĭgar*
    'slow, tardy, weak'

The aorist forms of the following {-(I)r-} verbs are not attested:

Uig. *alañur-* 'to become weak, emaciated' < *alañu-* id.
Uig. *yagur-* 'to come close' < **yagu-* 'to approach, be near to'
MK *yılır-* 'to become warm' < *yılı-* id.

b) The following inchoative stems take the aorist suffix {-Ur} in MK:

Uig. *köpir-*, MK *köpür-* 'to foam, boil over', MK *köpür-ür* (late form); <
    MT *köp-* 'to swell, foam, boil over' = Mo. *köge-* id., *kögere-* 'to foam
    up, overflow, rise (as boiling milk)'
MK *ürpär-* 'to bristle, stand on end', *ürpär-ür* (late form) < **ürpä-* (cf.
    MK *ürpäş-, ürpät-*) = Mo. **örbe-* in *örbeyi-, örübeyi-* 'to bristle, stand
    on end (of hair)'

c) The suffix {-(I)r-} alternates with {-rA-} in the following cases:

MK *kävrä-* 'to be(come) weak; to weaken, diminish, lessen' < MK *käv-*
    'to weaken (tr.); to ruminate, chew the cud' = Mo. *kebi-* id., *kebere-*
    'to wear out, break down' < **kebire-*
MK *kokra-* in *kokrat-* 'to reduce' < MK *ko:k-* 'to decrease, diminish'
Uig. *saçıra-* 'to spirt, fly (of sparks), to jump', MK *saçra-* id., Trk. *sıçra-*
    id. < *saç-* 'to scatter, sprinkle' = Mo. *saçu-* id., *saçura-* id.
MK *sawra-* 'to be put off, abate; to weaken, diminish, lessen' = Mo.
    sagara- 'to weaken, diminish, lessen' < *saga-* 'to shorten, contract,
    abridge; to diminish, lessen'
MK *sädrä-* 'to become thin or sparse' < **säd-* or **sädi-* ; cf. Mo. *seyire-* id.
    < *seyi-* id.

9. {-sIk-} (passive, intransitive) < {-zIk-} < {-(I)z-} (caus.) + {(I)k-} (intr.):
All verbal stems formed with this compound suffix take the aorist suffix {-Ar}. It
is because of the fact that the second element of this compound suffix is the intransitive {-(I)k-} going back to {-gA-}.

MK *arsık-* 'to be deceived', *arsık-ar*; < MK *a:r-* 'to deceive, trick'

MK *basık-*, *bassık-* 'to be attacked by night', *bassık-ar*; < *bas-* 'to attack by
night'

Uig., MK *bilsik-* 'to get known', MK *bilsik-är*; < *bil-* 'to know'

MK *busuk-* (< **bussuk-*) 'to be caught in an ambush', *busuk-ar*; < *bus-* 'to
lay an ambush'

Uig., MK *çalsık-* 'to be struck down', MK *çalsık-ar*; < *çal-* 'to knock
down'

Uig., MK *tutsuk-* 'to be caught', MK *tutsuk-ar*; < *tut-* 'to catch, hold'

Uig., MK *ursuk-* 'to be hit or beaten', MK *ursuk-ar*; < *ur-* 'to hit, beat'

MK *tuysuk-* 'to become aware', *tuysuk-ar*; < *tuy-* 'to perceive, notice, feel'

Uig., MK *utsuk-*, Uig. (Man.) *utzux-* (Erdal 1976: 242) 'to be defeated',
MK *utsuk-ar*; < *ut-* 'to win'

MK *yarsık-* 'to become parted', *yarsık-ar*; < *ya:r-* 'to split'

MK *yetsik-* 'to be overtaken', *yetsik-är*; < *yet-* 'to overtake, catch up'

Uig. *yintsik-* 'to be discovered or found out' (Erdal 1976: 242) < MK *yind-*
'to search, seek'

10. {-tIk-} < {-{I}t-} + {-(I)k-} (passive):
Erdal (1976: 244 – 245) mentions only two {-tXk-} verbs from Old and Middle
Turkic texts: *bastık-* and *bultuk-*. To these *aştık-* in Tuhf. could also be added. Only
the aorist form of *bultuk-* is attested.

Uig. *bastık-* 'to be overcome' < *bas-* 'to overcome'

Uig. *bultuk-*, MK *bulduk-* 'to be found', MK *bulduk-ar* ; < *bul-* 'to find'

Tuhf. *aştık-* 'to hurry' < **aş-*; cf. Uig., MK *aşuk-* 'to long for, feel agitated,
be in a hurry'

11. {+gIr-} < *{+gIrA-} (inchoative) (Erdal 1991: 540):
There are about half a dozen verbal stems in MK derived with this suffix and all of
them take the aorist suffix {-Ar}:

Uig., MK *kädgir-* 'to be in confusion, uncontrollable', MK *kädgir-är* <
*kädgirä-r (cf. Mo. *keder* 'cross, quarrelsome, obstinate, disobedient')

MK *kurgır-* 'to become dry', *kurgır-ar* < *ku:rgıra-r*; < MK *ku:r* 'dry'

MK *saygır-* 'to be almost covered with stones', *saygır-ar* < *saygıra-r*; <
MK *say* 'ground covered with loose stones'; MK *sayık-* 'to become
stony'

MK *sütgir-* 'to be(come) as watery as milk', *sütgir-är* < **sü:tgirä-r*; < MK
sü:t 'milk'

MK *tazgır-* 'to be(come) almost bald', *tazgır-ar* < *ta:zgıra-r*; < MK *ta:z*
'bald'

MK *tozgır-* 'to be(come) almost dusty', *tozgır-ar* < *to:zgıra-r*; < MK *to:z*
'dust'

MK *yelgür-* 'to soar in the wind' (error for *yelgir-*), *yelgür-är* < **ye:lgirä-r*;
< MK *ye:l* 'wind'

12. {-gIr-} < {-gIrA-} (intransitive) (Erdal 1991: 539 – 540):
There are about nine verbal stems in MK derived with this suffix; all of them take
the aorist suffix {-Ar}:

MK *kälgir-* 'to be about to come', *kälgir-är* < **kälgirä-r*; < *käl-* 'to come'

MK *mangır-* 'to begin to dip or plunge', *mangır-ar* < *mangıra-r*; < MK
man- 'to dip'

MK *kamgır-* 'to be almost distorted', *kamgır-ar* < *kamgıra-r*; < *kam-* 'to
strike down'

MK *kolgır-* 'to be about to ask', *kolgır-ar* < *kolgıra-r*; < *kol-* 'to ask, beg'

MK *kuzgır-* 'to come in masses like flocks of birds (of snow)' (error for
kudgır-), *kuzgır-ar* < **kudgıra-r*; < *kud-* 'to pour'

MK *saçgır-* 'to be about to sprinkle', *saçgır-ar* < *saçgıra-r*; < *saç-* 'to
sprinkle'

MK *süsgir-* 'to be about to butt', *süsgir-är* < **süzgirä-r*; < MK *süs-* 'to
butt' < **süz-*

MK *talgır-* 'to be(come) stormy', *talgır-ar* < **talgıra-r*; < **tal-* (cf. MK
talgag 'snowstorm' < **talga-g*)

MK *tamgır-* 'to be on the point of dripping', *tamgır-ar* < *tamgıra-r*; < *tam-*
'to drip'

MK *taşgur-* (error for **taşgır-*) 'to be on the point of coming out', *taşgur-
ar* < **ta:şgıra-r*; < MK *taş-* 'to overflow' < **ta:ş-*

13. {-çIr-} (diminutive) < {-çI-} + {-rA-}:
The first element of this compound suffix is a rare one; it is found, among others,
in Uig. *burçın-* 'to be hurt or offended, be disturbed' < **bur-çı-n-*, Trkm. *go:rca-*
'to touch, excite; to stir up, irritate' < **ko:r-çı-*, Az. *gurcux-* id. < **ko:r-çı-k-*, Trk.
kurcala- id. < **ko:r-çı-la-*, Trkm. *damcıkla-* 'to drizzle' < **tam-çı-kla-*, Trkm
dö:rce- 'to stir up, irritate' < **tö:r-çi-* (cf. Tekin 1979: 128, Tekin 1991: 147).

MK *külçir-* 'to smile', *külçir-är* < **külçirä-r*; < *kül-* 'to laugh'
MK *tamçur-* 'to drizzle', *tamçur-ar* < **tamçıra-r*; < *tam-* 'to drip'

14. {-sIr-} (simulative) < {-sI-}+ {-rA-}:
There is only one verb derived with this suffix:

MK *külsir-* 'to pretend to smile', *külsir-är* < **külsirä-r*; < *kül-* 'to laugh'

15. {+dIr-} < {+dIrA-} = Mo. {+jirA-} < {+dIrA}:
The Mongolian counterpart of this suffix is {+jirA-} seen in *qatagujira-* 'to become hard' < *qatagu* 'hard', *sayijira-* 'to become better, improve' < *sayin* 'good, well', etc. The first element of the suffix, i.e. {+dI-}, is found, among others, in MK *andı-* 'to hunt' < *añ* 'wild animal, game', Uig. *udı-*, *uudı-* [u:dı-] 'to sleep' < *u:* 'sleep', *uldı-* 'to go barefoot' < *ul* 'the sole of the foot', etc. The only verb that seems to have been formed with the suffix {+dIr-} is the following:

Uig. *yeltir-*, *yeltri-*, MK *yeldir-* 'to blow (of wind)', Uig. *yeltir-er*, MK *yeldir-är* < **yeldirä-r-* < *yel* 'wind'

16. {-d-} (medial or passive) = Mo. {-DA-} (passive):
There is a small group of mostly monosyllabic verbs formed with this suffix. The Mongolian counterpart of this suffix seems to be {-DA-}, e.g. *olda-* 'to be found', < *ol-* 'to find', *abta-* 'to be taken' < *ab-* 'to take', etc. The original aorist vowel of these verbs seems to have been /A/.

MK *bu:d-* 'to freeze to death', *bud-ar* < *bu:da-r*; < **bu:-* (cf. *bu:z* 'ice' < *bu:-z*)
MK *ka:d-* 'to die of a blizzard', *ka:d-ar* < *ka:da-r* (cf. *ka:d* 'snow-storm', *ka:r* 'snow'
MK *sid-* 'to urinate', *sid-är* < *sidä-r*; < **si-* (cf. *sik* 'penis') = Mo. *sige-* 'to urinate' < **si-ge-*
MK *su:d-* 'to spit', *su:d-ar* < *su:da-r*; < **su:-*
Orkh., MK *tod-* 'to be(come) satiated', MK *tod-ar* (MK: *tod-ur* is permissible) < *toda-r*; < Orkh. *to-* id., *tok* 'full. satiated'

Bibliography

Clauson, Sir G., *An Etymological Dictionary of Pre-Thirteenth-Century Turkish*, Oxford 1972.

Doerfer 1963 = *Die Türkischen und Mongolischen Elemente im Neupersischen*, I, Wiesbaden.

Doerfer 1972 = 'Der Imperativ im Chaladsch', *FUF* 39, 295 – 340.

Doerfer 1975 – 76 = 'Proto-Turkic: Reconstruction Problems', *TDAY* 1975 – 76, 1 ff.

Doerfer 1980 = 'Der Aoristvokal im Chaladsch', *ZDMG* 130 – 1, 51 – 61.

Doerfer 1988 = *Grammatik des Chaladsch*, Wiesbaden.

Erdal 1976 = *Voice and Case in Old Turkish,* I, II. Unpublished Doctoral Dissertation. Jerusalem.

Erdal, M. 1979a = 'Die Konverb- und Aoristendungen im Alttürkischen', *UAJb.* 51, 104 – 125.

Erdal, M. 1979b = 'Die Morphemfuge im Alttürkischen', *WZKM*, 83 – 114.

Erdal 1991 = *Old Turkic Word Formation: A Functional Approach to the Lexicon*, I, II, Wiesbaden.

Gabain, A. von, *Alttürkische Grammatik*, 3. Edition, Wiesbaden 1974.

Lessing, Ferdinand D., *Mongolian-English Dictionary*, Los Angeles 1960.

Nadeljajev, V. M., *Drevnetjurkskij Slovar'*, Leningrad 1969.

Ramstedt 1952 = *Einführung in die altaische Sprachwissenschaft*, II: Formenlehre, Helsinki 1952.

Tekin 1969 = 'Zetacism and Sigmatism in Proto-Turkic', *AOH*, XXII, 1, 51 – 80.

Tekin 1975 = 'Further Evidence for Zetacism and Sigmatism', in: *Researches in Altaic Languages*, Budapest, 275 – 284.

Tekin 1978 = 'Ön Türkçede Ünsüz Yitimi', *TDAY* 1977, 35 – 51.

Tekin 1983 = 'On the Structure of Altaic Echoic Verbs in {-KIrA-}', *AOH*, XXXVI, 1 – 3, Budapest, pp. 503 – 513.

Tekin 1991 = 'New Examples of Zetacism', *Türk Dilleri Araştırmaları Yıllığı (Researches in Turkic Languages)* 1991, Ankara 1991, 145 – 150.

Zieme 1969 = *Untersuchungen zur Schrift und Sprache der manichäisch-türkischen Turfantexte.* Unpublished Doctoral Dissertation. Berlin-Ost.

Edward Tryjarski

HAS A KEY BEEN FOUND TO DECIPHER THE EURASIAN SCRIPT OF THE RUNIC TYPE?

The specimens of the script of the Runic type, revealed both in Asia and in Europe and attributed to Turkic peoples, were known to scholars already in the eighteenth century, but only the discovery of some monumental inscriptions on the Orkhon, the Selenga and the Tola rivers opened real views for their deciphering. Notwithstanding some graphic divergences between the Runic texts originating from Mongolia and the Yenisei valley and some signs belonging to the inscriptions of the Nagyszentmiklós treasure, a general opinion was that all those specimens might have belonged to one and the same alphabet which, in its turn, originates from an earlier alphabet of Iranian or Semitic character or even Greek alphabet in its Hephthalite or Byzantine form.[1] It was also supposed that the new alphabet had spread over adjacent territories and gradually produced slightly different varieties as a result of a natural process. In the course of time, the texts on the blocks and rocks from Tuva, Khakassia and Kirghizia along with those from the valley of the Talas river were with no reservation added to the above subgroups. Also the Runic texts written on paper and revealed in East Turkestan were taken into consideration and classified in a similar way. The divergences in the form of some graphemes, perplexing as they were, were mainly explained by various qualities of the material on which the inscriptions were placed. This conviction could not be shaken even by a sensational finding made in 1932 in the Talas valley where a wooden rod with some quite unknown signs was unearthed at the depth of 5 meters below ground level. In connection with this discovery S. E. Malov wrote:

"The difference in character of the signs in the texts written on various materials is quite a great one. I had hesitated much before I acknowledged the inscription on the rod to be written in Turkic runes."[2]

---

[1] There exist also other theories, see, for instance, O. Donner, *Sur l'origine de l'alphabet turc du nord de l'Asie*, JSFOu XIV, 1, 1896, pp. 1 – 71; S. G. Kljaštornyj, *Drevnetjurkskie runičeskie pamjatniki kak istočnik po istorii Srednej Azii*, Moskva 1964, pp. 44 – 54; Sir Gerard Clauson, *On the Development and Origin of the East-Turkic "Runic" Script*, AO XXXII, 1970, pp. 51 – 76; A. Róna-Tas, *Problems of the East European Scripts with Special Regard to the Newly Found Inscription of Szarvas*, in: *Settimane di studio del Centro italiano di studi sull'alto medioevo XXXV, Popoli delle steppe: Unni, Avari, Ungari. Spoleto, 23 – 29 aprile 1987*, Spoleto 1988, pp. 483 – 511; the same, *On the Development and Origin of the East-Turkic "Runic" Script*, AOH XLI, 1, 1987, pp. 7 – 14.

[2] S. E. Malov, *Pamjatniki drevnetjurkskoj pis'mennosti Mongolii i Kirgizii*, Moskva – Leningrad 1959, pp. 67 – 68.

S. E. Malov tried to find some analogies for the newly found signs in the inscriptions of Nagyszentmiklós and in the Hungarian Székely script. Similar hesitations and doubts concerning the inscriptions of Nagyszentmiklós were earlier experienced by V. Thomsen whose proposals for interpreting the Buyla Inscription gave occasion to serious reservations. This can be easily understood since only quite recently, viz. in 1983, a new inscription written in the same script as that of Nagyszentmiklós was found. The inscription in question consists of a short text inscribed on a needle case unearthed at Szarvas on a burial ground dating back to the Avar period and edited by A. Róna-Tas[3]. With regard to the Runic inscriptions from Nagyszentmiklós a new wave of interest in them should be observed. I mean mainly new attempts to interpret the Buyla Inscription made by M. Erdal[4], S. J. Bajčorov[5], and A. Róna-Tas[6]. In addition Professor A. Róna-Tas declared his and R. Göbl's intention to produce a complete new palaeographic edition of all the mentioned inscriptions.[7] At the same time, H. W. Haussig[8] emphasized a special relevance of these inscriptions for all other Runic scripts of Eastern Europe.

Especially important are numerous epigraphic findings made during the last decades. Their list is relatively long and I will mention only a few of them, namely those belonging to the European area. An inscription placed on another needle case was unearthed at Jánoshíd (Hungary) on an ancient burial ground of the Avar period. This text was lately edited by J. Harmatta[9], while the inscription of Bolšoe Mikušino, the original of which is lost, was described by A. Róna-Tas[10]. The new inscriptions described by I. L. Kyzlasov and some other short texts like that placed on a bull-skull from the Volga region and edited by S. G. Kljaštornyj and I. Vásáry[11] also belong to this category. As a rule, I shall not take into account the

[3]   A. Róna-Tas, *Die Inschrift des Nadelbehälters von Szarvas (Ungarn)*, UAJb, N.F., 9, 1990, pp. 1 – 30.

[4]   M. Erdal, *The Turkic Nagy-Szent-Miklós Inscription in Greek Letters*, AOH XLII, 2 – 3, 1988, pp. 221 – 234.

[5]   S. J. Bajčorov, *Drevnetjurkskie runičeskie pamjatniki Evropy. Otnošenie severokavkazskogo areala drevnetjurkskoj runičeskoj pis´mennosti k volgo-donskomu i dunajskomu arealam*, 1989, pp. 154 – 160, Stavropol´skoe knižnoe izdatel´stvo.

[6]   Róna-Tas, *Die Inschrift...*, pp. 15 – 27.

[7]   Op. cit., p. 4.

[8]   H. W. Haussig, *Die Runen des Schatzes von Nagy-Szent Miklós in ihrer Bedeutung für die Runenschriften Osteuropas*, in: *Runen, Tamgas und Graffiti aus Asien und Osteuropa*, hrsg. von K. Röhrborn und W. Veenker, Wiesbaden 1985, pp. 17 – 52.

[9]   J. Harmatta, *De la question concernant la langue des Avares – Inscriptions runiques turques en Europe Orientale*, Ankara 1988. Gleanings from Turkish Culture No. 13.

[10]   A. Róna-Tas, *A Runic Inscription in the Kujbyšev Region*, AOH XXX, 3, 1976, pp. 267 – 271.

[11]   S. G. Kljaštornyj and I. Vásáry, *A Runic Inscription on a Bull-Skull from the Volga-Region*, in: *Between the Danube and the Caucasus. A Collection of Papers Concerning Oriental Sources on*

inscriptions from Murfatlar and from the rosette of Pliska since they have no doubt
a special position and, in spite of all attempts made by Bulgarian scholars[12], resist
their simplified classification. In this connection I must mention, however, rather
risky efforts made by P. Ivanov[13] to interpret them as cryptographic symbolic signs
of Arabic (Syrian) production and containing Arabic names and other words
mainly of religious meaning. Completely unjustified in my opinion, mostly from
the methodological standpoint, is the attempt lately made by A. Parzymies[14] to read
the signs on the rosette of Pliska as a Chuvash text. As far as the territory of
Bulgaria is concerned I would like to mention also a unique short inscription with a
picture of a shaman placed on a fragment of ceramics deriving from the complex
of Monastira, in the vicinity of the village of Ravna. This inscription was qualified
by M. Moskov[15] as written in Runic letter of the Orkhon-Yenisei type and
interpreted as such.

A number of new proposals concerning the character of the Runic script and
its origin were lately made by O. Pritsak[16], A. Róna-Tas[17] and H. W. Haussig[18].
This concerns also the archaeologist and Turkologist of a younger generation I. L.
Kyzlasov who not only has submitted a list of methodological postulates but also
started a scrupulous analysis of the Runic signs of all types along with their
possible ethnic affiliation. After so many unsuccessful attempts this seems to be a
very promising way to advance the study provided it is done without

the History of the Peoples of Central and South-Eastern Europe, ed. by Gy. Kara, Budapest
1987, pp. 171 – 179.

[12] Cf. Bajčorov, op. cit., pp. 137 – 145. T. Totev, Za edna grupa bronzovi amuleti s flankiran s
vertikalni khasti ipsilon /Y/ ot severoiztočna Bylgarija, in: Problemi na prabylgarskata istorija i
kultura, 2, Sofija 1991, pp. 5 – 15. See also notes 14 and 15.

[13] P. Ivanov, /Y/ s imeto na Troica. Nov pročit na najrazprostranenoto prabylgarsko znakosyče-
tanie, Silistrenska Tribuna 35, 15.8.1989; the same, Troicata – načalo i kraj. Nov pročit na
prabylgarskija runičeski nadpis ot gr. Bjala, Narodno delo (Varna), 237 (13319), 29.10.1989;
the same, Dokazetelstvo za bykvenija kharakter na prabylgarskoto pismo, Dobrudža. Sedmičen
vestnik, obština Dobrič, Varnenska oblast, XX, 6 (647), 13.2.1990; the same, Neobkhodimo
dopylnenie kym edna publikacija, Dorbudžanska tribuna, 22.8.1990, p. 4; the same, Za obštija
proizkhod na runičeskite nadpisi ot Pliska i Murfatlar, Dobrudža, Obštinski sedmičen vestnik,
43 (684), 13.11.1990, p. 4; the same, Novo dokazatelstvo za točnija pročit na „flankiranija
ipsilon“, Dorbudžanska tribuna, 94 (5082), 30. 11.1990.

[14] A. Parzymies, Une autre lecture de l'inscription de Pliska, JA CCLXXIX, 3 – 4, 1991, pp. 227 –
232.

[15] M. Moskov, Prabylgarski runičeski nadpis (Razčitane i tylkuvane), Palaeobulgarica – Staro-
bylgaristika VIII, 1983, 1, pp. 35 – 46.

[16] O. Pritsak, Turkology and the Comparative Study of Altaic Languages. The System of the Old
Turkic Runic Script, JTS 4, 1980, pp. 83 – 100.

[17] A. Róna-Tas, An Introduction to Turkology, Szeged 1991, pp. 55 – 62.

[18] H. W. Haussig, Der historische Hintergrund der Runenfunde in Osteuropa und Zentralasien, in:
Runen..., ut supra, pp. 81 – 132.

exaggeration.[19] I. L. Kyzlasov's proposals to change the actual terminology seem meanwhile to be noteworthy but sometimes also troublesome since they might even render difficult the mutual comprehension among the specialists (for instance "steppe Runic script" instead of the traditional "Old Turkic Runic script").[20] I. L. Kyzlasov stresses the fact of coexistence in time and space of all varieties of the script in question, viz. in the period from the seventh to the tenth century. Thus, for instance, the script from Nagyszentmiklós, documented from the first half of the eighth century, was simultaneously existing with the script of the Orkhon-Yenisei type.[21] I. L. Kyzlasov makes a proposal to distinguish between two groups of alphabets: 1) Asiatic (Orkhon, Yenisei, Talas) and 2) Euroasiatic (Don, Kuban, Ačyktaš [the rod of Talas], Isfara [in Fergana] and Southern Yenisei [Khakassia, Tuva, Gornyj Altajsk]).[22] Beyond these groups I. L. Kyzlasov classifies the script of Nagyszentmiklós and from Szarvas as well as the script from Murfatlar and the rosette from Pliska.[23] All mentioned alphabets have their own features and their own history. Since, as already mentioned, all of them were existing simultaneously, it is possible to eliminate their common signs and analyse their basic forms within each of the groups. I. L. Kyzlasov's opinion is that the Turkic ethnic groups while adopting the Runic script were not completely unlettered, as generally assumed[24], but possessed some primitive systems of writing of their own. Thus, adopting the new foreign system they also made use of their earlier own ones.[25] I. L. Kyzlasov supposes the existence of two centres in which the Runic script was created: one in Middle Asia (Russ. *Srednjaja Azija*, the script originating there had

---

[19] Very detailed studies on the shapes of the Runic signs were made by O. N. Tuna, cf. his paper *On the Phonetic Value of the Symbols used in Some of the Texts in Kök-Turkish Script*, CAJ XI, 4, 1966, pp. 241 – 263. Cf. also I. V. Kormušin, *K osnovnym ponjatijam tjurkskoj runičeskoj paleografii*, ST 2, 1975, pp. 25 – 47; D. D. Vasil'ev, *Grafičeskij fond pamjatnikov tjurkskoj runičeskoj pis´mennosti aziatskogo areala (Opyt sistematizacii)*, Moskva 1983. Sir Gerard Clauson saw no necessity for such detailed studies: "... no account should be taken of letters of dubious shapes, particularly when they are part of words which do not seem to make sense, and it is sad that a good scholar like O. N. Tuna should have spent so much time trying to find phonetic values for letters which probably never existed", op. cit., p. 64.

[20] I. Kyzlasov, *Novye dannye o proiskhoždenii i rasprostranenii drevnetjurkskoj runičeskoj pis´mennosti Evrazii*, in: *Problemi na prabylgarskata istorija i kultura, 2, Treta Meždunarodna srešta po prabylgarska arkheologija, Šumen 1990*, Sofija 1991, p. 27.

[21] I. L. Kyzlasov, *Drevnetjurkskaja runičeskaja pis´mennost´ Evrazii*, Moskva 1990, p. 163; the same, *Novye dannye...*, p. 17.

[22] Kyzlasov, *Novye dannye...*, p. 17; the same, *Drevnetjurkskaja...*, p. 125.

[23] According to I. L. Kyzlasov, "...this group of inscriptions does not resemble any other alphabet of Turkic speaking peoples and should be connected neither with Runic inscriptions nor with those called «Runic»", *Drevnetjurkskaja...*, p. 75 – 76.

[24] I. L. Kyzlasov, *Novye dannye...*, p. 23.

[25] Ibidem.

no direct connection with the scripts beyond the Danube), the other in Southern Siberia – Central Asia.[26] Not only Turks but also other peoples, in particular, of Iranian origin, made use of the scripts of the Runic type.[27] Regarding this point I. L. Kyzlasov seems to share mainly G. F. Turčaninov's opinion.

After these general remarks presenting some new findings and some new trends in the study of the Eurasian Runic script I pass over to my main topic which concerns very interesting proposals made by S. J. Bajčorov in his book *Old Turkic Runic Scripts of Europe*, written in Russian and published in Stavropol in 1989.[28] In a vivid contrast to his earlier studies, published mostly in Karachai-Balkar, the present book has a real chance to be discussed in every respect. This is due to the fact that in this book the author proposes a new interpretation not only of a number of well-known epigraphic monuments, such as those of Khoumara, Majaki, Sarkel, Karakent, Nagyszentmiklós, but also of less known or even unknown monuments as some specimens from the Northern Caucasus. All this is presented in the framework of his individually deduced system which enables him to produce translations which are reasonable and even probable but not necessarily true. Some doubts may arise in connection with the very character of those inscriptions which are rarely long but usually present combinations of only few signs which, in addition, have various forms, are untidily written and often combined with numerous graffiti. S. J. Bajčorov, who devoted more than twenty five years to the study of those inscriptions, seems to conclude in his book that his readings are "the only true". As a documentation, he presents hand copies, tables and a number of photographs. Not all of the latter are of sufficient quality, some seem to be retouched (for instance plates Nos. 102, 142, 151, 173, 186), but all in all they give a rather clear idea of the original objects and main principles on which the attempts to decipher the texts were based. The author endeavours to analyse not only the graphic and phonetical but also morphophonemic phenomena. In the case of very short texts being combinations of two or three signs or of those which previously gave occasion to manifold doubts and objections we are obliged to treat S. J. Bajčorov's readings with much care.

There are at least four points resulting from the constant progress of science of which the author of the book, published in 1989 but surely elaborated much earlier, could not be informed, or simply did not wish to discuss. The first concerns a complex of inscriptions revealed in Majatskoe gorodišče. The first inscriptions in its ruins were unearthed at the beginning of our century and are generally attributed to the Khazars. Their number has considerably increased as a result of revived archaeological research, mainly in 1975 and 1982, and embraces 18 pieces.

[26] Op. cit., p. 26.
[27] Ibidem.
[28] See note 5.

They are rather short but one of them, probably still unpublished, consists of approximately 70 signs.[29] It is evident that the existence of those new inscriptions cannot be insignificant for the interpretation of the material presented by S. J. Bajčorov. The second point concerns the proposals of reading the inscriptions of Murfatlar and of the rosette from Pliska, printed in 1985.[30] The author seems to have had no occasion to familiarize himself with them. The third point is that the author takes no position regarding the problem of a special kind of script the specimens of which, especially the inscription on a silver bowl from Issyk Kul, have been found in Semirečie and in Afghanistan.[31] This omission is of no special significance since the script in question may have no connection with the Turkic culture at all but, on the other hand, it would be interesting to find out whether the "universal" principles of deciphering the Eurasian texts of Runic character have any application to the group in question or not.[32] The fourth point is a new interpretation of the signs placed on ceramics and bricks unearthed in Sarkel. Much attention was given to them by M. I. Artamonov, A. M. Ščerbak and G. F. Turčaninov who tried to interpret them as signs of the Runic script. But lately, V. Nakhapetjan[33] came to the conclusion, supported by rather serious arguments, that there is no reason to treat them as belonging to Turkic epigraphs. She refutes A. M. Ščerbak's, G. F. Turčaninov's and S. J. Bajčorov's arguments and is convinced that the signs in question are not letters, or coats of arms of the Rurik dynasty, as suggested by A. M. Ščerbak, but mainly signs denoting numerals and which were used to designate the capacity of a given vessel, of Greek letters and their combinations with concrete or symbolic meanings.[34] Besides, V. Nakhapetjan, analysing the original stone preserved in the Museum of Hermitage, proves that one of the

---

[29] I. L. Kyzlasov, *Runičeskie nadpisi Majatskogo gorodišča*, in: *Majatskij arkheologičeskij kompleks. Materialy Sovetsko-Bolgaro-Vengerskoj ékspedicii*, Moskva 1990, p. 16.

[30] E. Tryjarski, *Nieznany alfabet*, „Problemy" 3 (408), 1980, pp. 2 – 9; the same, *État actuel des recherches sur l'alphabet de Murfatlar et de Pliska*, JA CCLXIX, 1981, pp. 361 – 372; the same, *Dva zagadočnye nadpisi, sostavlennye maloizvestnym pis'mom*, „Vostočnaja filologija – Philologia Orientalis" V, Tbilisi 1983, pp. 165 – 173; the same, *Alte und neue Probleme der runenartigen Inschriften Europas. Ein Versuch der Entzifferung der Texte aus Murfatlar und Pliska*, in: *Runen...*, ut supra, pp. 53 – 80.

[31] K. A. Akishev, *Issyk Mound. The Art of Saka in Kazakhstan*, Moscow 1978, pp. 54 – 55; A. A. Motamedi, *Discovery of an Inscription in an Unknown Language at Ai-Khanum*, „Afghanistan", June 1980, pp. 45 – 48.

[32] H. W. Haussig, *Der historische Hintergrund...*, p. 86.

[33] V. Nakhapetjan, *Suščestvujut li runičeskie nadpisi Sarkela?*, in: *Problemi na prabylgarskata istoria i kultura...*, ut supra, pp. 43 – 51.

[34] Op. cit., p. 48.

inscriptions, reproduced by A. M. Ščerbak[35] and "decisively" translated by S. J. Bajčorov[36], had been falsely copied. According to V. Nakhapetjan, in the case mentioned above we are not dealing with inscriptions but rather with a sequence of tamgas belonging to the local population that was producing many kinds of objects to satisfy primary commodities of the inhabitants of the castle. Thus, only one of the signs can be regarded as a letter belonging to the Kuban or the Don alphabet.[37] On the other hand, V. Nakhapetjan calls in question the interpretation of imaginary Turkic inscriptions of Sarkel as presented by S. J. Bajčorov not only from the standpoint of palaeography but also that of the material culture. She is convinced that the sign which, according to S. J. Bajčorov, means *su* 'water' is nothing else than the Greek letter *kappa* in the form known from the Greek uncial and the Cyrillic script. Similarly false seems to be the proposed reading of *d´(a)g* 'butter, fat'. At the same time it is improbable that the inscription with a presumable meaning of 'vodka' or 'barley vodka' might have been placed on a pithos with a wide mouth usually used for the preservation and transportation of grain[38]

The revelation of a bilingual text is a great stroke of luck for a researcher engaged in deciphering ancient inscriptions. It is true that a parallel text happens not to be always adequate but even in such a case it can render an unappreciable service as evidenced by some proper names which enabled V. Thomsen to decipher the Köl Tegin inscription. Starting from the moment in which the scholars realized that the Runic texts of Eurasia could not be read in the same way as those of the Orkhon and Yenisei, the revelation of a bilingual text became an unrealized dream. Only S. J. Bajčorov informs us that on the rocks of the Northern Caucasus he succeeded in finding, repeated on several occasions, short bilingual texts, viz. containing along with the Runic signs of special "Caucasian" or "Protobulgarian" type also letters of the Uighur script. There is no need to stress the importance of this fact which for S. J. Bajčorov became a departure for his deciphering work. This revelation needs, however, some additional explanation and gives occasion to a number of critical remarks.

The inscriptions in question can be found on the rocks which along with their burial caves form a group of cemeteries in the ravine of Khasaut, in the Elbrus region, between the Kuban and the Terek rivers. The ethnic affiliation of those cemeteries has not been sufficiently elucidated so far. Some scholars are convinced that they might have belonged to the Alans while others opt for the Protobulgarian

[35] A. M. Ščerbak, *Znaki na keramike i kirpičakh iz Sarkela – Beloj-Veži (K voprosu o jazyke i pis´mennosti pečenegov)*, in: *Trudy Volgo-Donskoj arkheologičeskoj ekspedicii*, t. II: *Materialy i issledovanija po arkheologii SSSR*, No. 75, Moskva – Leningrad 1959, Plate XXII.

[36] S. J. Bajčorov, op. cit., p. 166 and Plate 126, No. 9.

[37] V. Nakhapetjan, op. cit., p. 49.

[38] V. Nakhapetjan, op. cit., pp. 44 – 46.

newcomers who should have arrived there in the eighth century.[39] Some burial places in Khasaut (this name is used to denote both the ravine itself and the river and the ruins of an ancient fortress) date back to the sixth to eighth up to the thirteenth century A. D. S. J. Bajčorov connects the origin of some of those burial caves with certain peoples belonging to the Hunnish Confederation which transgressed the Don in 375 A. D.[40]

The suppositions mentioned above give rise to serious doubts. Concerning this early period we know practically nothing about the Uighurs, their language and their script which, as generally assumed, originate from the Sogdian script. The earliest information on them seems to date back to the seventh century. We also know virtually nothing about the members of the Hunnish Confederation using the script called "Uighur script", or diffusing it.[41] The supposition has a chance to become plausible only if considerably shifted in time. It has been known that the Uighur script was used by three religions – Manicheism, Buddhism and Christian Nestorianism – until the early Muslim period, viz. in the Karakhanid State and, sporadically, also later on in the Golden Horde. Some manuscripts most probably derive from an earlier time and might have belonged to peoples other than the Uighurs themselves.[42] S. J. Bajčorov says nothing about the Sogdian script eventually represented on the rocks of Khasaut. This is, however, quite another problem.

On the Figs 1 – 6 you can see specimens which are supposed to constitute a text in two languages. Two perpendicular lateral lines of the script in the Figs. 1 – 3 and 6₄ run from top to bottom while the one in the middle runs from bottom to top. S. J. Bajčorov is persuaded that we are confronted with a specimen of the Uighur script denoting the word *doγ, d´oγ* or *ğoγ* reduced to *do* or *do* (it is difficult

[39] S. J. Bajčorov, op. cit., pp. 187 – 188.

[40] S. J. Bajčorov, op. cit., pp. 28, 191.

[41] Referring to one of his earlier studies and to some pictures published by V. M. Sysoev (*Arkheologičeskaja ėskursija po Zakubaniju,* in: *Materialy po arkheologii Kavkaza,* t. 9, Moskva 1904), S. J. Bajčorov concludes that the Old Uighur script was also used in the upper course of the Indiš River, in the Karačaevsk region, op. cit., p. 28.

[42] A. von Gabain, *Alttürkische Grammatik...,* 2. verb. Auflage, Leipzig 1950, pp. 15 – 28; the same, *Einführung in die Zentralasienkunde,* Darmstadt 1979, pp. 70 – 72; A. Dilâçar, *Türk diline genel bir bakış,* Ankara 1964, p. 170: „Uygur alfabesi: VIII. – XV. yüzyıllarda kullanılmışsa da, en güzel örnekleri IX. – XI. yüzyıllara aittir"; Sir Gerard Clauson, *The Diffusion of Writing in the Altaic World,* in: *Aspects of Altaic Civilization. Proceedings of the Fifth Meeting of the Permanent International Altaistic Conference Held at Indiana University, June 4 – 9, 1963,* Ed. by D. Sinor, assisted by D. Francis, Bloomington – The Hague 1963, pp. 141 – 142: "The Uiγur alphabet was probably invented by a Sogdian merchant as a commercial alphabet and was used by Buddhist, Christian and Manichaean Turks as a religious, commercial and everyday alphabet perhaps as early as the 8th Century and certainly as late as the 14th Century for ordinary purposes in Sinkiang and later still for religious purposes".

to know what this *ḍ-* is supposed to denote) and meaning 'burial ritual, funeral (feast)'. The Runic text is placed either above (Figs 1 – 3) or next to it (Figs 4₁₁, 5). S. J. Bajčorov believes that this is the word well-known to all Turkologists in its Greek form of δοχια, noted down by Menander Protector and corresponding with the *yoγ* of the inscription of Köl Tegin and with the *Dictionary* of Maḥmūd of Kašghar.⁴³

It goes without saying that the supposed Uighur signs should be carefully examined *in situ* also by other palaeographers since, as a matter of fact, we have no reliable information as to their age and, consequently, their authenticity. We do not know, in particular, whether they were engraved or painted simultaneously with the Runic signs or not. It is remarkable that the author of the supposed Uighur signs did not consequently use the letters in their initial, middle and final forms. The reading of the initial sign as *d-*, *d´-*, *ǧ-* or *z-* is of course disputable as well as the dropping of the final −γ or −χ. Another question is the choice between *-o-* and *-u-* which normally are indistinguishable in the Uighur script. S. J. Bajčorov is ready to read the parallel word in the Runic signs also as *ǧoγ* being, no doubt, influenced by the Karachai and some modern Balkar dialects having initial *ǧ-* instead of *y-* or *z-*. This is possible but by no way proven.⁴⁴

To conclude there is still no concrete answer to the question whether the inscriptions at Khasaut are of bilingual character and whether we really dispose of a key to transliterate and read such numerous inscriptions of the Runic type from the Caucasus and from the Volga and the Danube regions. The proposals made by S. J. Bajčorov are characterized by their originality, richness of textual material and sharp criticism with regard to some deciphering attempts of his predecessors. Their palaeographic and phonological background seems, however, not to be sufficiently convincing. Admiring S. J. Bajčorov's remarkable achievements in collecting and interpreting the Runic inscriptions of the Eurasian type we cannot, as yet, give our unlimited credit to some of his concepts.

---

43   S. J. Bajčorov, op. cit., p. 40. N. Poppe, *Introduction to Altaic Linguistics*, Wiesbaden 1965, p. 59: „Menandros gives also the word *dokhia* (δοχια) 'funeral ceremony' which corresponds to *yoγ* of the Orkhon Inscriptions of the VIII century".
44   S. J. Bajčorov, op. cit., pp. 51 – 52. Cf. K. H. Menges, *The Turkic Languages and Peoples. An Introduction to Turkic Studies*, Wiesbaden 1968, p. 92: "In the Northwest-group, *j-* becomes *ǧ-* in Qq.- Qqłpq, Qypčaq-Özbek, Noγaj (exc. Aq-Noγaj), and in Qaračᶜaj: *ǧat-* 'to lie down' < *jat-*, *ǧoł* ‚way' < *joł* [...] As a further development of *j-* > *ǧ-*, Bałqar has *z-*: *zoł* 'way', but in palatal position *ž* may occur, too: *žeti* '7' ".

Fig. 1: Khasaut 7. A fragment of a photography. Page 200, pl. 158.

Fig. 2: Khasaut 7. Hand copy, cf. Fig. 1. Page 39, pl. 7.

Fig. 3: Khasaut 7. Another (inexact) hand copy of the same fragment, cf. Figs 1, 2. Page 200, pl. 158.

Fig. 4: Khasaut 2. Hand copy. 9 – presumed Uighur signs. 11 – Runic signs. Page 190, pl. 152.

Fig. 5: Khasaut 2. Another (inexact) copy, cf. Fig. 4. Page 39, pl. 8.

Fig. 6: 1 – 5 – graphical variants of the word *do* (for *doγ* 'funeral [feast]'), presumably written in Uighur script. 6 – reconstruction of the same word in Uighur letters as proposed by S. J. Bajčorov. Page 191, pl. 153.

Fig. 1

Fig. 2

Fig. 3

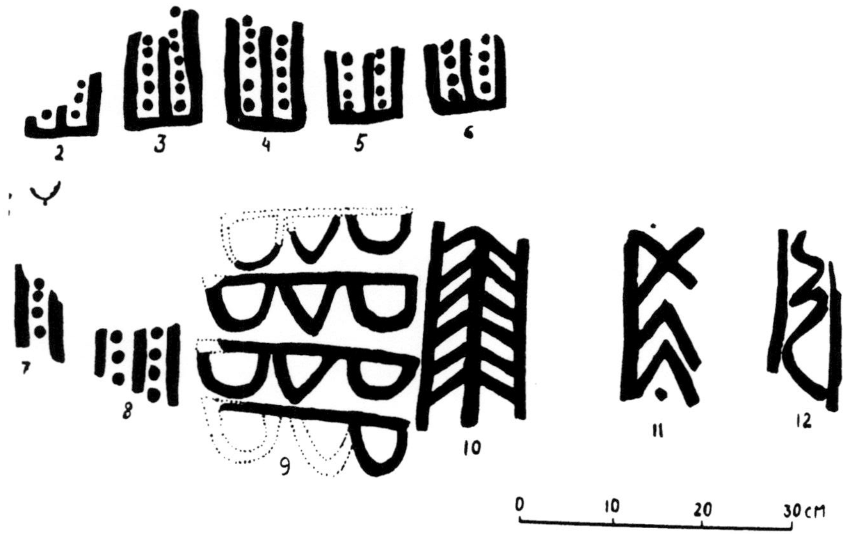

Fig. 4

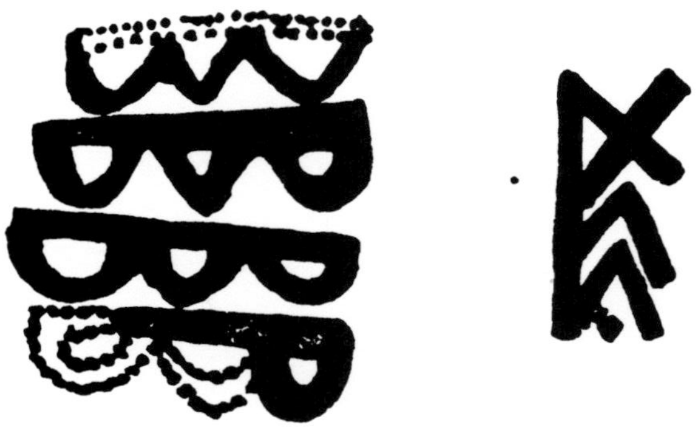

Fig. 5

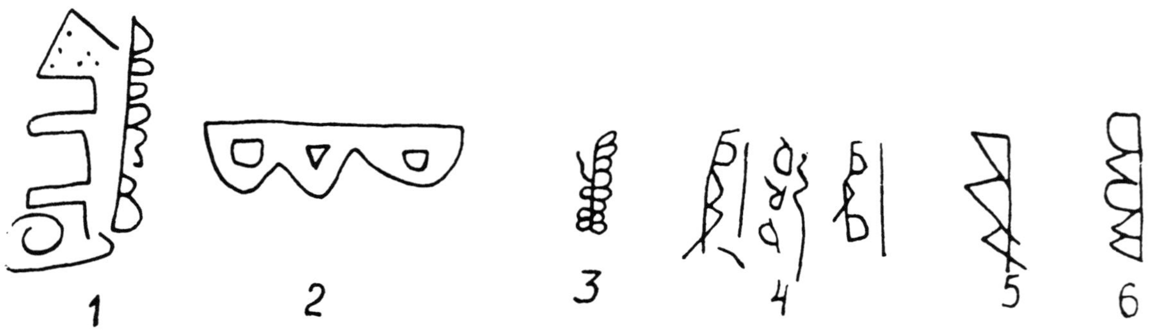

Fig. 6

30 CM
0   10   20   30

Peter Zieme

DIE ALTTÜRKISCHEN PLANETENNAMEN

Obwohl von den türkischen Nomaden das Sternenmeer sicherlich viel intensiver beobachtet wurde als von uns Stadtmenschen, sind die Kenntnisse offenbar meist auf die bedeutenderen Himmelskörper beschränkt gewesen. Diese Feststellung muß jedenfalls für die alten Uiguren gelten. Sternenkunde in sprachgeschichtlicher Sicht ist in der Turkologie ein selten behandeltes Thema, selbst die modernen Wörterbücher schweigen oft. Es sei betont, daß die sprachgeschichtliche Erforschung von Sternennamen nicht nur Selbstzweck ist, sondern uns auch interessante Einblicke in die alte Gedankenwelt vermitteln kann. Abgesehen von L. Bazins fundamentalem Werk über das alttürkische Kalenderwesen[1] gibt es drei kurze, aber wichtige Aufsätze zu den alttürkischen Sternnamen: von L. Bazin[2], von G. Clauson[3] und von Gy. Németh.[4]

Hier seien einige Probleme erörtert, die sich anläßlich der Vorbereitung einer Reedition des Yitikänsudur, des Sūtras über den Großen Bären, ergeben haben. Für die Namen der Planeten haben die alten Uiguren den zentralasiatischen Textzeugnissen zufolge in erster Linie Bezeichnungen aus fremden Kulturen übernommen oder nachgebildet. Beispiele für den ersteren Fall sind folgende:

1. Ein in Runenschrift geschriebener Wahrsagetext[5] behandelt die sieben Planeten: *yiti paγrla*, wie L. Bazin[6] statt V. Thomsens Lesung *paγrlï*[7] vorschlägt. Bazin nun will in +*la* dasselbe Suffix sehen, das in einigen Adjektivbildungen wie *körk+lä* "schön" von *körk* "Statur" vorkommt. Er übersetzt den Ausdruck durch «les 7 corps planétaires».[8] Es bleiben jedoch Zweifel, weil innerhalb des Alttürkischen dieser Fall für sich stünde, M. Erdal jedenfalls weist ausdrücklich auf den adverbialen Charakter des genannten Suffixes hin.[9] Denkt man an eine graphi-

1 L. Bazin, *Les systèmes chronologiques dans le monde turc ancien*, Budapest – Paris 1991.
2 L. Bazin, "Über die Sternkunde in alttürkischer Zeit", *Abhandl. der geistes- und sozialwiss. Klasse*, Akad. d. Wiss. und der Literatur, Mainz, 1963, Nr. 5.
3 G. Clauson, "Early Turkish Astronomical Terms", in: *Ural-Altaische Jahrbücher* 35 (1964), 350 – 368.
4 J. Németh, "Über alttürkische Sternnamen", in: *Acta Linguistica Acad. Scient. Hung.* 18 (1968), 1 – 6.
5 V. Thomsen, "Ein Blatt in türkischer 'Runen'schrift aus Turfan", in: *Sitzungsberichte der Preuß. Akademie d. Wiss* 1910, 296 – 306.
6 Bazin (s. Fußn. 1), 249.
7 Thomsen (s. Fußn. 5), 302 Z. 1.
8 Bazin (s. Fußn. 1), 251.
9 M. Erdal, *Old Turkic Word Formation. A Functional Approach to the Lexicon*, Wiesbaden 1991, 403 ff.

sche Lösung, ließe sich die naheliegende Vermutung, es handele sich einfach um das Pluralsuffix +*lar*, nur so erklären, daß ein Runenzeichen ausgefallen ist. Immerhin kann man darauf verweisen, daß der Text nicht sehr sorgfältig geschrieben worden ist, denn von den sieben Planeten werden nur fünf erwähnt und besprochen: *tir* "Merkur", *urmïzt* "Jupiter", *naɣïd* "Venus", *kiwn* "Saturn" und *max* "Mond". Daß selbst der "Mond" durch das sogdische Wort bezeichnet wird, erklärt Bazin zu Recht mit dem magisch-astrologischen Charakter des Textes, der dazu veranlaßte, die Fachterminologie zu verwenden. Besonders auffällig bleibt, daß der "Mars" fehlt. Wenngleich eine angenommene Nachlässigkeit des Schreibers gut zu der obigen Vermutung passen würde, erscheint es mir doch unsicher, daß dies die einzige Ursache für das Fehlen des "Mars" sein kann.

2. In einem bisher unpublizierten Text aus dem Besitz der Familie Tachibana, von dem A. Fujieda einen Teil als Faksimile abgebildet hat,[10] trägt ein Abschnitt die Überschrift: *tašnïng isigin tumlïɣïn ayu birälim* "wir wollen nun über die Hitze und Kälte der Steine sprechen". In diesem wird die richtige Reihenfolge der sieben Planeten verwendet, der fünf echten Planeten *wnxan* "Mars", *tir* "Merkur", *wrmzt* "Jupiter", *naxid* "Venus" und *kiwan* "Saturn", dazu *mir* "Sonne" und *max* "Mond". Auch hier also liegen für "Sonne" und "Mond" die aus dem Sogdischen übernommenen Namen vor. Die Abfolge der Planeten entspricht übrigens auch derjenigen, wie sie für die Wochentage im Sogdischen überliefert ist: Sonntag (Sonne), Montag (Mond), Dienstag (Mars), Mittwoch (Merkur), Donnerstag (Jupiter), Freitag (Venus) und Samstag (Saturn).[11]

3. Diese Wochentage waren bei den uigurischen Manichäern für deren Kalender üblich. Sie benutzten für die Festlegung der Fastentage ein ausgeklügeltes Kalendersystem, das neben den iranischen Elementen auch chinesische Übernahmen aufweist.[12] In dieser Hinsicht hatte Maḥmūd al-Kāšɣarī nicht Recht, als er schrieb, daß die Türken keine Wochentage kennen.[13]

Wenig erstaunlich allerdings ist es, wenn im manichäischen Kalenderwesen fremde Planetennamen verwendet werden, mehr jedoch, wenn sie auch Eingang in sehr volkstümliche Texte wie die unter 1 und 2 behandelten gefunden haben.

[10] A. Fujieda, *Monji no bunkashi* [Geschichte der Schriftkultur], Kyoto 1991, 215 Abb. 76.
[11] Y. Yoshida, *Sogudogo zatsuroku* [Sogdische Miszellen] (II), in: Oriento 31 (1989), 167.
[12] Vgl. dazu J. Hamilton, "Calendriers manichéens ouïgours de 988, 989 et 1003", in: *Mélanges offerts à Louis Bazin*, Paris 1992, 7 – 23.
[13] Bazin (s. Fußn. 1), 333; CTK faks. 175, Vol. I, 272.

Ausschlaggebend für die buddhistisch-astrologische Sphäre wurde die indi-
sche Terminologie:[14] *āditya* "Sonne", *soma* "Mond", des weiteren die fünf Planeten in nicht immer einheitlicher Reihenfolge:

Planet	Sanskrit	Alttürkisch
Merkur	budha	bud
Venus	śukra	šükür
Jupiter	bṛhaspati	braxasvadi
Saturn	śanaiścara	šaničar
Mars	aṅgāraka	angarak.[15]

Daß diese Namen nicht nur in der Terminologie der Astrologen, sondern auch
sonst im Sprachgebrauch üblich waren, zeigt zumindest ein Beispiel. In einem
Lobpreisgedicht wird der Herrscher von Qočo mit der Schönheit des Jupiter
verglichen.[16]

Im chinesischen Weltsystem sind die 5 Planeten den 5 Elementen wie folgt
zugeordnet: Feuer – Mars, Wasser – Merkur, Holz – Jupiter, Gold – Venus, Erde –
Saturn. Entsprechend finden sich in einem Text über den Wandel der 5 Planeten
die atü. Bezeichnungen: *oot yultuz, suv y., yïγač y., aldun y., topraq y.*[17]

Besondere Schwierigkeiten bietet der buddhistische apokryphe Text *Säkiz
yükmäk yaruq sudur*, das Sütra über die Acht Lichteranhäufungen.[18] Es ist dies ein
Werk, ganz in chinesischem Milieu entstanden, wenngleich im Titel sanskritischer
Ursprung suggeriert wird. Für die Gründung einer Stadt oder den Bau eines Hauses
empfiehlt der Text zunächst die dreimalige Lesung des Sütras an der zu bebauen-
den Stelle, um dann sogleich mit der Errichtung der geplanten Gebäude zu beginnen. Dank der geomantischen Vorbereitung werden alle bösen Geister verschwin-
den. Der Text nennt die Namen der Herrscher, die das Heer des Yama, des Herrn
der Unterwelt, befehligen (*ärklig xan sụüsin bašlaγučï qašïnčïγ qorqïnčïγ
ärkliglärning atlarï bo:*)[19] Das sind 15 oder 16 Geister, die zum überwiegenden
Teil mit Gestirnen im Zusammenhang stehen. Hier sollen uns nur die ersten sieben
beschäftigen, die als Vertreter der Planeten gelten können.

---

[14]   Der allgemeine aus dem Sanskrit übernommene Name ist *grx* (< skr. *graha*), wie u.a. in der
       Xuanzang-Biographie VII, Z. 219 – 220 *yiti grxlarnïng yaruqlarï* "Die Lichter der Sieben
       Planeten" (K. Röhrborn, *Die alttürkische Xuanzang-Biographie VII*, Wiesbaden 1991, 32, 33).
[15]   TT VII Nr. 5, 6, 10, 17.
[16]   P. Zieme, "Titulaturen und Elogen uigurischer Könige", in: *Religious and Lay Symbolism in the
       Altaic World and Other Papers*, hrsg. von K. Sagaster und H. Eimer, Wiesbaden 1989, 449.
[17]   TT VII Nr. 1.
[18]   TT VI, zahlreiche Arbeiten von J. Oda.
[19]   TT VI, ZZ. 91 – 92.

1. *kün yorïγï* "der Sonne Wandel" als direkte Übersetzung von chin. 日遊 *ri you* "id.".

2. *ay ölütči* (bzw. nach einer Berliner Handschrift *ay ölütčisi*) "Mörder Mond" für chin. 月煞 *yue sha* "id." Morphologisch bemerkenswert ist, daß das Possessivsuffix hinzugefügt werden kann, ohne daß sich der Sinn ändert.

3. *ärklig* "der Mächtige" als Wiedergabe von chin. 將軍 *jiang jun* "Feldherr, General". Wie die Autoren von TT VI gezeigt haben, bedeutet dieser Terminus hier die "Venus". Dem stimmt auch W. Eberhard zu.[20] In seiner Studie über das Kalenderwesen interpretiert L. Bazin die Zeichen *ärlg* einer Runeninschrift vom Bay Köl als *ärlig < ärklig* "Venus".[21] Da in eindeutiger Weise für "Venus" *ärklig* nur in TT VI gebraucht wird und im sonstigen türkischen Sprachraum dieses Gestirn *čolpan* usw. heißt,[22] sind die Ausführungen von L. Bazin und J. Németh über die Venus und ihre Beziehungen zu Luzifer nicht ausreichend fundiert. TT VI ist ja ein übersetzter Text, und das betrifft auch gerade den Namen für die Venus!

4. Der folgende Gestirnname *taisui* ist eine phonetische Wiedergabe des chin. Namens 太歲 *tai sui* "Großes Jahr" als Bezeichnung des "Jupiter".

Hier beginnen die Schwierigkeiten.

5. *sarγ urunguluγ* ist Wiedergabe von chin. 黃幡 *huang fan* "Gelbes Banner habend". Die Editoren von TT VI dachten, wie sie schreiben, wegen der gelben Farbe an den Saturn. Dieser Annahme möchte ich folgen. Dagegen hatte W. Eberhard bei der Erörterung dieser Textstelle zweifelnd eine andere Lösung vorgeschlagen,[23] und zwar Rāhu, den Greifer, der Sonne und Mond verschluckt. Leider gab Eberhard keine Begründung für seine Auffassung.

6. *irpiz qudruqï* "Leopardenschweif" ist Übersetzung von chin. 豹尾 *bao wei* "id.". J. Oda hat bereits richtig erkannt, daß das darauffolgende Wort *yumuzuγluγ* zu diesem Gestirn zu stellen ist, nicht zu dem anschließenden, wie die Herausgeber von TT VI meinten. Ohne weiter auf die Bedeutung von diesem *γ.* einzugehen, übersetzt J. Oda den kompletten Ausdruck durch "holding a leopard tail flag".[24] In TT VI wurde das Wort ohne Übersetzung gelassen und zu einem hypothetischen Verb *yum-* oder *yom-* gestellt. Man kann davon ausgehen, daß *yumuzuγ* ein deverbales Nomen von *yumuz-* ist, das zweifellos auf *yum-* zurückgehen dürfte. Wie

[20] W. Eberhard, "Untersuchungen an astronomischen Texten des chinesischen Tripitaka", in: *Monumenta Serica* 5 (1940), 223.

[21] Bazin (s. Fußn. 1), 499.

[22] G. Clauson (s. Fußn. 3), 361 f. Vgl. I. D'jarmati [= Gyarmati], "Nazvanija planety 'Venera' v tjurkskich jazykach", in: *Altaic Religious Beliefs*, hrsg. von G. Bethlenfalvy, Á. Birtalan, A. Sárközi, J. Vinkovics, Budapest 1992, 117 – 129.

[23] W. Eberhard, "Untersuchungen an astronomischen Texten des chinesischen Tripitaka", in: *Monumenta Serica* 5 (1940), 226.

[24] J. Oda, "New Fragments of the Buddhist Uighur Text *Säkiz yükmäk yaruq*", in: *Altorientalische Forschungen* 10 (1983), 141 f.

M. Erdal feststellt, ist zwar der Verbstamm *yum-* nicht belegt, jedoch zahlreiche Ableitungen. Es ist schwer, eine Bedeutung für das angenommene Verb vorauszusetzen.[25] Im übrigen kommt die kontrahierte Form von *yumuzuɣ*, d.h. *yumzuɣ*, weitaus häufiger vor. Ş. Tekin übersetzt dieses Wort durch "*Wahrzeichen"[26], doch könnte man von der Junktur *tuɣ yumzuɣ* eher auf die konkretere Bedeutung "Standarte, Schweif" usw. schließen. Ich übergehe hier die einzelnen Textbelege, möchte jedoch einen bisher unedierten Text heranziehen, der die Annahme einer weiteren Bedeutungsnuance erlaubt. In diesem Alexander-Text, der auf der Rück - seite eines sogdischen Blattes steht, heißt es:

arxant yana ïnča tip yrlïqadï . siz tözün uɣuš-ta tuɣmïš qïlïnmïš tolp qamaɣ tiši-lär-ning tuɣï yumsuqï bolmïš täg qun ču[y] xatun kiši siz.[27]

Ich möchte diese Passage wie folgt übersetzen: "Der Arhat geruhte weiter wie folgt zu sprechen (und zwar zu einem Mädchen namens TYKL'Y-'K'Y' [??]): Du bist aus edlem Stamm geboren und erschaffen! Du bist Prinzessin und Herrin wie die Standarte (oder doch: Krone?) aller Frauen!"

Das Wort dürfte wegen der Junktur mit *tuɣ* durchaus Ähnliches bedeuten, also "Standarte" usw. Ich halte es für möglich, daß kirg. *jumuru* "rund; Mensch"[28] eine andere Ableitung von *yumuz-* sein kann, aber das wäre schon ein anderes Thema.

Eberhard sieht übrigens im "Leopardenschweif" ein Äquivalent für Ketu, nach indischer astrologischer Auffassung der 9. Planet.[29]

7. Der atü. Text lautet: *biš (türlüg) topraq ärkligi yir tngri xani*[30], Übersetzung von chin. 五土地神 *wu tu di shen* "die fünf Erdgeister". Es wurde schon erwähnt, daß die Herausgeber von TT VI *yumuzuɣluɣ* zu diesem Passus stellten, ohne eine Übersetzung zu geben. Es besteht eine völlige Kongruenz zwischen dem chin. und dem atü. Text:

wu tu di shen   *biš (türlüg) topraq ärkligi*
                         yir tngri xanï.

---

25 M. Erdal (s. Fußn. 9), 322 u.a.
26 Ş. Tekin, *Buddhistische Uigurica aus der Yüan-Zeit,* Budapest 1980, 380.
27 Turfan-Sammlung der Berlin-Brandenburgischen Akademie der Wissenschaften: Sogd. 14000, ZZ. 8 – 13.
28 K.K. Judachin, *Kirgizsko-russkij slovar',* Moskau 1965, 269.
29 Eberhard (vgl. Fußn. 20), 226 Fußn. 8.
30 TT VI, 93 – 94.

Man fragt sich jedoch, warum im atü. Text *yir tngri xanï* steht. Ich vermute, es handelt sich um eine alternative Übersetzung[31], die aus dem ursprünglichen Manuskript in die Abschriften übernommen worden ist.

Die Herausgeber von TT VI nahmen für 6 und 7 Namen von Merkur und Mars an: "Leider finden wir dafür keine Belege."[32] Demgegenüber sah Eberhard, wahrscheinlich wegen des Bezuges auf die Erde, in Nr. 7 eine Bezeichnung für den Saturn.[33]

Zusammenfassend kann man feststellen, daß die erörterte Passage von TT VI nach wie vor ihre Schwierigkeiten der Interpretation aufweist, und das sogar trotz der deutlichen chinesischen Vorlage, die allerdings ebenfalls ihre speziellen Probleme hat. Die Nummern 1 – 5 sind mit Sicherheit den genannten Planeten gleichzusetzen. Umstritten sind die Zuordnungen der Nummern 6 und 7. Die Bezugnahme auf die Planeten ist zwar naheliegend, jedoch nicht zwingend. So könnte "Leopardenschweif" auch ein Ausdruck für "Komet" sein, der im Goldglanz-Sūtra *qudruqluγ yultuz* "schweifhabender Stern" heißt.[34] Und die "fünf Erdgeister" haben vielleicht gar keinen Bezug zum Himmel. Einer solchen Auffassung widerspricht jedoch, daß die im Text folgenden vier Geistergruppen den viergeteilten Himmel umfassen, den Blauen Drachen, den Weißen Tiger, die Rote Elster und die Schwarze Schlange.

Es bleibt festzuhalten, daß die Namen der Planeten bei den Uiguren unterschiedlicher Provenienz waren. Die aus dem Qutadγu Bilig und aus dem Dīwān des Maḥmūd al-Kāšγarī bekannten eigentlichen türkischen Bezeichnungen sind aus dem bisherigen atü. Schrifttum so gut wie unbekannt.

---

[31] Vgl. P. Zieme, "Alternative Übersetzungen in alttürkischen buddhistischen Werken", in: *Festgabe an Josef Matuz. Osmanistik-Turkologie-Diplomatik,* hrsg. von Ch. Fragner und K. Schwarz, Berlin 1992, 343 – 353.

[32] TT VI, S. 150.

[33] Eberhard (vgl. Fußn. 20), 226 Fußn. 8.

[34] Suv. 434₁₇ – ₁₈, 434₂₂. Vgl. kirg. *quyruqtū ǰïldïz* (Judachin, 439 b).